U0555262

区域经济研究丛书

图们江区域经济发展研究

——博弈中的增长

邱成利 著

文汇出版社

图书在版编目(CIP)数据

图们江区域经济发展研究——博弈中的增长 / 邱成利著. —上海：文汇出版社，2015.12
　ISBN 978-7-5496-0232-2

　Ⅰ.①图… Ⅱ.①邱… Ⅲ.①区域经济发展-研究-吉林省 Ⅳ.①F127.34

中国版本图书馆 CIP 数据核字(2015)第 261536 号

·区域经济研究丛书·

图们江区域经济发展研究
——博弈中的增长

著　者 / 邱成利

责任编辑 / 黄　勇
封面装帧 / 张　晋

出版发行 / 文汇出版社
　　　　　上海市威海路 755 号
　　　　　(邮政编码 200041)
经　　销 / 全国新华书店
排　　版 / 南京展望文化发展有限公司
印刷装订 / 上海译文印刷厂
版　　次 / 2015 年 12 月第 1 版
印　　次 / 2015 年 12 月第 1 次印刷
开　　本 / 787×960　1/16
字　　数 / 300 千字
印　　张 / 17

ISBN 978-7-5496-0232-2
定　　价 / 40.00 元

前　言

推进图们江区域国际合作与开发是中国政府作出的重要战略决策,是图们江区域相关国家的共同愿望。图们江地区开发对中国振兴东北地区,促进朝鲜半岛和平稳定,发展中国东北地区与周边国家乃至东北亚地区的经济技术合作具有十分重要的战略意义,特别是对恢复中国图们江出海权利益攸关。经过中国政府与俄罗斯、朝鲜、蒙古、韩国政府的多层次合作,各方的共同努力,社会各界的广泛参与,在联合国开发计划署、联合国工业发展组织等国际组织的协调推动下,图们江开发20年来取得了一系列积极成果,图们江合作开发卓有成效。

图们江区域是东北亚经济圈中最有希望取得突破性进展的次区域性经济区。图们江地区区位条件优越,合作开发将带动东北亚地区中、俄、朝、蒙、韩、日等国和周边地区经济区域化进程,相关各国亦将在图们江区域合作开发中受益。图们江区域内的中、俄、朝三国的边境地区均是相对落后的地区,推动中、俄、朝三国边境地区的经济发展,必然带动三国边境地区的经济发展并形成新的产业带,也将为图们江地区国际经济一体化进程奠定坚实的合作开发基础。

图们江开发可以改变中国东北地区对外开放格局。图们江地区的国际开发是中国东北地区进一步对外开放、发展外向型经济、参与东北亚区域经济合作的窗口,通过加快对外开放步伐,为东北的中部乃至整个东北亚的中心地带打开一个对外开放的大通道,实现"南北呼应中通"的全面开放,促进技术、人才、资金等要素合理流动,带动整个东北地区对外开放和经济振兴。

东北亚区域发展需要建立一个国际合作组织,而以图们江区域为基点,其共同的利益需求点较为明显和集中。中国可以借助图们江区域合作机制,加大东北地区面向东北亚国家的开放,更好地实现"东北振兴";俄罗斯、蒙古、韩国也将从中获益,实现多赢。因此,"大图们倡议"的升级,是各成员国的共同愿望。

经过20年合作开发,图们江区域合作开发进入了新的发展阶段。国际环境复杂多变,相关各国战略不断调整,图们江区域各国处于多方博弈中发展,发展中多方博弈之中。图们江合作开发机制也在不断完善。2005年9月2日在长春举行的联合国开发计划署图们江区域合作开发项目第八次政府间协商协调会议上,与会的中、朝、韩、俄、蒙5国一致同意将1995年签署的两个协定和一个备忘录再延长十年,与会五国签署"大图们江行动计划",图们江区域合作开发进入"大图们江区域合作开发"阶段。2014年9月,在中国吉林延边召开的第十五次"大图们倡议"政府间协商委员会部长级会议,批准通过了"大图们倡议"法律过渡概念文件和相关路线图,确定了新机制的级别、组织框架、过渡时间表和人员管理等基本原则,2016年正式升级为独立的政府间国际组织。这将为图们江合作开发提供坚实的组织保障,推动图们江合作向着"互利合作"、"多国合作"加速迈进,对于中国沿边开放及长吉图战略实施将十分有利。新成立的东北亚(图们江)国际经济合作组织,在不断完善图们江机制基础上,将进一步为东北亚、图们江区域合作提供了强有力支点。图们江机制的升级,有利于目前4个成员国(中、俄、韩、蒙)的相互利益需求。

中国政府关于开放珲春、打通图们江、建立新的对外开放战略通道的战略决心是坚定不移的,对图们江开发给予了高度重视,国务院有关部门和吉林省持续推进和深化图们江区域合作开发,中国图们江地区开发协调小组做了大量卓有成效的工作,使得图们江区域经济社会取得了跨越式发展,为今后加快图们江地区发展奠定了良好的基础。2009年8月30日,国务院正式批复了《中国图们江区域合作开发规划纲要——以长吉图为开发开放先导区》,图们江区域合作开发上升为国家战略,成为迄今唯一一个国家批准实施的沿边开发开放区域。2012年4月13日,国务院正式批准在吉林省珲春市设立"中国图们江区域(珲春)国际合作示范区",这是深入推进图们江区域开发开放的重大举措,有利于提升中国沿边开发开放水平,促进中国与周边国家,特别是与朝鲜、俄罗斯的经贸合作,实现优势互补和互利共赢。在各方力量的努力推动下,图们江开发迈着坚实的步伐向着我们预期的目标前进。通过图们江地区的国际开发,中国东部边疆地区的经济实力将得到进一步加强,起到繁荣和发展边疆地区经济、巩固国防的目的。

图们江合作开发持续深化。"大图们倡议"经过20年的运作,已具备一定的合作基础,将这一组织由"务虚型"向"务实型"转变,由一个国际合作推进的项目向一个独立运作的国际组织转变,由一个临时性的协调组织向一个具有法律约束力的实体机构转变,将对解决制约图们江开发面临的国际合作问题发挥至关重要的作用，进而加速开发这一全球最有发展潜力的区域。

图们江合作开发有利于中国沿边开放战略的实施。图们江区域作为中国参与的三大国际次区域之一，在其他两个区域——湄公河国际次区域、中亚国际次区域分别有湄公河合作组织、上海合作组织的情况下，图们江机制的升级，必将对中国的"沿边开放"和"周边外交"战略，产生积极的促进作用，并将为实现"一路一带"战略作出重要贡献。

为实施"长吉图"战略带来重大机遇。根植于"图们江"的"长吉图"战略，客观上决定其发展必须与东北亚区域国家加强合作，必须依靠图们江机制，为其提供国家层面的机制保障作用。特别是以国家角色协调港口利用、资源合作、投资贸易、过境便利化、跨境旅游等方面存在的问题，只有国际组织的推进，才能取得事半功倍的效果。随着区域内成员国关系的改善，随着"大图们倡议"成为独立的国际组织，必将为新一轮图们江区域合作开发带来新的重大机遇。

加快实施创新驱动发展战略。作为中国面向东北亚开放的核心区域，作为中国参与图们江区域合作开发的主要战略载体，在用好图们江机制上要有新姿态。如今，中国着力加快沿边开放步伐，并部署了面向东南亚、南亚、中亚和东北亚4个沿边开放战略方向，分别依托湄公河国际次区域合作机制、中亚国际次区域合作机制和图们江国际次区域合作机制，加强与周边国家的合作，特别是在东北亚方向，俄、韩、蒙作为图们江机制成员国，与中国建立了日益紧密的国家关系。吉林、东北地区经济必须加快转型升级，依靠科技创新，提高自主创新能力。科技发展和普及是大众创业、万众创新的重要支撑。中国图们江地区、长吉图区域要加快实施创新驱动发展战略，进一步解放思想、更新观念、创新机制、集成资源,大力培育尊重知识、崇尚创造、追求卓越的创新文化,进一步激发亿万群众尤其是青年人的创业创新热情,拓展新的创业空间,汇聚新的发展动能,促进东北地区经济实现转型升级、建立新的产业优势,迈向中高端水平。

推进"东北亚经济一体化"进程。在中国周边国家中,东北亚区域大国最多,国家关系最为复杂,因此,用经济合作来弥补或烫平政治制度所带来的矛盾和问题,可能是向"东北亚经济一体化"迈进的重要途径,实现东北亚地区长久的和平、繁荣和持续发展。从这个意义上讲,图们江机制最有可能成为东北亚区域各国领导人都感兴趣的平台,为建立图们江合作框架下领导人会晤机制奠定基础。

图们江区域合作开发——作为多国次区域合作的典型区域,面临着一系列的问题和挑战,迫切需要加强相关经济发展理论、创新发展理论等的深入研究,确定适合图们江区域发展需要的"路线图",为各国政府决策提供可供借鉴的思路、建议、战略方案及对策。

目 录

前言 …………………………………………………………………… 1

第 1 章　图们江区域开发合作 ………………………………… 1
　一、图们江区域的范围 ………………………………………… 3
　二、图们江区域开发合作的内涵 ……………………………… 4
　三、图们江区域开发合作的历程 ……………………………… 9
　四、图们江区域开发合作模式的选择 ………………………… 15

第 2 章　图们江区域物流发展 ………………………………… 19
　一、图们江区域物流发展概述 ………………………………… 21
　二、图们江区域物流发展的机遇与挑战 ……………………… 40
　三、图们江区域物流发展战略和对策 ………………………… 46

第 3 章　图们江区域商务发展 ………………………………… 61
　一、图们江区域商务发展现状及特点 ………………………… 63
　二、图们江区域商务发展存在的主要问题 …………………… 77
　三、确立图们江区域商务发展战略 …………………………… 79

第4章 图们江区域跨境经济合作区 ·········· 105
一、图们江区域跨境经济合作的理论基础 ·········· 107
二、图们江区域跨境经济合作现状及分析 ·········· 111
三、拓展图们江区域跨境经济合作构想 ·········· 118

第5章 图们江区域产业技术创新 ·········· 129
一、图们江区域产业技术创新概述 ·········· 131
二、图们江区域产业技术创新现状 ·········· 134
三、制定图们江区域产业技术创新战略 ·········· 135

第6章 图们江区域能源开发合作 ·········· 161
一、图们江区域能源开发合作的战略意义 ·········· 163
二、图们江区域能源开发合作现状及分析 ·········· 165
三、深化图们江区域多边能源开发合作战略 ·········· 173

第7章 建设图们江区域中心城市 ·········· 181
一、图们江区域中心城市概述 ·········· 183
二、图们江区域中心城市建设现状及发展态势 ·········· 185
三、加快建设图们江区域中心城市建议 ·········· 190

第8章 创新图们江区域合作机制 ·········· 195
一、图们江区域经济合作概述 ·········· 197
二、图们江区域开发合作现状 ·········· 199
三、创新图们江区域开发合作机制构想 ·········· 203

四、经验借鉴：以东盟自由贸易区合作开发为例…………… 209

第9章　展望图们江区域未来发展 ………………………… 219
　　一、协调多方制定合作开发规划 …………………………… 221
　　二、推进图们江区域开放型经济发展 ……………………… 227
　　三、打造图们江区域发展新的经济增长极 ………………… 231

后记 …………………………………………………………… 243
参考文献 ……………………………………………………… 244

第1章
图们江区域开发合作

一、图们江区域的范围

图们江发源于长白山脉主峰白头山,自西南流向东北,流经中国吉林省延边州后又折向东南,之后继续流经朝鲜的咸镜北道、俄罗斯滨海边疆区的哈桑区,最终注入日本海。图们江全长 516 公里。以中俄边境的"土"字牌为界,以上属于中朝界河,以下属俄朝界河。图们江流域面积约 3.3 万平方公里,其中中国境内约 2.3 万平方公里,约占 69.7%;朝鲜境内约 1 万平方公里,约占 30%;俄罗斯境内仅有 100 平方公里,约占 0.3%。

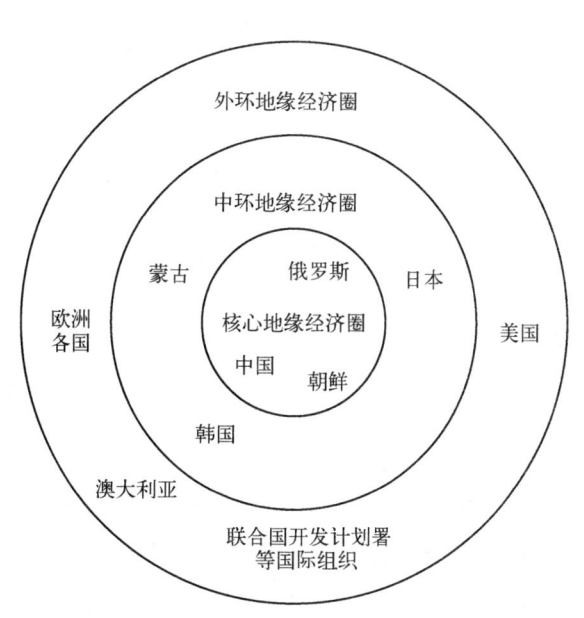

图 1-1 图们江地区地缘经济圈略图
资料来源:陈才.图们江流域的区域合作开发模式[J].地理学报,1999,54:73

1995年12月6日,在联合国开发计划署协调下,中、俄、朝三国政府代表在联合国总部纽约,签署了《关于建立图们江地区开发协调委员会的协定》,中、俄、朝、蒙、韩五国政府代表签署了《图们江经济开发区及东北亚环境准则谅解备忘录》和《关于建立图们江经济开发区及东北亚开发协调委员会的协定》,三个文件的签署标志着图们江区域经济合作开发项目取得了大的进展。"两个协定一个备忘录"对图们江经济合作区和图们江经济开发区的地理范围进行了界定。图们江经济开发区,主要包括朝鲜的罗津-先锋自由经济贸易区,中国的延边朝鲜族自治州,包括中国延吉-珲春特别经济区,以及俄罗斯的符拉迪沃斯托克-纳霍德卡自由经济区,包括俄罗斯东方港和滨海边疆区诸城镇及其南部港口。

2005年9月2日,由中国、朝鲜、韩国、俄罗斯和蒙古五国组成的图们江流域经济发展项目咨询委员会一致同意将1995年签署的项目咨询委员会协议再延长10年,并继续加强区域内现有的联系与合作,推动东北亚地区的经济增长和可持续发展。五国同时决定将合作区域扩大到整个大图们江,包括中国的东北三省和内蒙古、朝鲜罗津经济贸易区、蒙古的东部省份、韩国的东部沿海城市和俄罗斯滨海边疆区的部分地区。

二、图们江区域开发合作的内涵

1. 图们江区域开发合作的内涵

20世纪80代,中国吉林省已有一些学者提出了开发图们江、寻找出海口、进入日本海的研究课题。中国国家科学技术委员会从国家软科学研究计划项目支持相关研究,中国政府成立了中国图们江地区开发前期研究小组,国家科委担任组长,国务院相关部门组成部际协调机构——中国图们江地区前期研究小组。1998年,成立协调小组,国家计委(后改为国家发展与改革委员会)任组长。

在2005年举办的"UNDP图们江区域合作开发项目第八次政府间协

调会议"中,联合国开发计划署(UNDP)秘书处副秘书长马合立与中、俄、朝、蒙韩五国政府代表一致同意将 1995 年签署的项目咨询委员会协议再延长 10 年。同时,将"图们江区域开发"更名为"大图们江区域合作",合作区域扩展到大图们江,包括中国东三省、俄罗斯滨海边疆区部分地区、内蒙古、朝鲜罗津经济贸易区、蒙古国东部省份和韩国东部沿海城市。

图们江区域经济合作开发进程中,有着相互联系与制约的三个地缘经济圈(见图 1-1):中、俄、朝三国位于核心地缘经济圈,是图们江区域开发的直接参加者和受益者。蒙、韩、日位于中环地缘经济圈,是图们江区域开发的积极参加者。东北亚地区以外的所有关心与支持图们江地区开发的国家与国际组织位于外环地缘经济圈,是图们江地区开发的关注和参加者。联合国开发计划署(UNDP)与联合国工业发展组织(UNIDO)是图们江区域合作开发的重要组织协调机构。

2. 图们江区域开发合作的动力机制

(1) 经济互补性。

经济上的互补性是图们江区域经济合作开发的直接动力。中国拥有丰富的劳动力,俄罗斯拥有丰富的自然资源,朝鲜拥有天然港口,日本和韩国拥有先进科技和丰富资本(参看表 1-1)。

表 1-1　　　　　　　　图们江区域各国互补条件

国家与地区	优　势	劣　势
中国东北地区	有利的农业条件、丰富的农产品(大豆、苞米、肉类、水果等)、部分纤维工业制品、石油、煤炭、建筑材料、中药、劳动力、庞大的市场	资本、先进的机器设备、技术及经营经验相对不足,部分矿产资源和基础设施相对落后
朝鲜	丰富的矿产资源、金属矿石、简单的加工品、海产品、部分工业品、劳动力	资金匮乏、缺乏农产品及医药品、落伍的机器及技术
俄罗斯远东地区	拥有丰富的森林、有色金属矿、石油、天然气、煤矿、部分重工业及化工产品(钢铁、肥料)	农产品及轻工业品严重短缺、劳动力和资金短缺、工业设备和经营管理落后
韩国	资金、先进技术、移动设备、高新技术产品	缺少能源、资源、劳动力及用于饲料的谷物
日本	资本的积累、先进的技术、高科技工业设备、高新技术工业品、先进的工业产品、经营管理	能源及工业原材料严重短缺、缺少用于饲料的谷物和农产品乃至劳动力

资料来源:汤建中.边界效应与跨国经济合作的地域模式——以东亚地区为例[J].人文地理,2002,17(1):9.

(2) 区域创新机制。

区域创新机制,主要指区域产业升级与创新所导致的区域空间结构重组。

区域创新机制的内涵包括:

① 区域创新体系包括主体、资源和环境三种要素。主体要素指中、俄、朝、蒙、韩、日的各级地方政府、企业、大学等参与科技创新活动的行为主体;资源要素指支撑科技创新的人力、资金和知识资源;环境要素包括硬环境和软环境。硬环境主要指港口、公路等基础设施建设,软环境包括市场环境、制度环境和社会文化。

② 各种要素组合必须进入本区域生产体系。

③ 图们江区域创新机制的主体要素可以有所缺失,因此产生了网状和链状两种形态。

④ 不同的区域创新机制包含不同的制度安排、政策法规、基础设施建设水平和社会文化氛围。因此图们江区域丰富的主体要素可以构建各种不同的创新机制。

⑤ 区域创新机制以促进资源优化配置为目的,以提高区域创新能力、推动产业结构升级、形成区域竞争优势最终目标。

(3) 国际组织协调与指导机制。

国际组织协调与指导机制为图们江区域经济合作与增长提供了有利支撑,目前已形成 4 种国际协调机制:联合国开发计划署(UNDP)图们江区域项目秘书处机制;中、俄、朝三国协调委员会机制;中、俄、朝、蒙四国协调机制;中、俄、朝、蒙、韩五国协商委员会机制。

3. 图们江区域经济合作的产业结构演进

区域经济学认为,区域经济发展与区域内产业结构演进存在连动因果关系,区域经济发展到一定程度会促进区域内产业结构调整和升级,而区域内产业结构升级又会加快区域内经济发展,由此区域经济合作和增长离不开产业结构演进理论。

英国著名经济学家柯林·克拉克通过对40多个国家不同时期三种产业的产出资料与劳动力收入进行了对比分析,得出就业人口随着人均国民生产总值(GNP)的提高,首先由第一产业向第二产业再向第三产业转移的产业结构演进规律,即配第-克拉克定律。当前图们江区域各参与主体经济发展水平各异,中国和俄罗斯发展水平相当,以第二产业为主导,是发展中国家;朝鲜和蒙古经济发展水平比较落后;日本和韩国是发达国家,以第三产业为主导。因此图们江区域经济合作开发项目要以各国经济为依托,发挥各自优势产业进行资源优化配置。

美国经济学家钱纳里从经济发展的长期过程出发,考察了制造业内部各产业部门地位和作用的变动趋势,揭示了产业间存在的产业关联效应。他发现制造业发展水平受人均国内生产总值、需求规模和投资率的影响比较大,而受工业品和初级品输出率的影响相对较小。钱纳里将制造业演进分为三个阶段(见表1-2)。

表1-2　　　　　　　　　　钱纳里工业化发展阶段

发展时期	发展阶段	产　业　类　别	产业特征
前　期	不发达经济阶段	以农业为主的传统结构,没有或极少有现代工业。	生产力水平很低
	工业化初期阶段	以食品、烟草、采掘、建材等初级产品的生产为主,向以现代化工业为主的工业化结构转变。	以劳动密集型产业为主
中　期	工业化中期阶段(重化工业阶段)	非金属矿产品、橡胶制品、木材加工、石油、化工、煤炭制造等部门,制造业内部由轻型工业的迅速增长转向重型工业的迅速增长,非农业劳动力开始占主体,第三产业开始迅速发展。	资本密集型产业
	工业化后期阶段	新兴服务业,如金融、信息、广告、公用事业、咨询服务。第三产业开始由平稳增长转入持续高速增长,并成为区域经济增长的主要力量。	资本密集型产业
后　期	后工业化社会	服装和日用品、印刷出版、粗钢、纸制品、金属制品和机械制造等部门,制造业内部结构由资本密集型产业为主导向以技术密集型产业为主导转换。	技术密集型产业
	现代化社会	第三产业开始分化,知识密集型产业开始从服务业中分离出来,并占主导地位。人们消费的欲望呈现出多样性,多边性,追求个性。	知识密集型

根据钱纳里对制造业的分类,可以得出中国与俄罗斯处在中期,蒙古和朝鲜处在前期,日本和韩国处在后期。

罗斯托认为,一国经济能够保持持续增长是因为扩散效应最大的产业或产业集群成为一国主导产业,并保持快速发展和扩大的结果。而主导产业又会对其他产业部门产生扩散效应,包括:① 回顾效应,主导产业的高速增长促进了各种投入要素的需求和增长;② 旁侧效应,主导产业的高速增长会影响当地的经济社会文化发展;③ 前向效应,主导产业可以诱发新的经济活动或派生新的产业部门,甚至成为下一个主导产业的基石。因此各国根据各自具有最大产业扩散效应的部门进行项目合作与开发不仅可以满足各方的利益需求,同时也能增强区域内整体经济实力。

中国处在社会主义初级阶段,改革开放以来经济取得了快速发展,但是人均国内生产总值(GDP)水平还不高,与发达国家还存在巨大差距。图们江区域经济合作开发项目为中国提供了一个大好机遇。对此中国国内各参与主体,尤其是政府必须做好政策导向,推动中国国内产业结构优化升级,大力发展高附加值产业,引领制造业由钱纳里划分的中期发展阶段向后期发展阶段迈进,进而增加中国第三产业的比重,不断向发达国家的行列迈进。

4. 图们江区域经济合作发展战略分析

熊德平教授从系统科学理论和经济发展理论出发,对协调发展进行了详细阐述,认为协调发展是一系列思想、理论与方法的集合。"协调发展"是"协调"与"发展"的交集,认为"协调"是指在尊重客观规律,在掌握系统相互关系原理的基础上,通过建立有效运行机制、综合运用各种科技管理手段,促进系统内各要素优化配置,促使系统在良性循环的基础上由低级到高级,由无序到有序的总体演进过程。协调发展强调的是综合性、整体性和内在性,不是单一系统或要素的"增长"。任何一种要素或系统都不能影响整体或综合发展,追求的是整体提高基础上的全局优化、结构优化和个体发展的理想状态。

现代协调与协调发展理论中,被普遍接受的概念是格罗·哈莱姆·布伦特兰(G. H. Brundland)于 1987 年对"可持续发展"(sustainable development)所做出的定义,是"既满足当代人的需求又不危及后代人满足其需求的能力的发展",其核心是人口、社会、经济、科技、环境和资源相互协调。

在图们江区域经济发展与增长研究中,协调发展战略理论具有重要的指导意义。各经济参与主体能否协调好本国内部与整个区域之间的协调发展,不仅关系到了图们江合作项目的顺利进行,也关系到了东南亚整体经济实力的增长,更关系到了各国经济合作关系能否可持续发展。各经济主体内部协调发展包括地区间产业结构、空间结构、基础设施建设、能源环境开发与保护以及区域内部各种行政关系的协调发展,同时区域作为一个利益整体对外要建立完善的区域规划机制以及区域发展合作机制。图们江区域内各国经济体制、政治环境、文化意识都存在差异,如何使区域内各经济主体及各国国内不同产业部门协调发展,将是一个复杂、长期、不断摸索的演进过程。

三、图们江区域开发合作的历程

20 世纪 90 年代初以来,图们江区域合作开发在合作机制建设、战略规划编制、基础设施建设等方面都取得了一定的成就:一是构建了比较完整的组织支撑体系;二是战略规划和工作思路不断得到完善;三是形成了有力的政策支撑体系;四是中国图们江区域合作开发机制不断得到完善;五是中国图们江区域合作开发环境不断优化;六是交通设施和通道建设初见成效;七是重大项目建设扎实推进。

到目前为止,中国图们江区域合作开发开放共经历了以下几个发展阶段。

(1) 图们江区域经济合作缓慢发展阶段(20 世纪 80 年代至 1995 年)。

① 酝酿与启动阶段(80 年代中期—1991 年)。1985 年至 1991 年中

国相关学者和研究机构对图们江区域合作开发进行了广泛的学术研究，包括对外贸易口岸建设、图们江通海航行权利，区域经济形势等。

同时对于中国参与图们江区域的开发合作中国政府给予了高度重视。1990年10月18日，国家海关总署批准长岭子海关升格为珲春海关。1991年中国国家主席江泽民、国务院副总理田纪云分别先后对吉林省、珲春市进行了相关视察。

1990年开始国际组织相继介入和推动了图们江区域经济开发合作。1990年7月16日至18日，由中国亚洲太平洋学会、美国东西方研究中心和联合国开发计划署联合主办，在中国长春召开了"东北亚地区经济发展国际学术研讨会"。1991年7月6日至7日，联合国开发计划署在乌兰巴托召开了支持东北亚1992年—1996年技术合作项目会议。1991年8月28日—31日，由中国亚洲太平洋学会、美国东西方研究中心和联合国开发计划署联合举办，在中国长春召开了"东北亚经济发展国际学术研讨会"，会议发表了"长春宣言"，成立了"东北亚经济论坛"，并确认这次会议为"第一次东北亚经济论坛长春国际会议"。国务委员、国家科委主任宋健出席会议。1991年10月24日，联合国开发计划署向全世界宣布了多国

**陪同十届全国人大副委员长蒋正华
在中俄边境土子碑考察**

共同开发图们江三角洲这一宏大设想,并称之为"具有历史意义的创举",拟筹集300亿美元,联合多国共同开发图们江地区。

② 联合国开发计划署专题研究与论证阶段(1991年—1993年)。图们江区域经济合作开发项目被正式提上日程。1992年4月13日,中国政府正式发函,批准中国参加联合国开发计划署图们江地区开发项目。同期,中国组成出席图们江地区开发项目管理委员会(PMC)中方图们江地区开发项目管理委员会代表团、中国专家组和中国项目办公室。

来自各国的专家对图们江区域合作开发提供了宝贵的对策建议。1992年4月28日至30日,联合国开发计划署在中国北京召开了图们江地区开发项目(TRADP)第一次专家组工作会议,来自中俄朝蒙韩五国专家以及联合国开发计划署总部和驻中国代表处的官员出席了会议。会议的主题是:图们江区域发展的概念与战略选择;区域发展的财政战略;项目管理委员会和专家组前18个月的工作计划和工作方案;联合国开发计划署对前18个月的资助方案等等。1992年7月28日至8月3日,联合国开发计划署在俄罗斯海参崴召开了图们江地区开发项目(TRADP)第二次专家组工作会议。联合国开发计划署8位专家同中、朝、俄、蒙、韩各国代表参加了会议。会议分法律和投资、基础设施、贸易三个小组进行研究讨论。1993年1月3日,联合国开发计划署在汉城、纽约、芬兰多次召开专家会议,就图们江地区开发中涉及的通信、环境、资源、法律、财政、机构等问题进行广泛研究讨论。

③ 政府的积极推进(1993年—1994年)。1993年5月9日至10日,联合国开发计划署在平壤召开了图们江地区开发项目第三次项目管理委员会(PMCIII)会议,来自中国、俄罗斯、朝鲜、韩国、蒙古的代表和联合国开发计划署的官员出席了会议,会议起草了《关于向图们江地区开发公司出租土地和建立图们江地区协调委员会的协定》和《关于建立图们江地区开发公司和创建政府间协调和协商委员会的协定》两个协定草案。

1993年9月3日至30日,中国吉林省图们江地区开发交流团一行65人访问了朝俄日韩四国。主要收获:一是吉林省海洋管理办公室起草了《关于组建中芬技术服务中心的可研报告》和《关于组建图们江地区开发中心的可研报告》报吉林省政府。10月,吉林省人民政府向中国国家科委分别发出《关于申请将组建中芬技术服务中心列为国家科委中芬专项合作项目的函》和《关于申请将组建图们江地区开发中心列为国家科委中日专项合作项目的函》。二是吉林省建设发达的边疆近海省总体战略研究课题组向省委、省政府报送了《共筑跨世纪的宏大工程》战略构想。主要内容是建设发达的边疆近海省的历史机遇,总体框架,重大举措和组织实施原则等。

1993年12月10日,中国图们江地区前期研究小组与图们江地区发展计划(TRADP)专家组共同完成了《图们江经济开发区新亚欧大陆桥建设及沿线经济产业带开发研究》研究报告。

1994年2月10日,中国图们江地区前期研究小组组织中国国内有关单位进行《图们江地区21世纪区域开发的总体战略框架》的科学研究,该研究项目将从图们江地区区域开发21世纪总体战略规划的框架设计;图们江地区开发的政策效应研究及投资效益分析;图们江地区国际贸易的实证研究;图们江地区铁路、港口协调发展的方案设计;图们江地区开发的国际环境及对中国东北地区影响的利弊分析;图们江地区开发多模式比较研究及信息系统的建立;图们江地区城市可持续发展问题的研究等从7个不同的角度对图们江地区开发项目进行了系统深入的研究与探讨。

1994年3月28日,中国国家科委、国家计委召集图们江地区开发项目研究协调小组成员单位就签署联合国开发计划署图们江开发项目"两个协定"再次进行了研究,并将《关于签署联合国开发计划署图们江开发项目两个协定的请示报告》上报中国国务院。

1994年4月,中国国家科委政策体改司和美国亚太研究会组织进行《图们江地区开发的贸易环境与融资》课题的合作研究,以推动东北亚地区的国际贸易及相应的融资机制的建立。

(2) 图们江区域经济合作的新阶段(1995年以后至今)。

① 实质性运作阶段(1995年—2005年)。大力开展基础设施建设。

1994年以来,中国吉林省珲春市新开工的基本建设项目共30项,总面积12万平方米,总投资7 255万元;计划在市内修筑的42106平方米混凝土路面正在施工中;铺设供水管网1.5万公里;架设了一条4公里10千伏线路,新建了10座配电亭;新增1万门程控电话,全市程控电话已达到了2.2万门,新增了10万门蜂窝式移动电话,架设环城通讯光缆45公里,开通了168信息台,"合作区电信枢纽大楼"正式开工,地下工程已基本完成。

1995年5月29日至6月2日,图们江地区开发项目第五次项目管理委员会(PMCV)在中国北京召开。中俄朝蒙韩五国政府代表团出席了会议,来自联合国开发计划署、联合国开发组织等国际组织的代表和日本、芬兰、加拿大等国的观察员也参加了会议。会上草签了《关于建立图们江地区开发协调委员会的协定》和《图们江经济开发区及东北亚环境准则谅解备忘录》。文件的草签表明图们江项目进入新的阶段,标志着图们江流域开发将从可行性研究阶段转入实际操作阶段。

1995年12月4日至7日,联合国开发计划署在总部纽约召开图们江地区开发项目管理委员会第6次会议,中俄朝韩蒙五国政府代表均参加了会议,这次会议主要是正式签署《关于建立图们江地区开发协调委员会的协定》、《关于建立图们江经济开发区及东北亚开发协商委员会的协定》和《图们江经济开发区及东北亚环境准则谅解备忘录》。三个文件的签署意义重大,标志着图们江地区开发项目已从以前期研究为主转入以实际开发为主阶段。

② 向大图们江地区开发开放拓展阶段(2005年—2007年)。在联合国开发计划署(UNDP)召集的图们江区域合作开发项目第八次政府间协商协调会议上决议将1995年签署的二个协定和一个备忘录有效期再延长10年,并继续加强区域内现有的联系与合作,推动东北亚地区的经济增长和可持续发展。同时,合作区域扩大到整个大图们江地区,范围包括中国的东北三省和内蒙古、朝鲜罗津经济贸易区、蒙古国的东部省份、韩国的东部沿海城市和俄罗斯滨海边疆区的部分地区。

(3) 突破性进展阶段(2007年以来)。

2007年中国政府就图们江地区合作开发进行专题调研,积极开展以中国图们江区域合作开发规划纲要编制工作,得到27个部委的大力支持。

中国与周边国家区域开发专家组组长、全国人大副委员长、农工民主党主席蒋正华先生率专家组成员赴吉林省延边朝鲜族自治州调研,形成了专题调研报告相送中国政府总理温家宝。温家宝总理作出重要批示并同意制订《中国图们江区域合作开发规划》,随后又同意成立中国国家图们江区域开发专家组,蒋正华任组长。

2009年8月30日中国政府批准了《中国图们江区域合作开发规划纲要——以长吉图为开发开放先导区》,长吉图开发开放先导区作为中国推动图们江区域合作开发的重要载体,上升为国家战略。

第二届东北亚经济合作论坛开幕式

四、图们江区域开发合作模式的选择

1. 协调—倾斜经济合作模式

这一发展战略模式主要建立在平衡发展战略和不平衡发展战略的基础上,并根据区域经济发展的基本态势来划分。

平衡增长战略强调国家干预,宏观经济计划是政府在平衡增长战略中最为有力的手段,为发展中国家迅速摆脱贫穷落后的困境、实现工业化和经济增长提供了一种发展模式。但是平衡增长过分依赖于计划,忽视了政府失灵的可能性,并限制了市场体系的发育和发展。从发展中国家现有资源的稀缺和企业家的缺乏等方面来看,平衡增长理论是不可行的,发展中国家不能将有限的资源同时投放到所有经济部门和所有地区。

不平衡增长战略强调了稀缺资源对经济发展的约束,并提出了资源应合理配置。应集中资源首先发展扩散效应大的产业,以此逐渐带动其它产业的发展;同时,地区发展也必须有一定的次序,不同的地区按不同的速度不平衡增长。某些主导部门和有创新能力的行业集中于一些地区和大城市,并以较快的速度优先得到发展,以形成一种资本与技术高度集中、具有规模经济效益、自身增长迅速并能对其他地区产生强大辐射作用的"发展极"[1]。发展极地区的优先发展,最终将通过技术的创新与扩散、资本的集中与输出等方式带动其他部门和地区的发展。

不平衡增长战略在实践应用中也会产生不足,在经济发展初期,某些部门和某些地区会得到优先发展,而这种优先发展在产生扩散效应[2]的

---

[1] "发展极"(development poles)概念是法国经济学家佩鲁(F. Perroux)于1955年提出来的。他主张把国民经济分解为部门、行业和工业项目,主张以非总量的方法安排计划。佩鲁认为,从空间上看,增长在不同地区是以不同的速度进行的。

[2] "发展极"达到一定程度后,它还会产生"扩散效应"(spread effect)。因为发达地区生产规模的不断扩大会引起生产要素供应紧张,生产成本上升,出现资本技术向落后地区扩散的现象。同时发达地区经济增长的减缓也有利于价格的回落,刺激落后地区需求的增长和经济的发展。

同时，又会产生回波效应①，即当劳动力、资金、技术、资源等要素由于收益差异自落后地区向发达地区流动，从而导致落后地区与发达地区的经济发展差距不断扩大。

协调—倾斜的发展战略模式集合了平衡发展和不平衡发展的优点，强调在总体上协调发展各地区和各产业。并且特别指出优先发展重点地区和产业，以带动整个区域经济发展。区域经济发展的核心是"重点"和"协调"。图们江域经济合作开发必须建立在协调—倾斜的发展战略基础上，各方经济利益和社会效益达到和谐一致才能促进各合作项目的可持续发展，最终促进各国及区域经济整体经济增长。

2. 增长三角区域经济合作模式

(1) 图们江区域增长三角的基本内涵。

图们江区域经济合作就属于次区域经济区，指由两个或两个以上国家的毗邻地区组成的经济合作区，通过促进区内的贸易和投资而实现经济发展。这里"次区域"是相对于"区域"而言，其中合作主体不是由整个国家构成，而是由国家的部分地区组成。

(2) 增长三角空间结构的基本模式。

① 多核心式空间结构。在增长三角发展的初级阶段，各地区以自主开发为主，各种生产要素向各区的某点不断集聚，并形成一个带动地区经济发展的增长极。图们江区域经济开发初期，中国开辟了珲春经济开发区和边境经济合作区，朝鲜设立了罗津—先锋自由经济贸易区，俄罗斯设立了哈桑自由经贸区和纳霍德卡自由经济贸易区等，各方都在积极进行开发建设。

每一个地区不可能作为整个区域经济发展的极核，但是它们是各地区的增长极核，并代表各地区在增长三角内部区域合作中承担主要

---

① 瑞典经济学家缪尔达尔(G. Myrdal)用"回波效应"(backwash effect)说明"发展极"对其他周边地区的负面影响。

任务。通常增长极之间通过跨境交通通道和边境口岸进行着生产要素的相互流通,促进区域经济的整体协调发展。中俄铁路建设与中朝集装箱线路开通等是中俄朝三方在基础设施建设方面联合开发所取得的成果。

中国的规划重点是以珲春为前沿,以延吉为后方基地,尽早实现珲(春)、延(吉)、图(们)、龙(井)地区区域一体化的进程,形成与俄朝港口相配合的集疏运系统。朝鲜以罗津为重点,改造与完善北方三港,提高三港通往中国口岸的公路级别,改造北方铁路。俄罗斯制定了大海参崴规划,使海参崴港口群成为俄通向亚太地区的前沿基地与窗口。通过海参崴港、纳霍德卡港和东方港联结其西伯利亚与远东腹地和经绥芬河—满洲里的亚欧大陆桥,加强与中国黑龙江省东部地区的联系。扎鲁比诺港与波谢特港临近中国吉林省,使其重点加强与吉林省的联系并成为海参崴港口群的辅助港。在相当时期内,三个地域主要是通过交通运输网、通讯网与口岸系统加强联系,逐步减化过境手续,降低并统一关税,降低运价,为三者的紧密联系创造条件。

② 点轴式空间结构。点轴式空间结构是增长三角发展的较高阶段,"点"主要是指各区域的核心城市,重要口岸城镇和交通枢纽;"轴"主要是跨境交通走廊、信息智能走廊。随着各个增长极之间经济社会文化交流活动的不断加强,商品、人员、物资、资金、技术、信息等流量加大,城镇之间的交通线路、通讯线路、能源动力供给线路不断完善与提高,从而促进区域资源和要素向这些线路集聚,形成了空间发展轴,带动沿线地区经济的迅速发展。

轴线的规模将随着中心城镇和轴线上点的规模增大而不断扩大,它们又会向外进行经济和社会扩散,形成新的点轴格局。这样在增长三角中就形成了不同等级的点和轴,它们相互连接构成了分布有序的点轴式空间结构。在点轴系统中仍呈现多核心的特征,各地区核心城市之间存在经济上的互补性。

③ 网络式空间结构。增长三角发展到高级阶段即一体化阶段,区域

内各生产要素充分流动,经济活动联系日益紧密,合作内容日益丰富和复杂化。国际城镇体系日益完善,并可能形成跨境大都市。在空间形态形成以交通、信息、网络为基础的网络状,集聚成群。

第 2 章
图们江区域物流发展

一、图们江区域物流发展概述

1. 物流发展的现状及特点

(1) 国际物流发展扎实起步,发展势头良好。

在东北亚各国一系列支持鼓励图们江区域国际物流发展的方针政策指导下,近年来,图们江区域加快了与国际物流发展相关的国际交通运输通道、跨境运输合作机制、内贸外运、借港出海、海陆联运、国际物流信息系统、货运场站、边境国际物流基地等国际物流基础支撑条件建设。与此同时,中国吉林省积极引导图们江区域现有的运输、仓储、配送等传统物流企业,按照现代物流的理念进行改造升级,利用自身资源及图们江区域得天独厚的区位位势及自然资源禀赋,通过企业重组和改制,结盟战略合作伙伴,引进国际先进物流技术设备及管理体系,拓展业务,积极向第三方物流企业转型[1]。

(2) 中国吉林省经济持续增长为国际物流发展夯实基础。

中国图们江区域核心地区长吉图先导区位于中国吉林省内,其经济总量占吉林省二分之一。中国吉林省近年来社会经济持续发展,中国吉林省生产总值(GDP)年增长速度均达到10%以上,为图们江区域国际物流的发展奠定了坚实的经济基础,也提供了强有力的物流资源保证。《吉林省2012年国民经济和社会发展统计公报》数据显示,2012年中国吉林省全省实现地区生产总值 11 937.82 亿元,比上年增长 12.0%。其中,第

---

[1] 吴安平.吉林省物流产业发展战略 SWOT 分析及对策[J].中国矿业,2011,20(12):124-127.

一产业实现增加值 1 412.11 亿元,增长 5.3%;第二产业实现增加值 6 374.45 亿元,增长 14.0%;第三产业实现增加值 4 151.26 亿元,增长 11.0%。按常住人口计算,当年全省人均生产总值(GDP)达到 43 412 元,增长 11.9%。三次产业的结构比例为 11.8∶53.4∶34.8,对经济增长的贡献率分别为 4.9%、62.9%和 32.2%。

(3) 区域内外贸易势头强劲,物流市场前景广阔。

随着图们江区域核心地区内外经济的快速发展,综合经济实力的稳步提升,社会消费水平的持续提高,图们江区域核心地区长吉图所在的中国吉林省贸易和投资得到了长足的发展,中国国内及国际物流市场展现出广阔前景。

中国国内贸易方面,中国吉林省 2012 年全年实现社会消费品零售总额 4 772.94 亿元,比上年增长 16.0%。按经营地统计,城镇实现消费品零售额 4 236.15 亿元,增长 15.4%;乡村实现消费品零售额 536.79 亿元,增长 20.4%,乡村消费品零售额增长幅度高于全省平均水平 4.4 个百分点,高于城镇 5.0 个百分点。按消费形态统计,商品零售额 4 272.77 亿元,增长 15.7%,餐饮收入额 500.17 亿元,增长 18.5%。

在对外经济方面,根据海关统计,2012 年全年累计实现外贸进出口总值 245.72 亿美元,增长 11.4%。其中,实现出口总值 59.83 亿美元,增长 19.7%;实现进口总值 185.89 亿美元,增长 8.9%[①]。

2012 年中国吉林省全年实际利用外资 58.16 亿美元,增长 17.6%,其中外商直接投资 16.49 亿美元,增长 11.3%。全年域外资金实际到位 3 872.6 亿元,增长 23.6%,其中,实际利用外省资金 3 832.1 亿元,增长 31.2%。

(4) 交通运输及仓储业增长迅速,发展国际物流条件较好。

中国吉林省近五年来交通运输支出占地方财政总支出的比重逐年上

---

① 中国吉林省统计局.吉林省 2012 年国民经济和社会发展统计公报[EB/OL].[2013-3-13].

升,交通运输支出额度也连年攀升,根据2010—2011年中国吉林省国民经济和社会发展统计公报,2010年交通运输支出89.78亿元,增长55.7%,全年完成地方财政支出1 787.25亿元;2011年交通运输支出149.79亿元,增长66.8%,全年完成地方财政支出2 201.74亿元。

在交通运输指标方面,2012年,中国吉林省全省各种运输方式完成货物周转量1 728.8亿吨公里,比上年增长9.3%;货物发送量5.9亿吨,增长13.5%。全年各种运输方式旅客周转量572.3亿人公里,增长3.7%;旅客发送量7.3亿人,增长7.4%。民航集团全年共保障运输起降航班6.06万架次,完成旅客吞吐量707.7万人次。

2012年末,中国吉林省铁路营业里程达到4 383公里;公路总里程9.3万公里,其中,等级公路总里程8.5万公里,占公路总里程的91.4%,全省公路总里程中,高速公路2 252公里;等外公路7 794公里,占公路总里程的8.6%[①]。

2. 物流发展的主要问题

目前,中国图们江区域国际物流业正处于传统仓储运输业向现代物流业过渡的起步阶段,总体规模偏小,物流资源利用率偏低,物流成本相对较高,整体发展水平偏低[②]。

(1) 缺乏现代物流观念,第三方物流发展缓慢。

在一贯的"重生产、轻流通"的观念影响下,图们江区域许多物流企业思想观念相对落后,认为现代物流业仅仅局限于"运输+仓储+搬运",没有认识到现代物流是利用信息化、现代化管理手段,对运输、仓储、配送、电子商务、加工等进行综合协调的现代流通及供应链管理方式,对现代物流在降低流通成本、降低交易费用、增加利润、提高企业竞争力等方面的

---

① 中国吉林省统计局.吉林省2012年国民经济和社会发展统计公报[EB/OL].[2013-3-13].

② 邵扬.吉林省现代区域物流存在的问题和对策研究[J].长春理工大学学报(社会科学版),2010,23(3):54-56.

作用认识不足。图们江区域内许多企业物流部门仍然依附于企业内部，社会化程度较低，相当一部分企业固守传统的思维定式，追求"大而全、小而全"的物流模式，多数生产企业依然热衷于选择自营物流方式，不愿将物流业务委托给专业性物流企业完成，而相当一部分企业的物流部门规模小、效率低、成本高，流通费用占生产成本的比例居高不下。专业化、高效率、现代化的第三方物流发展缓慢，具有现代物流方案与现代物流运作策划及规划、库存控制与管理决策和物流供应链管理等能力的第三方物流企业寥寥无几①。

(2) 管理体制制约，国际物流供应链整合能力低。

由于图们江区域在相当长一段时期内实行的是对内贸易和对外贸易分离的管理体制，受计划经济时代影响较大。而且中国图们江区域核心地区涉及中国吉林省的长春市、吉林市、延边州等不同的行政单位，而且行政单位之间级别不一，行政管理体制不统一；同时，受行业管理体制的制约，与图们江区域国际物流相关的内贸外运、对外贸易、商业、交通运输、仓储设施、加工配送、信息通信等物流相关行业分别由海关、经贸、商务、铁道、交通、民航、物资、通信等不同的政府部门管理，管理体制条块分割比较严重，物流协调管理工作呈现明显的管理部门各自为政的局面，缺乏协调整个图们江区域物流管理的部门、机构及平台，管理制度和管理方式不适应现代物流发展的需要，物流体系的内在联系被人为地分割，致使物流供应链的整合能力大大降低。比如，图们江区域内现有的仓储库房等设施，分别隶属于工业、商业、粮食、化工、物资和邮电等行业，目前大部分由于城市开发先后被拆除，剩余部分基本处于自我封闭或半封闭的储运状态，沿用传统的物质供销管理模式，功能相对单一，利用效率较低，物流成本较高，不能有效发挥现代物流的作用。此外，国际物流企业之间基本没有分工，企业之间协作配合不够，更使物流整体系统全程化优势难以

---

① 吴安平. 吉林省物流产业发展战略 SWOT 分析及对策[J]. 中国矿业,2011,20(12):124-127.

充分发挥,由此带来资源利用率较低,浪费现象严重,造成图们江区域国际物流发展缓慢。

(3) 缺乏国际物流专业人才,管理技术和经营水平落后。

目前图们江区域国际物流专业人才严重不足,缺少熟悉服务对象的生产、经营和销售,熟悉国际物流服务组织、国际运输组织管理相关业务,熟悉国际市场营销、国际贸易结算和计算机网络技术以及国际物流信息开发及维护等多方面的专业人才,如储存、运输、配送领域人才和电子商务物流、供应链管理等人才,特别是掌握国际现代物流理念,具有国际现代物流策划、管理能力和国际现代物流运作经验的中、高级人才,如懂得现代物流管理技术的系统化管理人才,非常缺乏,远远不能满足图们江区域建设东北亚国际物流枢纽中心的需求[①]。同时,目前图们江区域国际物流企业物流设施的技术装备也比较落后,经营管理中计算机应用程度比较低,还基本停留在单一的运输、仓储、搬运的水平上,根本没有实现供应链一体化、无纸化、配送自动化、信息化管理等,对货物组配方案,最优库存控制,运输的最佳路径,现代物流工作流程等还没有科学合理规划计划,与中国国内发达城市国际物流业的差距较大[②]。

(4) 服务能力与水平较低。

图们江区域多数国际物流企业是在传统体制下物资流通企业以及边境私人贸易公司的基础上发展起来的,企业信息化、网络化程度普遍偏低,大多仍在采用传统运作方式,通信手段甚至还停留在使用电话、传真方式上,不能有效地运用网络信息和电子技术进行跨国现代企业管理,物流信息管理系统、电子数据交换(EDI)技术和货物跟踪系统等仅在极少数企业有所应用;物流企业服务项目也比较单一,多停留在提供简单的仓储、运输和搬运服务上,对于加工、配送、"零库存"管理、物

---

① 单良,龚洁.长吉图开发开放先导区人力资源现状分析及发展对策[J].经济研究导刊,2011(13):127-130.

② 于飞.基于区域经济发展的现代职业教育体系构建——以长吉图开发开放先导区为例[J].中国高校科技,2011(7):38-39.

流咨询与培训、物流信息服务等增值服务方面开发不够,难以满足优质、多元、快速、精准的国际现代物流服务需求;相当多的物流企业缺乏必要的服务规范和内部管理规程,经营管理比较粗放,管理思想和管理手段落后。同国际现代物流发展的需要相比,图们江区域国际物流企业在物流信息收集、加工、处理、运用能力上,对物流业的专业知识、现代物流的统筹策划、精细化组织和管理等方面,有非常大的距离,物流企业从事的物流服务技术含量不高,服务内容、服务质量和服务效率都远不能适应国民经济发展的客观需要和东北亚国际物流枢纽中心的定位。

(5) 国际物流基础设施滞后,物流整体效率低下。

现代化的跨国综合交通运输体系是图们江地区经济合作开发的先导和重要支撑条件,也是图们江区域发展成为东北亚国际物流枢纽的必要保障,能够促进该地区与周边国家和地区之间的经济联系和贸易发展,带动广大经济腹地的资源开发和经济起飞,改善区域投资与贸易环境,推动图们江地区产业结构的调整和区域经济的合理布局。

从中国图们江区域内部来看,虽然图们江区域初步形成了长—珲铁路、长—珲高速公路两大交通动脉,长春空港、延吉空港和俄、朝港口群配合发展立体的综合交通运输网络,在交通运输线路规划、物资储运配送、汽车工业制造运输、商品粮及石油化工产品商贸流通等领域已经建成大量的场站和仓储设施。但是,由于大部分批发零售业、交通运输业、仓储业的设施设备老化、陈旧,设备工作效率低下;重要交通运输基础设施建设缓慢,物流通道通而不畅,口岸限制因素多,物流瓶颈较多;以物流园区为代表的综合物流基础设施建设滞后,缺乏系统的整合物流功能和产业链的载体,比较不利于物流资源及企业的规模化集聚等,极大地限制了物流业的发展,影响了物流管理水平和服务质量的提高。而由于物流结构不合理与图们江区域铁路等基础设施建设滞后形成的粮食、汽车工业、石油化工、煤炭资源等产品的输出与铁路运力严重不足,国际物流流通效率低、成本高的问题,更凸显了问题的严重性①。

从图们江区域国际物流发展角度来看,国际陆海联运运输网络的骨架已具雏形,但系统整体的协调性不够,中国、俄罗斯、朝鲜在图们江区域的交通运输资源没有充分整合及配置好,港口、铁路、道路等物流基础设施建设严重滞后,断头路段较多,妨碍了大通道的畅通性及整体运输能力的发展和利用。其次,不同运输方式之间也缺乏必要的衔接。第三,跨境通关软环境缺乏双边一致的行动,如中、俄、朝三国图们江区域各个口岸通关法律制度不统一、各自为政、不符合国际惯例、自由度开放度小、通关时间不统一、没有实施自由口岸制度等,这些都严重地制约了图们江区域物流通道的畅通,极大地影响了国际贸易、投资、旅游等商务合作活动的便利度、快捷度和自由度。第四,国际物流基础设施投资软环境比较不友好,严重制约了交通运输基础设施的建设。中、俄、朝三国以前实行的是计划经济模式。虽然中国、俄罗斯已逐步向市场经济转型,但市场经济体制仍然在某些领域不够完善,而朝鲜则是以计划经济为主导的经济体制。同时,图们江区域国际物流发展的法制环境建设滞后,企业发展的各种服务措施跟不上去,严重影响了国际资本的进入,从而制约了交通运输基础设施的建设②。

(6) 国际物流相关政策法规体系尚未形成。

图们江区域未来广泛的国际经济合作必将产生大量的高端物流需求。但目前,图们江区域还无法形成统一的、整体的、系统的、共享的国际物流市场,已经严重制约和影响着图们江区域国际物流产业的发展③。图们江区域核心地区——长吉图开发开放先导区在区域物流管理体制上存在着多头管理、行业分割、地域分割、利益分割等问题,导致拟建设的图们江区域国际物流枢纽中心综合协调能力弱,出现地方封锁、管理混乱、

---

① 周延彬. 图们江地区开发现状与对策研究[D]. 北京:中国政法大学,2011.
② 于潇. 长吉图开发开放先导区与国际大通道建设研究[J]. 东北亚论坛,2010,19(2):11-17.
③ 李壮. 图们江区域合作中的问题及对策研究[D]. 长春:吉林大学行政学院,2010.

行业垄断等现象,对该地区国际现代物流发展形成了严重束缚。其次,在物流信息化方面,图们江区域目前为止尚没有出现统一的物流信息系统,现存的物流企业的数据不能够互联互通。物流信息系统必须包含的运政管理、海关商检、银行汇兑、税收征管、电信运营等部门的物流公共信息平台尚未形成。此外,图们江区域有关国际物流发展的地方性及国际性的政策法规及优惠政策基本上是空白,还没有用于鼓励国际物流业发展、创新的专项产业引导资金,尚未出台用于扶持国际物流企业做大做强的财政优惠政策,在引进国际物流高端技术管理人才方面,也缺乏相应举措。总之,有利于国际现代物流发展的政策法规体系尚未形成。

(7) 国际大通道"通而不畅"。

图们江区域国际大通道主要面临着跨国交通基础设施发展不平衡、双边和多边合作的法律环境不完善、政策环境和市场环境不尽配套等突出问题。主要体现在以下关键环节:

① 中俄通道。图们江区域国际大通道关键的中俄通道已经实现公路和铁路交通系统连接,即中国珲春—长岭子口岸—俄罗斯克拉斯基诺—斯拉夫扬卡公路通道,该公路建设标准为中国标准二级公路,该公路过境口岸中方与俄方的工作时间不统一,而且俄方过境检查效率十分低下,经常出现客、货堵塞现象,严重影响中俄客流货流的自由流通;而中国图们—珲春—长岭子—俄罗斯卡梅绍娃亚与西伯利亚大铁路连接的铁路路段,中国段属于东北铁路集团所有,俄罗斯段属于私人运营的"金环公司"所有。另外,中国铁轨轨宽与俄罗斯铁轨轨宽不一致,货物跨国运输需要在换装站换装后方可继续运输。不同公司协调的问题、换装带来的成本上升问题都严重影响了中国、俄罗斯在图们江区域的经济贸易和国际物流①。

② 中朝通道。图们江区域中朝通道主要有两条公路和三条铁路:一

---

① 张玉山,谭红梅. 新形势下中国图们江区域开发的机遇与挑战[J]. 东北亚论坛,2010,19(3):11-16.

是中国珲春—圈河口岸—朝鲜元汀里口岸—朝鲜罗先的公路通道；二是中国珲春—沙陀子口岸—朝鲜罗津公路通道；三是中国图们口岸—朝鲜南阳—豆满江—罗津铁路通道；四是中国图们口岸—朝鲜会宁—清津铁路通道。五是中国图们口岸—朝鲜南阳—豆满江—俄罗斯哈桑铁路通道。目前，中朝通道朝鲜方面公铁路状况相对较差。朝鲜元汀里—罗津的公路为砂石路，路况十分不理想，大型集装箱车辆难以通过。图们至罗津、清津的铁路也存在路况较差、站点配套设施落后、电力不足以及火车车厢紧缺等问题。另外，罗津港的港口设备陈旧，装卸能力不足。

③ 中蒙通道。中蒙大通道是一条连接中俄朝蒙的国际大通道，即俄罗斯赤塔—蒙古乔巴山—中国阿尔山—白城—长春—图们—朝鲜罗津—清津(以及珲春—俄罗斯哈桑—扎鲁比诺)。目前该通道只有蒙古乔巴山—中国阿尔山(简称"两山铁路")之间的铁路没有修通[1]。

④ 边境口岸。图们江区域边境国家中国、俄罗斯、朝鲜三国的口岸还没有建立统一的自由通关制度和口岸查验制度，三个国家在口岸通关、出入境管理方面存在着许多制度性的差异，对货物和人员的查验自成体系，各自为政严重影响了口岸功能的发挥[2]。具体存在以下问题：

一是边境口岸建设滞后。边境口岸最大的特点是口岸的对等性和建设的同步性。口岸规模不对等、建设不同步就会出现出入境"瓶颈现象"。中俄珲春—克拉斯基诺公路口岸、中朝圈河—元汀公路口岸，由于口岸建设不对等、不同步，中方口岸查验大厅内设出入境旅客检查通道分别为六条和四条，而朝方口岸的旅客检查通道只设两条和一条，导致出现"瓶颈现象"。中方口岸验放旅客越多，朝方口岸候检旅客就成倍剧增，导致"瓶颈现象"。在货物通关方面也出现"瓶颈现象"。中方对进出口货物的查验一般采取一、二线查验制度。珲春海关监管中心为二线，利用先进的检

---

[1] 王胜今. 从国家战略高度认识长吉图开发开放先导区的建设和发展[J]. 吉林大学社会科学学报, 2010, 50(2): 5-7.

[2] 李昌南, 陈国喜. 长吉图开发开放先导区建设面临的问题及其对策[J]. 延边大学学报(社会科学版), 2010, 43(3): 19-30.

查设备检查放行进出口货物,发现问题就地掏箱检查;口岸现场为一线,只查报关单和事物相符就验放,在口岸滞留时间非常短。而俄罗斯和朝鲜都是单一的口岸一线查验制度,延长通关货物在口岸的滞留时间,导致"瓶颈现象"。

二是中国珲春口岸查验模式落后。目前,国际上通用的口岸查验模式为"边检管人,海关管物"。俄、朝两国口岸通行的是原社会主义国家的通关模式。出入境旅客和进出口珲春口岸货物要通关,必须经过卫检、边检、海关、动植物检疫、商品检疫等繁杂的程序,而掏箱检查率和开包检查率也均超出国际通行的标准,导致通关手续繁杂、重复检查多、通关速度慢、旅客和货物在口岸滞留时间过长等弊病。另外,边境口岸交通运输,国际上普遍采取送货制。也就是说,出口方国家把所出口的货物直接送到对象国的目的地。但目前中俄公路运输通道却出现俄罗斯方独揽双向运输的不对等现象。朝方在元汀口岸北侧在建进境货物倒装场地,建成后,中方出口货物将不能直接运入朝鲜罗先市,必定会增加成本,挫伤中方投资者投资、贸易积极性。

3. 物流发展的条件

(1) 区位优势得天独厚。

从东北亚地理格局来看,中国图们江区域为沿中国大图们江区域主轴(中蒙国际大通道)的重点区域,该区域恰是东北亚经济圈,大图们江经济圈,环日本海经济圈及中国东北经济区的交集区域和几何中心,处于中蒙大通道的轴线东端,并与哈大一级轴线相交,素有"未来新欧亚大陆桥的东端起点"之美称。中国图们江区域内中国、俄罗斯、朝鲜三国毗邻,东部与俄罗斯滨海边疆区接壤,南部与朝鲜两江道和咸镜北道相邻,特别是朝鲜的咸镜北道的罗津—先锋经济贸易区与珲春市紧密连接[①]。图们江是中国

---

① 孙家宇.长吉图开发区的优劣势分析和改革建议[J].吉林画报·新视界,2011(1):102-104.

内陆进入日本海最近的水上通道,也是中国从水路到俄罗斯、朝鲜东海岸、日本西海岸乃至北美、北欧的最近点。俄朝两国的港口群与广阔的中国东北地区和俄罗斯东西伯利亚及远东腹地紧密相连。以中国珲春为中心,在俄、朝日本海沿岸分布着众多的港口,包括俄罗斯的波谢特港、扎鲁比诺港、符拉迪沃斯托克港、纳霍德卡港、东方港;朝鲜的先锋港、罗津港、清津港。从中国珲春市防川村出发经由图们江出海到韩国的釜山港距离750公里,到日本新潟港为850公里[①]。

从中国东北地区格局来看,中国图们江区域开发开放先导区包括中国吉林省的长春市、吉林市的部分地区和中国延边朝鲜族自治州(简称长吉图)。即:中国长春市城区、九台市、农安县、德惠市、中国吉林市城区、永吉县、蛟河市,中国延边州全境。面积7.3万平方公里,占中国吉林省全省的39%;人口1 000万,占中国吉林省全省的40%;经济总量占中国吉林省全省的55%以上。在东北经济区的中部地区,即中国吉林省内,以中国吉林省长春市为主,向东形成了中国图们江区域核心地区——长吉图开发开放先导区。与中国辽宁及中国黑龙江两省相似,长吉图开发开放区的形成,弥补了东北经济区中部资源没能有效整合的缺陷,通过这一新的经济增长带,将中国吉林省的内陆地区与沿海地区有机联系起来,形成窗口与腹地联动,优势互补,相互促进的大好局面。中国延边朝鲜族自治州的珲春市,是进入日本海的重要港口,地理位置得天独厚,是中国吉林省内甚至是中国东北地区同东北亚各国发展国际物流的交通运输枢纽[②]。这一经济带上,主要依托中国长春市的汽车产业、商品粮基地,中国吉林市的石油化工产业以及延边州的煤炭、木材产业,目标是加强中国图们江区域和俄罗斯、朝鲜及其他东北亚各国的经济交流与合作,达到中国北方沿海城市的对外开放,促进沿海城市的经济发展的目标。同时以

---

① 李靖宇,修士伟.以长吉图为开发开放先导区的图们江区域合作开发论证[J].延边大学学报(社会科学版),2010,43(4):5-16.

② 周瑞娜,南颖等.长吉图区域经济一体化的SWOT分析[J].延边大学农学学报,2010,32(3):220-224.

中国的长春、吉林两市为腹地，支撑沿海地区的开发开放，打通中国吉林省进入日本海的经济通道。中国吉林省长春市向西方向，正在建设连接松原、白城市的经济带。这一经济增长线进一步向西延伸，与中国内蒙古蒙东地区连接，充分利用中国内蒙古的各种自然资源优势，达到共同发展的目标。长吉图开发开放带，是哈大线在中国吉林地区的分支，也是东北经济区中部资源整合的主要干线，可以与中国辽宁、黑龙江两省各自形成经济区联接，共同加强整个东北地区的内陆与沿海地区的联系，实现东北的快速振兴。

（2）交通运输基础设施日臻完善。

随着图们江区域国际经济合作开发的不断深入，其核心地区中国延边朝鲜族自治州对朝、对俄开放的口岸也在不断增多，口岸基础设施、口岸功能、口岸利用率等方面有了较大的改善。目前现有对朝、对俄开放口岸12个，其中，对朝口岸8个，对俄口岸2个，航空口岸1个，公务通道1个。这些口岸中，有8个口岸已获得国家批准升级为国家一类口岸。中国延边口岸呈现出四个特点：一是以边境口岸为主，在中国延边州12个口岸中，除中国延吉航空口岸外，其余11个均为边境口岸；二是口岸各类齐全。在12个口岸中，有2个铁路口岸、9个公路口岸和1个航空口岸；三是口岸辐射面较广。在12个口岸中，有5个边境口岸与俄、朝港口以公路和铁路相通，口岸辐射范围涉及日本海及亚太国家和地区；四是中国吉林省口岸最多的地区，中国延边口岸占中国吉林省口岸总数的60%。中国延边口岸总运行能力为年过货610万吨，年出入境290万人次，2010年中国延边口岸过客89.7万人次，比上年增长22.8%。其中中国延吉航空口岸国际运转能力大幅提高，而且相继开通了至韩国青州、光州的包机航线，加密了韩国首尔的国际航班，年出入境人数达到48.3万人次，比2009年增长16.9%[①]。

在借港出海战略方面有了新突破。图们江区域的延边州成功将延

---

① 周延彬.图们江地区开发现状与对策研究[D].北京：中国政法大学，2011.

吉—仁川与仁川—东京及新潟航线进行有效连接。同时积极开辟对俄航线,延吉—符拉迪沃斯托克空中航线得到中俄民航管理部门的批准。在公路铁路方面,中国已建成了长春—珲春高速公路和珲春至圈河口岸高等级公路以及珲春至长岭子口岸铁路,中国长春经图们至珲春铁路也已全线贯通,中俄两国还共同建成了珲春—马哈林诺国际铁路,朝俄两国也扩建和改建各自的铁路、港口。新开辟了中国长春经中国珲春至俄罗斯符拉迪沃斯托克的公路客运班线。1995年11月10日,开通了中国珲春圈河经朝鲜罗津至韩国釜山陆海联运航线,1996年开通了由中国珲春口岸经俄罗斯扎鲁比诺港至日本伊予三岛至釜山货运航线。1988年8月18日,开通了中国珲春经波谢特至日本秋田陆海联运航线,多条国际客货航线的开通标志着图们江区域通往日本海的出海通道已经打通,连接东北亚各国的陆海联运交通网线初步形成。2010年3月16日,中国海关总署正式批准中国吉林省延边州利用朝鲜港口开展内贸货物跨境运输业务,目前珲春—罗津港—上海港的内贸货物跨境运输实现首航。

中国珲春市作为图们江区域国际物流中心的交通运输网络取得巨大进展。自1992年以来,中国政府先后批准珲春市为沿边对外开放城市,设立了珲春边境经济合作区、珲春出口加工区和珲春中俄互市贸易区。珲春市作为中国在图们江区域发展国际物流中心的桥头堡,先后投资100多亿人民币,重点加强了交通、能源、水利、口岸及市政基础设施建设,自主开发取得了巨大进展。公路方面,目前珲春—长岭子公路、图们—珲春国家二级公路、珲春—沙陀子公路、珲春—圈河高等级公路、长春—珲春高速公路正式投入运营;铁路方面,中俄珲春—马哈林诺国际铁路已经接轨,并于1995年5月通车运营,中俄珲春—卡梅绍娃亚国际铁路俄方段已经实现与中国国内铁路联网,珲春铁路口岸换装能力已经达到80万吨/年。新建的珲春口岸和中朝圈河—元汀里口岸都已经达到年验放60万人次和60万吨货物的能力。

从图们江区域政府财政在交通运输方面的支出角度来看,图们江区域核心地区中国吉林省近五年来交通运输支出占地方财政总支出的比重逐年上升,交通运输支出额度也连年攀升,根据 2010 年—2011 年吉林省国民经济和社会发展统计公报数据整理得出,2010 年交通运输支出 89.78 亿元,增长 55.7%,全年完成地方财政支出 1 787.25 亿元;2011 年交通运输支出 149.79 亿元,增长 66.8%,全年完成地方财政支出 2 201.74 亿元①。

从交通运输指标上来看,2012 年,中国吉林省各种运输方式完成货物周转量 1 728.8 亿吨公里,比上年增长 9.3%;货物发送量 5.9 亿吨,增长 13.5%。全年各种运输方式旅客周转量 572.3 亿人公里,增长 3.7%;旅客发送量 7.3 亿人,增长 7.4%。民航集团全年共保障运输起降航班 6.06 万架次,完成旅客吞吐量 707.7 万人次。2012 年末,中国吉林省铁路营业里程达到 4 383 公里;公路总里程 9.3 万公里,其中,等级公路总里程 8.5 万公里,占公路总里程的 91.4%,中国吉林省公路总里程中,高速公路 2 252 公里;等外公路 7 794 公里,占公路总里程的 8.6%。

(3) 东北亚各国政策环境日趋利好。

1991 年 10 月,联合国开发计划署发布报告,提出:"从全球贸易结构来看,图们江三角地区由于其重要的战略地位而具有巨大的发展潜力,这是靠近中国的工业省份吉林和黑龙江,具有消费和劳动力的广阔市场;俄罗斯、朝鲜和蒙古国又有丰富的劳动力和自然资源;对于日本和韩国来讲,图们江地区是一条通往欧洲的便捷通道。"1995 年 12 月,在联合国开发计划署的积极倡导下,中、朝、俄三国政府签订了《关于建立图们江地区开发协调委员会的协定》,中、俄、朝、韩、蒙五国政府签署了《关于建立图们江经济开发区及东北亚开发协商委员会的协定》和《关于图们江经济开发区和东北亚地区环境准则谅解备忘录》等三个法律文件,这充分证明,图们江区域合作开发得到周边国家的一致赞同和政治上的承诺②。

---

① 吉林省统计局.吉林省 2011 年国民经济和社会发展统计公报[EB/OL].[2012-2-29].

② 张新红.浅谈"长吉图开发开放先导区"的现实发展[J].延边党校学报,2009,24(6):69-71.

第 2 章 图们江区域物流发展

自联合国开发计划署倡导图们江区域合作开发以来,中国政府提出了一系列促进图们江区域开发的政策措施。除了批准珲春市为中国国家甲级开放城市和边境开放城市,设立出口加工区和中俄互市贸易区,支持建设吉港工业园、中俄、中韩、中日工业园区,赋予珲春更多政策和更大的权力外,1996 年,中国政府将该区域的开发纳入全局考虑,列入了"九五"计划和 2010 年远景目标。2001 年 3 月中国政府批准延边享受西部大开发政策;2003 年,中国政府下发文件正式提出实施东北地区等老工业基地振兴战略,后来中国政府又出台了《东北地区振兴规划》、《东北地区物流业发展规划》,2004 年开始中国政府实施东北老工业基地振兴战略时,赋予东北特殊政策。2005 年联合国开发计划署图们江区域开发项目第八次政府间协商协调会议一致同意,将 1995 年中、朝、韩、蒙、俄 5 个成员国签署的《关于建立图们江经济开发区及东北亚协商委员会的协定》,中、朝、俄三国签署的《关于建立图们江地区开发协调委员会的协定》和《关于图们江地区开发环境谅解备忘录》3 个法律文件的有效期延至 2015 年。2009 年中国政府出台了《关于进一步实施东北地区老工业基地振兴战略若干意见》。东北地区等老工业基地振兴战略的实施已经为图们江区域合作开发铺垫了现实基础,2009 年 8 月,中国政府批复《中国图们江区域合作开发规划纲要——以长吉图为开发开放先导区》,将长吉图开发开放上升为国家战略,实行先行先试,并提出研究赋予珲春更加灵活的边境贸易政策,探索双边、多边合作有效方式。2010 年,中国政府又赋予延边享受国家加工贸易梯度转移优惠政策。另外,延边享受民族区域自治、兴边富民政策、扶贫开发重点县(市)、天然保护工程、自然保护区及生态环境综合治理等优惠政策,中国政府每年都在政策、项目资金上予以倾斜,这些都为推动图们江地区的开发创造了政策"洼地",是中国享受开发开放政策密集区。这些政策的出台为继续扩大图们江区域国际物流提供了政策支持和保证。

从朝鲜方面来看,"1992 年 10 月制定并颁布《外国人企业法》、《外国人投资企业及外国人税金法》。1992 年 1 月制定并颁布《自由经济贸易地区法》、《外汇管理法》,修改了《合营法施行细则》。1993年9月朝鲜政府又把恩德群商务3个里(面积125平方公里)并入先锋,从而使罗津—先锋自由经济贸易区面积由原来的621平方公里扩至746平方公里,1995年再次扩至764平方公里。1996年初又把罗津、先锋两地升格为直辖市,并允许外商签证自由进出,制定了自由贸易区开发规划",为吸引外商投资创造了良好的法律与政策环境。与此同时,还制定出了至2010年的远景开发计划①。

从俄罗斯方面来看,俄罗斯联邦全力支持远东加强与中国经贸合作。1996年俄罗斯联邦政府通过决议批准实施了《1996—2005年远东及外加贝尔地区经济和社会发展联邦专项规划》。普京执政后更加重视远东地区的发展。2000年,俄罗斯联邦经济部联系其他有关部委在原来的基础上,制定了《远东地区与外加贝尔1996年到2005年及2010年之前的经济与社会发展联邦专项纲要》。根据该纲要,远东地区与中国经贸合作的主要发展方向包括:加强与中国毗邻地区的区域合作、提高对货贸易额、扩大吸引中国在远东地区的投资、增加中国对远东的劳务输出。加强了基础设施建设,修建了俄罗斯符拉迪沃斯托克—克拉斯基诺中俄边界高等级公路②。

从蒙古方面来看,蒙古国从发展本国经济着眼加快对外开放。1997年1月,蒙古国加入WTO,推动了对外贸易的发展。2002年以来,蒙古国矿产资源出口增加,特别是国际市场铜、锌、锰、石油、煤炭等资源类产品价格上涨,带动了蒙古国对外贸易的快速增长。2004年,为促进经济发展,蒙古国制定了《2007—2021年国家整体发展战略》。其中重要一点就是通过参与图们江区域合作,建设乔巴山—阿尔山—白城—珲春通道,经朝鲜罗津港或者俄罗斯扎鲁比诺港进入日本海的国际运输通道,开发

---

① 张玉山. 朝鲜经济政策的变化对长吉图通道建设的影响[J]. 东北亚论坛,2011,20(4):87-95.

② 中国国家发展和改革委员会东北振兴司. 俄罗斯联邦远东及外贝加尔地区2013年以前经济社会发展联邦专项规划[EB/OL]. [2010-3-11].

其丰富的矿产资源,加快经济发展①。

(4) 东北亚各国物流资源互补特色明显。

图们江区域发展国际物流具有丰富互补特色明显的资源优势。图们江区域各国在自然资源、劳动力资源和其他社会经济要素上有很强的互补性,这是图们江区域发展国际物流的基础。

俄罗斯的东西伯利亚与远东地区有着丰富的石油、天然气、金属矿石、煤炭和木材等资源。日本、韩国、中国大陆与中国台湾、中国香港、东南亚地区则是这些资源的稀缺地区。俄罗斯早就有开发这一地区的能源资源,发展对亚太地区经贸关系的设想。俄罗斯远东萨哈林地区的石油年生产能力1 500～2 000万吨,预计10年内东西伯利亚的石油将得到大规模开发。俄罗斯境内的阿尔丹铁矿地质储量达到400～500亿吨(中国辽宁、吉林和黑龙江三省合计的铁矿储量约130亿吨),南雅库特煤田的炼焦煤储量达16亿吨,勒拿河流域的煤炭(褐煤)储量达1.5万亿吨(中国东北地区的保有量为650亿吨),萨哈共和国境内的天然气储量预计为12.8万亿立方米(中国东北地区探明储量约为50亿立方米),萨哈林油气田的石油资源也有50亿吨(中国大庆油田20世纪90年代初的保有量为6.26亿吨)。俄罗斯的采掘业资源规模巨大,进入国际市场毫无疑问。此外,俄罗斯的东西伯利亚和远东地区总的林木蓄积量为510亿立方米,其中远东地区223亿立方米,而成熟与过成熟林的蓄积量为135亿立方米。远东地区木材采伐量是自然生长量的1/3,远东地区年生长量可达2亿立方米,采伐潜力为6 000万立方米②。

蒙古国20%的地区蕴藏有石油,东部地区矿产资源蕴藏也很丰富,未来最具有开采潜力的矿产包括煤炭、锌、石油、铀、黄金、盐以及建筑材料。蒙古国乔巴山的阿都楚伦煤矿的资源储量4亿吨,距离西乌尔特17

---

① 于潇,王胜今等.图们江地区跨国经济合作研究[M].长春:吉林人民出版社,2006: 287-323.

② 王胜今.图们江地区国际合作开发通道物流规划研究[R].长春:吉林大学,2004.

公里有锌矿,乔巴山以北120公里处有铀矿,可以开采200万吨的含铀矿石。蒙古国对外运输输出的绝大部分资源是面向亚太地区的,必须经由图们江地区。

基于以上数据,可以得知图们江区域经济发展的互补性极强,经济优势的非均质分布决定了区域经济一体化的贸易创造和贸易扩大效应的大小。图们江区域之间产业层次阶梯,产业结构和资源禀赋不同,因此经济互补性强,这是图们江区域国际物流发展的极有利条件。第一层次为发达国家——日本和新兴工业化国家韩国。其特点是同产业结构层次高、技术发达、资本充裕,但石油、煤炭、天然气等工业原材料短缺,而且劳动力成本高、国内市场总量有限。第二层次是市场经济转型大国——中国和俄罗斯。其特点是自然资源相对丰富、成本低廉,但资本相对短缺,高新技术发展相对落后。第三层次是经济缓慢增长的发展中国家——朝鲜和蒙古,在资源禀赋上有自己的优势,但经济体制缺乏活力、经济效率较低。因此,图们江区域国际经济合作具有极为互补的自然资源、经济要素的优势,东北亚各国的发展都能够促进资源的优化配置,最终为图们江区域国际物流提供稳定丰富的物流资源[①]。

(5) 中国对外经济发展势头强劲。

中国"十一五"期间,图们江区域窗口与前沿地区中国吉林省延边州全州对外贸易保持快速增长趋势,对外贸易规模每年都超过10亿美元;贸易多元化格局初步形成,一般贸易、加工贸易、边境贸易齐头并进,2008年,一般贸易、加工贸易、边境贸易分别占中国吉林省延边州全州对外贸易的22%、15%、63%;中国吉林省延边州对外贸易市场以周边国家为主,2006—2009年,朝鲜和俄罗斯两国的对外进出口总额占中国吉林省延边州外贸进出口总额的60%左右;截至2008年,中国吉林省延边州拥有各类进出口经营权企业940家(不包括外资企业726家),是中国吉林省同类地区中拥有各类进出口经营权最多的少数民族自治州。2010年,

---

① 刘书源. 吉林省物流发展对经济增长的贡献研究[D]. 长春:东北师范大学,2009.

中国吉林省延边州实现外贸进出口总额 15.5 亿美元,比上年增长 15.2%①。

在利用外资方面,中国吉林省延边州"十一五"期间累计实际利用外资 6.48 亿美元,年均增长 24.9%。中国吉林省延边州在外资利用上,以制造业为主。截至 2009 年 11 月底,制造业 474 家,占外资企业总数的 61.48%、合同外资金额占 62.29%、实际到位资金额占总额的 77.05%。目前中国吉林省延边州在珲春正在建设中俄、中韩、中日、吉港四个工业园区,招商引资出现前所未有的好形势,近期投资规模也在不断扩大。据统计资料显示,中国吉林省延边州 2010 年共引进中国国内资金 260 亿元,实际利用外资 1.6 亿美元,分别比上年增长 35.4%和 15.6%。据不完全统计,仅图们江区域的窗口城市中国吉林省珲春市 2006—2010 年已累计引进国际资金 37 亿元,引进项目 244 个,其中超亿元项目 17 个,包括年出口额 1.8 亿美元的日本小岛制衣公司、韩国特来针织公司等国外企业。中国吉林省珲春市创新国际合作开发模式,成功建设了珲春俄罗斯工业园,开创了俄罗斯人在中国创办工业园区的先例,引进了俄罗斯、韩国、英国等多个国家的企业②。

(6) 中国图们江区域内长吉图合作日趋密切。

以长吉图为开发开放先导区的中国图们江区域经济合作日益加强。一是中国吉林省出台《吉林省参与大图们江区域合作开发建设"十一五"规划纲要》和《吉林省人民政府关于加快推进图们江区域开放开发的意见》(2007 年 2 月)。图们江区域内部合作日益加深③。长吉图一体化进程加快,中国吉林省长春市龙嘉机场通航和长吉城际铁路建设,为长吉一体化打开交通基础;长吉两市的汽车、农产品加工、石油化工类产业等联

---

① 周延彬.图们江地区开发现状与对策研究[D].北京:中国政法大学,2011.
② 杨慧,杨伶.长吉图开发开放与吉林省对俄经贸发展前景分析[J].东北亚论坛,2011,20(2):123-129.
③ 李靖宇,修士伟.以长吉图为开发开放先导区的图们江区域合作开发论证[J].延边大学学报(社会科学版),2010,43(4):5-16.

系不断加强。长春—珲春高速公路可达到图们江经济开发区及俄罗斯、朝鲜两国位于日本海的多个港口;中国吉林省内长平高速公路与长春—珲春调整公路相连,经中国沈阳可到达中国大连港,是中国吉林省重要的陆路通道。二是延龙图一体化发展迅速①。中国吉林省已批复《延吉、龙井、图们城市空间发展规划纲要(2006—2020)》。延龙图一体化要在5 084.7平方公里区域内,到2020年建设100万以上人口中国吉林省东部区域中心城市,基本确立延龙图在图们江区域开发中的战略地位、在中国吉林省长白山旅游中的枢纽地位、在中国吉林省延边朝鲜族自治州体制改革中的示范地位、在中国东北地区具有民族地域个性的特色地位②。

二、图们江区域物流发展的机遇与挑战

1. 物流发展的机遇

图们江区域国际经济合作项目自提出以来就得到了区域内周边国家的积极响应。1995年12月,中、俄、朝三国政府签署了《关于建立图们江地区开发协调委员会的协定》,中、俄、朝、蒙、韩五国政府签署了《关于建立图们江经济开发区及东北亚开发协商委员会的协定》和《关于图们江经济开发区及东北亚地区环境准则谅解备忘录》三个法律文件。两个协定和一个备忘录的签署,标志着图们江区域国际合作开发进入了实施阶段。2005年联合国开发计划署图们江区域开发项目第八次政府间协商协调会议一致同意,将1995年中、朝、韩、蒙、俄5个成员国签署的3个法律文件的有效期延至2015年;而且进一步扩大合作范围,包括中国的东北三

---

① 宁维."长吉图"上升为国家战略将成沿边开发开放示范[J]. 经济视角,2009(23):4-6.

② 孙家宇.长吉图开发区的优劣势分析和改革建议[J]. 吉林画报·新视界,2011(1):102-104.

省和内蒙古自治区东部、朝鲜罗先特别市、蒙古国东部 3 个省区、韩国东部港口城市群和俄罗斯滨海边疆区[①]。

进入 21 世纪以来,区域经济合作已成为世界经济发展的主要动力,世界各国都在积极推动所在区域经济一体化的进程。世界贸易组织统计数据显示,截至 2010 年 3 月,向世界贸易组织通报并已实施的区域贸易协定已经达 202 个之多。其中不乏成功者,如欧盟、北美自由贸易区和东盟自由贸易区等。这些区域经济合作的开展,使得成员国之间获得了贸易效益和规模经济效益,密切了成员国之间的经济联系,并极大地促进了区域经济社会的稳定。2008 年席卷全球的金融危机,已对世界经济造成了严重的冲击,而东北亚各国经济遭受金融危机严重影响,客观上又为东北亚区域经济合作提供了新的推动力。东北亚各国的合作动向与机遇如下:

(1) 日本。

日本再次提出了建构"东亚共同体"的长期目标,在推动区域经济一体化方面表现出积极的姿态,特别是日本发生大地震后,使日本认识到加强与东北亚各国合作对恢复日本经济的迫切性与重要性。

(2) 俄罗斯。

俄罗斯方面,2009 年 9 月 23 日,中俄两国元首正式批准了《中国东北地区同俄罗斯远东地区及东西伯利亚地区合作规划纲要(2009—2018)》,双方确认了 205 个具体的合作项目。2010 年 1 月,俄罗斯总理普京对俄罗斯远东和贝尔加地区确立了"三步走"的发展战略,意在加强与东北亚各国在国际贸易、跨国投资、旅游、物流、能源等方面的合作。

(3) 朝鲜。

朝鲜致力于招商引资发展罗先地区。2009 年 5 月,朝鲜与中国吉林省延边州图们市达成协议,计划开通从图们往朝鲜的铁路列车专线,此行

[①] 张玉山,谭红梅. 新形势下中国图们江区域开发的机遇与挑战[J]. 东北亚论坛,2010,19(3):11-16.

动会直接推动朝鲜北部边境地区咸境北道的发展,也将大大促进图们江区域的发展。同时,朝鲜也实施了一系列经济创新的"新动作",如进行货币改革、成立国家开发银行积极开展招商引资工作等。与此同时,朝鲜于 2010 年 1 月将"自由经济区"罗先市升格为特别市(直辖市),使之成为继平壤和开城之后的第三个特别市。2010 年 7 月,朝鲜又与中国签订了双方合作协议,进一步扩大区域间合作。

(4) 韩国。

韩国方面自提出建立东北亚枢纽、东北亚物流中心后,韩国就积极推进东北亚区域合作,加强与东北亚各国的合作。韩国可以通过实现高附加价值的物流中心化战略,克服韩国国内物流量需求的不足,吸引国外物流去韩国,从而促进韩国实现东北亚物流中心战略的实施。

(5) 蒙古国。

蒙古国方面也在积极推进东北亚区域经济合作的进程,扩大对外合作力度,利用蒙古国本国矿产资源优势,一步一步地推进与图们江区域内其他国家的经济关系。蒙古正在积极促进经中国吉林至朝鲜的陆路大通道的建设。中蒙大通道贯穿中国图们江核心区域——长吉图,是将东北亚地区六国联系在一起的重要桥梁与纽带,也是该区域向东联系日韩、向西连接俄蒙并延伸至欧洲和北美的重要通道。2008 年蒙古国政府已将"两山"铁路(蒙古国乔巴山至中国阿尔山,简称"两山")正式纳入了蒙古国铁路发展重点规划。且蒙古国政府也同意发放项目许可证,并即将首要推进蒙古国乔巴山至阿尔山之间的跨国铁路建设。2008 年 12 月 14 日,蒙古国国家大呼拉尔主席登贝尔勒在中国吉林省长春市参加会议时表示,蒙古国愿意积极支持"两山铁路"通道的建设。蒙古国国会已将"东方大通道"项目确定为重要国策,并决定将"东方大通道"蒙古国境内修建的 443 公里铁路采用与中国轨道宽度相同的铁轨,以便与中国铁路接轨[①]。

---

① 张玉山,谭红梅. 新形势下中国图们江区域开发的机遇与挑战[J]. 东北亚论坛,2010, 19(3):11-16.

(6) 中国。

中国一向对东北亚区域经济合作持全面参与、积极推动的态度。中国国家主席胡锦涛在中国吉林省考察工作时就作了重要指示:"吉林省在推进老工业基地振兴中,可以选择有条件的地区在改革开放、科技创新方面先行试验,带动全省发展。"1992年中国政府委托国家计委批复了《图们江下游珲春地区综合开发规划大纲》和《中国图们江地区开发规划》。中国政府《促进东北老工业基地进一步扩大对外开放的实施意见》文件中,明确提出要"加强东北亚地区国际经济技术合作,推进边境地区开发和对外开放。继续扩大图们江区域国际合作开发。积极探索边境地区开发和对外开放的新模式。加快建设边境经济合作区、互市贸易区和出口加工区,并使中国黑河、绥芬河(东宁)、珲春、丹东等边境地区具有物流贸易集散、进出口加工和国际商贸旅游等功能。促进对俄路、港、口岸和对朝路、港、区一体化建设"①。2009年8月30日,中国政府正式批复了《中国图们江区域合作开发规划纲要——以长吉图为开发开放先导区》,标志着中国图们江区域的合作开发正式上升为国家战略。按照中国政府的批复,中国吉林省长春市、吉林市部分区域和延边州(简称"长吉图")是中国图们江区域的核心地区,中国赋予了此地区四大战略定位,即要将其发展成为中国沿边开发开放的重要区域、中国面向东北亚开放的重要门户和东北亚经济技术合作的重要平台,培育形成东北地区新的重要增长极。四大战略定位是基于中国共产党党的十七大提出的"提升沿边开放"要求,打造一个沿边开放的平台进行先行先试,为中国沿边地区扩大开放提供经验和示范,是中国政府批准实施的新区、经济区和实验区当中,唯一给予中国沿边开发开放的重要区域定位,并赋予了先行先试权,表明了长吉图开发开放先导区在国家对外开放格局中的重要地位。关于中国面向东北亚开放的重要门户的定位,是从完善国家对外开放格局角度,构建一

---

① 赵艳荣.长吉图开发开放先导区的SWOT分析[J].吉林省教育学院学报,2011,27(1):92-94.

个加强与东北亚合作的对外开放重点地区。关于东北亚经济技术合作的重要平台的定位,是充分利用中国吉林东北亚投资贸易博览会和各类高层论坛等活动机制,对长吉图地区周边国家如俄罗斯和蒙古丰富的资源、日本和韩国先进的科学技术和资本,以及区域内广阔的市场和人力资源进行整合,构建中国面向东北亚的经济技术合作平台。关于东北地区新的重要增长极的定位,是东北老工业基地全面振兴的需要,表明长吉图具备了成为东北地区新增长极的区位优势,能够与中国辽宁、黑龙江两省形成合力推进东北振兴发展的新格局,成为振兴中国东北的战略高地。2012 年 4 月 13 日中国国务院批准珲春为国际经济合作示范区。

2. 物流发展的挑战

(1) 从地缘政治角度看挑战。

尽管图们江区域地理位置优越,资源禀赋互补,但中国东北亚地区长期存在着政治、历史、经济体制等制约因素,这些因素都造成了图们江区域经济合作开发进展缓慢,进而影响到图们江区域国际通道、国际物流、国际合作的发展。图们江区域位于中、朝、俄三国交界地带,在冷战时期曾是东、西方两大军事阵营对峙的前沿地带。随着苏联的解体和冷战的结束,图们江区域紧张的军事局势得以缓解,但冷战时期遗留下来的问题并未得到根本解决,地区多边安全机制尚未建立。朝核问题是制约图们江区域政治稳定的重要因素,由于朝鲜退出六方会谈机制、朝鲜半岛无核化、签订和平协定、建设东北亚新安全格局等全局性问题的解决更加困难。此外还有领土问题,比如:中俄之间历史的领土争端、日俄间的北方四岛问题、日韩独岛问题;此外还有中日韩之间的历史观问题,朝鲜半岛南北关系问题等等,交织在一起错综复杂,严重影响了各国间的合作与交流,使得图们江开发难以取得深入发展①。

---

① 张玉山,谭红梅. 新形势下中国图们江区域开发的机遇与挑战[J]. 东北亚论坛,2010, 19(3): 11 - 16.

① 各国利益冲突方面。参与图们江区域合作开发的六个国家,都比较现实,都极力地想谋求本国利益最大化。而且六国国家形态社会制度相异,很难如西欧一样"适当"放弃政治主权获得永久和平。对于图们江区域合作开发,关系最密切利的是中国、俄罗斯和朝鲜。从中方来看,图们江下游地区的开发将改变中国吉林省的内陆省份形象和其在东北亚经济合作中的地位与作用。朝鲜的罗津港有望为中国所用,实现东北地区借港出海。然而此举被俄方认为是威胁了其远东地区,俄罗斯要与中国竞争主导开发。俄罗斯想尽快在未来图们江区域的开发中处于有利位置,不希望出现俄远东地区这样一个竞争对手。各国出于利益上的不一致导致态度上的不同,使得图们江流域的基础设施建设前景还不是十分明朗①。

② 金融危机负面影响。全球金融危机肆虐,各国均致力于各自经济的复苏和发展,中国和俄罗斯在图们江区域经济合作开发的资金筹集也会受到影响,从朝鲜方面看,当前经济极为困难,且很难从国际上筹集资金。俄罗斯不是世界银行的成员国,朝鲜不是亚洲银行和世界银行的成员国,这就阻碍了区域内各个国家向世界融资进行基础设施建设的步伐,这些因素都会影响到图们江的开发规模和速度。

③ 行政壁垒严重制约区域合作开发。实现区域经济一体化发展,必须保证商品、资源、要素的充分自由流动,促进其在地区内更加有效的配置。然而,中俄珲春两个口岸却存在不同程度上的行政壁垒,特别是俄罗斯口岸的灰色通关现象特别严重,直接导致物流周期和成本的上升②。

(2) 从经济层面看挑战。

图们江区域国际物流的发展受东北亚各国经济发展水平的影响较大,各国缺乏合作开发的经济基础。在东北亚各国中,日本、韩国作为经

---

① 周延彬.图们江地区开发现状与对策研究[D].北京:中国政法大学,2011.
② 高英彤,宫倩.长吉图先导区国际合作制度建设的构想——以东盟区域合作经验为借鉴[J].东北师大学报(哲学社会科学版),2011(2):55-60.

合组织(OECD)成员,在知识密集型、技术密集型产业和高技术高附加值产品上具有竞争优势,中国、朝鲜则在劳动密集型产业、低技术含量低附加值产品上竞争优势显著,而俄罗斯远东地区地广人稀,木材、原油、矿石等自然资源十分丰富。该地区各国在资源合作开发方面有很强的互补性,存在着广阔的合作空间。然而由于东北亚各国在政治体制上存在巨大差异,经济发展水平悬殊,影响了图们江地区的多边合作发展。

三、图们江区域物流发展战略和对策

1. 物流发展的战略

(1) 发展原则。

首先,中国仍然处于社会转型期,在此背景下中国政府应该在图们江区域合作开发上特别是图们江区域国际物流发展上起主导作用。中国的社会长期制约于计划经济体制下,现在正在向社会主义市场经济体制逐步转变,而且会长期处于社会主义初级阶段,社会经济无疑要谋求稳定和发展,中国政府在其中正是起到的推动和组织作用。政府对于合理的配置社会资源、建立完善的社会保障制度以及发展社会主义初级阶段这一特殊时期的市场经济等关系到国计民生的重要因素都起到关键甚至是决定性的作用。鉴于中国所处的特殊历史时期和社会阶段,在今后很长的时间内,政府对于社会经济起到主导作用不会也不应该弱化,而是在一定程度上得到适当、合理的强化。特别是在图们江区域国际合作开发这一问题上[①]。因为这一区域的发展涉及到不同国家、不同民族、不同经济发展层次、不同历史文化背景的地区,在这样的复杂区域,只有政府才有能力促进地区之间的合作,保障资金对于区域发展的持续性投入。如果弱

---

① 张熙玺.关于贯彻落实《中国图们江区域合作开发规划纲要——以长吉图为开发开放先导区》的几点思考[R].吉林:延边州政府,2009.

第 2 章　图们江区域物流发展

化政府的作用,图们江地区的协调发展就会是空话,有力地持续推动这一区域的经济发展也无从谈起。在图们江区域发展的进程中,中国地方政府要发挥起主导作用,同时也离不开中国政府及有关部委的推动和支持,中国政府有关部门在统筹协调建立跨区域的行政协调机制,特别是加强与相邻国家之间的沟通和建立图们江区域发展规划及相关领域的立法工作上应该发挥举足轻重的作用。

其次,图们江地区的区域发展不能仅仅是简单地在制定政策上达到一致、执行政策时实现步调相同就可以。图们江区域发展要实现的是发展的方向要相同,各区域努力达到的目标要一致。协调的共同发展,并不是要求区域内各地实施的政策都一样,评价标准也相同,甚至执行形式也要统一。图们江区域民族众多,不同民族在观念和文化上存在差异,而且这一地区还包括了很多县级市,这些县级市无论在城市规模,经济发展程度和居民整体素质方面都与大城市存在比较大的差距,所以,采用统一的政策、标准是不切实际的。从具体实施出发,应该在图们江区域内营造区域经济间产业结构互补,产业链分工明确,建立相对应的利益协调、补偿机制,根据发展的不同阶段,及时进行政策的调整。

再次,应建立规范的市场秩序和有效的行政管理机制,防止恶性竞争出现。在区域发展中,图们江区域不仅仅要加强横向地方政府之间的合作联系,更应该纵向地向中国政府寻求合理的监管和监督,协调地方政府之间的关系,防止出现恶性竞争,达到积极的竞争,但又合理、和谐的共同发展。

最后,图们江地区的发展将是一个持续的、长期的发展过程。要实现图们江地区合理的持续发展,断然不能采取急功近利的方法,更不是一朝一夕就能完成的,特别是这一地区在中国甚至全国范围内与发达地区相比存在比较大的差距,甚至有些县市属于欠发达地区,经济总量小,市场秩序也不完善。在依靠政府主导的前提下,遵循事物以及市场发展的规律,循序渐进实现发展的目的。在快速发展过程中应保持积极团结,仔细论证,做好规划,并认认真真完成规划的任务,达成共识的政策要能持续,深入贯彻①。

有鉴于图们江区域国际合作开发的特殊性和艰巨性,图们江区域国际物流的发展应遵循以下指导原则:

第一,依托现实,合理超前。以现有的区位环境、交通条件、专业市场等物流资源为基础,改造与新建相结合。既要充分发挥已有运输车辆、仓储设施、配送网络的作用,积极改造传统物流企业,有效整合现有的物流资源;也要从长期发展需要出发,特别是在重要物流基础设施建设方面,要高起点、适度领先于中国吉林省国民经济和社会发展规划,避免低水平重复建设。

第二,整体规划,重点突破。采取统一规划、分步实施、滚动开发、逐步推进的方式,有序推动物流基地、物流中心和相关设施项目的开发建设,通过物流基地、物流中心和物流基础设施项目等,在布局、功能和建设时序的优化,逐步构筑图们江区域高效运营的国际物流体系。以大型物流基础设施建设和大型物流企业培育为重点,在重要领域和重点地区率先突破,推动国际物流业整体协调发展。

第三,市场导向,政府引导。一方面强化企业的市场主体地位,强化市场意识,鼓励以市场运作的方式对传统物流资源进行整合,引进发展现代物流企业,发挥市场配置资源的基础性作用,提高现代物流业发展的市场化水平;另一方面在尊重市场选择的前提下,加强政府统筹规划和产业政策的宏观指导,重点是在物流基地规划及基础设施建设上予以引导,为现代物流业营造良好的发展环境。

第四,改造发展,统筹兼顾。即要注重以现代物流理念和技术改造提升传统物流,逐步实现传统物流向现代物流的转型;更要大力引进发展现代物流,通过引进发展迅速提升图们江国际现代物流业的发展水平。坚持发展综合物流与发展专业物流相结合,统筹兼顾,突出特色,综合物流

---

① 邴正.图们江地区开发与吉林省发展战略的内在关系[R].长春:吉林省社会科学院,2009.

和专业物流发展并重,形成相互配套、共同发展的格局。

第五,远近结合,有序安排。既要考虑近期经济社会发展需要,开发条件与可能,把握历史机遇加快重点物流基地的建设,又要兼顾长远发展的战略安排,预留足够的发展空间,为远期发展预留用地,提供保障。

第六,综合协调,有效衔接。坚持与中国吉林省两级经济社会发展规划、产业布局规划,以及城市总体规划、土地利用规划及综合交通发展规划等综合与专项规划的协调统一与有效衔接。

(2) 功能定位。

综合考虑图们江区域的区位优势、发展条件及区域各国经济社会发展的需要,图们江区域应发展成为中国沿边开放开发的重要区域。以中国图们江区域核心地区——长吉图开发开放先导区为建设主体,通过促进沿边地区与内陆腹地优势互补和联动发展、开拓陆海联运国际运输新通道、探索沿边地区跨境经济合作模式等方面大胆先行先试,推动图们江区域合作开发在更高层次向纵深发展,为中国沿边开放开发提供经验和示范。在国际物流方面,图们江区域要积极建设东北亚国际物流中心,加快中蒙通道建设,加快中俄朝路港关、路港区交通基础设施建设步伐,逐步建成中国东北地区从图们江区域俄、朝港口进入日本海的国际通道,实现借港出海、内贸外运。

(3) 战略目标。

① 总体目标。立足中国吉林省,面向东北亚,服务大东北,充分利用图们江区域的区位和交通、政策、资源等多方面的有利条件,依托产业基地、商业中心和专业市场等优势,努力构筑以现代综合交通运输体系与物流基地等为主的物流基础设施平台,以互联网信息网络技术为基础的物流信息网络平台,以政府引导、协调、规范、扶持为主的物流产业政策平台,以第三方物流企业为核心的现代物流企业平台等"四大平台",建设包括多式联运、存储加工、流通配送、金融保险、信息管理等,一体化、规模化、社会化、内外辐射的现代物流综合体系,形成"功能定位明确、结构布局合理、设施条件优良、政策措施先进、开发模式领先、投资主体多元"的

国际现代物流为发展格局,逐步将物流业发展成为图们江区域的支柱产业,使中国图们江区域成为东北亚国际物流枢纽中心。

②阶段目标。根据图们江区域国际物流发展现状、国际区域经济合作发展带来的物流发展机遇和需求,图们江区域物流发展的阶段目标确定为:

第一,深化发展阶段(2012年—2015年)。依据国际物流发展规划,加速推进重点物流基础设施、重点物流基地及综合物流园区、专业物流园区的开发建设,加快物流节点网络建设步伐,并使其初具规模;以公共物流信息平台建设为核心,加速物流公共服务平台建设;有效整合现有物流资源,第三方、第四方物流得到较快发展;扶持一批本地物流企业成长壮大,通过对外开放和政策吸引,引进发展一批国际一流物流企业;完善国际物流产业发展政策①。

到2016年,初步形成"布局合理、结构优化、管理科学、协调发展"的国际物流体系,具有比较完善的货物集散、配送、流通、加工、商品检验、通关、信息服务等多种辐射和服务功能。重点包括:第一,初步实现"物流规模、基础设施、商业信誉、物流设备、管理技术、服务质量"等方面接近东北地区一流水平,以图们江区域为中心物流辐射能力覆盖中国东北广大区域,把图们江区域建成东北地区重要的物流中心和东北亚重要物流枢纽的发展目标;第二,初步建成不同运输方式衔接良好的交通运输网络;第三,初步建成国际物流公共信息平台,物流园区和运输、仓储、配送等相关领域实现电子数据交换和物流信息共享,全面实现报检、报关、报税电子化;第四,采用现代物流技术的商业连锁企业的零售额占中国吉林省全省社会消费品零售总额的10%以上,商贸物流企业运作效率显著提高;第五,第三方物流在社会物流总量中占10%以上,物流业增加值年均增速保持在12%以上,物流业增加值占全市生产总值的比重不超过13%;

---

① 吴安平.吉林省物流产业发展战略SWOT分析及对策[J].中国矿业,2011,20(12):124-127.

第六,全社会物流总成本占生产总值(GDP)的比重降低2到3个百分点;第七,确立国际物流业作为图们江区域支持产业之一的主体地位,物流业成为推动第三产业增长的重要力量。

第二,快速发展阶段(2015年—2018年)。全面提升国际物流体系建设规模和水平,完善物流基础设施平台、物流信息网络平台、物流产业政策体系和国际物流企业平台四大平台建设,基本实现国际物流业社会化、专业化和现代化。重点包括:第一,基本建成以物流基地(园区)、物流中心和物流服务点为节点的现代物流网络整体框架;第二,以物流信息平台和物流基础设施平台和特征的现代物流技术保障体系基本完善;第三,第三方物流得到迅速发展,第三方物流的市场份额超过20%,物流产业增加值占生产总值(GDP)的比重达到18%以上,全社会物流总费用与生产总值的比重达到18%以上,全社会物流总费用与生产总值的比例逐年明显下降。

第三,成熟完善阶段(2018年—2022年)。国际现代物流产业形成良性发展的局面,国际现代物流的综合保障体系全面完善,形成完善健全的交通枢纽,国际现代物流产业得到更高层次的发展,形成高效的物流经营网络,与中国东北三省及东北亚主要物流节点共享信息等物质资源,基本实现国际物流现代化。在以中国珲春为窗口,延龙图为前沿,长吉为腹地的图们江区域物流发展中发挥重要作用,成为沿边地区开发开放及国际物流发展的示范区域。2022年形成中国国内著名大型物流企业及国际知名物流巨头集聚,形成"体系完善、布局合理、配置高效、功能齐全、设施优良、政策先进"的现代物流业发展格局。第三方物流企业业务量占整个物流市场份额的40%左右;物流产业增加值占生产总值的比重达到15%以上,物流成本明显下降,物流产业成为第三产业的重要组成部分[①]。

---

① 邵扬.吉林省现代区域物流存在的问题和对策研究[J].长春理工大学学报(社会科学版),2010,23(3):54-56.

2. 国际物流发展的对策

(1) 加强政府宏观调控职能。

回顾美国、日本对经济欠发达地区的开发历史,可以看到政府在制定法规、出台政策、编制规划、资金扶持等方面始终处于经济开发的主导地位。可以说,没有政府的统一领导,美国、日本等落后地区就不会有今天的经济发展局面。由于东北亚各国在政府层面上的合作,要受到各国内外诸多因素的影响和制约,因此,图们江区域合作开发过程尤其要重视各级地方政府的作用。

图们江区域国际物流的发展也离不开地方政府强有力的调控和支持。国际物流的发展应该本着"加强领导、统一规划、注重协调、做好服务"的原则,建立区域物流产业发展协调管理机制,强化组织领导,加强政府对物流产业发展的引导、协调、调控和扶持①。具体措施如下:

第一,明确政府职能,加强宏观协调。在图们江区域国际物流发展过程中,中国吉林省政府主要的职能是制定规划和相关政策,决定和协调解决图们江区域国际物流发展中的重大问题,主要运用经济手段和法律手段,调节各类市场关系,保证图们江区域国际物流业健康发展。

第二,成立图们江区域国际物流发展协调小组和行业协会。组成图们江区域国际物流发展协调小组,主要负责图们江国际物流发展战略研究、重大物流基础设施项目的组织协调和相关政策的研制,行使规划协调、指导检查、组织推进等职能,强化政府对图们江区域国际物流企业、产业的引导、协调、调控和扶持,以及与中国吉林省相关部门就图们江国际大通道规划建设事务进行协调促进,共同发展图们江区域国际物流。

---

① 吴安平.吉林省物流产业发展战略 SWOT 分析及对策[J].中国矿业,2011,20(12):124-127.

第三,成立图们江区域国际物流行业协会。由现有骨干牵头组织物流企业和物流的相关部门与单位联合组成图们江区域国际物流行业协会,使行业协会成为连接政府与企业的桥梁,支持政府对物流行业的监管和协调。在政府指导下,行业协会的主要职能是负责制订行业规范,作为行业自律和行业协调机构,组织协调行业内部关系,维护企业利益,促进公平竞争;为物流企业提供行业信息、人才培训、咨询服务等,在企业管理、市场经营等方面为物流企业提供指导和服务。

(2) 完善相关政策法规。

由中国吉林省有关部门协调工作,清理、调整和完善与物流业发展相关的政策法规,建立规范的物流产业政策支持体系。

① 检查清理现有法规。对现有与物流相关的各项政策法规进行清理,凡是与现代物流不相适应的政策法规条款,要尽快废止和调整,对于应该保留的政策法规条款,要统一进行梳理、完善,避免各项法规之间出现矛盾和掣肘,努力营造一个公平竞争、规范有序、有利于物流企业健康发展的市场环境,为物流产业发展创造相对宽松的政策环境。

② 制定新的法规政策。按照现代物流业的特点和发展规律,对接国家相关管理法规与政策,如《道路运输业"十二五"发展规划纲要》(交运发[2011]590号)、《东北地区物流业发展规划》(发改东北[2011]2590号)、《物流业调整和振兴规划》(国发[2009]8号)等规划文件,尽早出台地方性物流管理法规和扶持政策,并由中国政府牵头,协调经委、交通、工商和税务等中国政府职能部门组织落实,在土地指标、产业调控、要素资源、技术改造、商品检验、交通管理、财政税收和重点企业培育等方面为现代物流产业发展提供支持,主要包括《图们江区域重点物流项目认定办法》、《图们江区域重点物流企业认定办法》、《关于加快发展图们江区域国际物流业的政策意见》、《图们江区域国际物流扶持资金管理暂行办法》等。

(3) 积极促进物流市场发展。

① 规范物流市场行为。加大整顿规范物流市场秩序的力度,强化市

场监督管理,严厉打击欺行霸市行为,通过制定合理的收费标准、业务流程和服务标准,以及物流企业信用体系建设,积极为物流业发展营造公平、开放、有序竞争的宏观环境。

②扩大物流市场准入。在规范市场准入标准的基础上,倡导多元化投资主体进入物流服务市场,鼓励外商和民营资本投资现代物流业,参与改造现有的物流企业,实现物流企业逐步从分散向集聚发展,不断提高物流业对区域经济贡献的规模效应。中国国土、规划、工商等政府部门在企业设立等方面,要简化审批程序,提供"一站式"审批和"一条龙"链式服务,提高审批效率。支持大型物流企业扩大经营范围,在大型物流企业扩大经营权方面,简化办证手续。

③推进物流服务社会化。积极创造条件,鼓励现有工商企业精简或剥离企业内部物流,加快企业内部物流业务外包,加快企业内部物流向专业化社会化物流的转变进程,打破行业垄断、条块分割和"大而全"、"小而全"的自我封闭状况,扩大第三方物流需求,努力实现物流服务的社会化,结合图们江区域产业转型,石油化工、汽车工业、建材、医药、农产品、装备制造等产业的发展需求,积极发展生产性物流。

④强化物流资源整合力度。倡导原隶属于不同部门的仓储、运输、货代、联运企业,按照市场经济的原则和办法进行资产重组,建立新型物流服务企业。推进现有企业进行内部资源整合和一体化,改变运输、仓储、生产、销售等部门的物流管理职能各自分立的状况,形成以企业为核心的物流系统。鼓励工商企业和运输仓储企业联合,通过物流流程的改造和重组整合物流资源,实现社会物流资源的优化配置。鼓励中外物流企业通过资产重组、收购兼并等多种形式整合现有物流资源,利用现代信息技术和物流技术改造传统物流企业,扩大经营规模,形成完整的物流供应链管理和服务体系。鼓励通过建立企业联盟型合作型体系,实现综合物流链管理,共享物流设施,提高物流效率,最大限度节省社会投资和经营成本,实现系统最优化、整体成本最小和效益最大化。鼓励、引导区内物流企业尽快转变运输、仓储的传统业务经营模式,大力培育利润率高、

税收贡献力度大的第三方物流和生产性物流①。

⑤ 大力发展第三方物流。深化物流体制改革,按照现代化、专业化、集约化、规模化的标准,大力培育、扶持和发展一大批规模较大、管理水平和技术水平较高、综合服务能力较强的第三方物流企业,重点拓展货运管理、增值仓储和分销服务等功能,推动第三方物流市场的形成。鼓励多元化投资主体进入第三方物流服务市场,尤其是通过工商、金融、税收征管等政策优惠措施吸引、鼓励民营资本的进入;鼓励和扶持现有实力、有优势、有特长的第三方物流企业通过合资、合作、兼并、整合等措施扩大企业规模,提高企业综合竞争能力。要充分发挥银行及保险在扶持现代物流企业发展中的杠杆调节作用。

(4) 推进物流技术进步。

加大对区域内物流服务企业技术进步项目资金支持力度,加强物流应用技术的开发和推广,积极推进物流信息化与标准化,通过传统物流企业技术改造,引进发展现代物流企业,广泛应用先进物流技术与设备,提高物流企业技术装备水平,全面推进图们江区域国际物流企业的技术进步,逐步形成以信息技术、运输技术、配送技术、装卸搬运技术、自动化仓储技术、库存控制技术、包装技术等专业技术为支撑的现代物流技术应用体系②。

① 推进物流标准化。在图们江区域内开展现代物流标准化推进工作,深入贯彻执行国家物流产业技术标准,全面规范物流用语、物流计量标准、物流数据传输标准、物流作业和服务标准、物流质量和物流管理标准,稳步推进物流技术标准化进程。

② 扩大采用新技术。鼓励工业、运输、仓储等企业积极利用电子数据交换(EDI)、全球定位系统(GPS)等技术,对物流各环节进行实时跟

---

① 吴安平.吉林省物流产业发展战略 SWOT 分析及对策[J].中国矿业,2011,20(12):124-127.

② 李全喜.吉林省物流企业发展战略研究[D].长春:长春理工大学,2007.

踪、有效控制与全程管理,大力发展电子商务。应用现代电子信息及网络技术,整合传统物流环节,实现资源共享与经营网络化,推动现代物流企业发展。

③ 提高物流信息化水平。尽快着手启动物流信息中心建设和重点物流园区的物流信息系统示范工程建设,充分发挥图们江区域网络资源的桥梁和纽带作用,建立物流企业之间跨地区、跨行业的业务协作关系,实现物流业由传统的分散经营向统一流程的一体化运作的网络经营转变,提高图们江区域国际物流业信息化水平。

(5) 加快物流人才引进与培养。

高素质物流人才是促进现代物流发展的根本性因素。针对图们江区域目前国际物流业人才较匮乏、服务层次较低、管理水平低下的问题,应该多部门联手,多方式并举,多层次结合,采取务实有效的措施,建立一套强有力的现代物流人才培养支撑体系,有计划地开展物流专业人才引进和培养工作,加快培养现代物流业急需的各类人才[①]。

① 引进人才。制定并实施多方面的优惠政策,采取切实可行的奖励、激励机制,为政府管理部门和重点物流企业引进一批具有国际视野、懂经营、善管理的高级物流人才,并创造条件让他们充分发挥作用。通过人才引进,加速图们江区域物流技术更新、管理更新,使图们江区域国际物流实现高起点发展。重点引进政府部门物流宏观管理人才、物流企业高级经营管理人才、高级物流专业技术人才和物流经纪人等高层次人才。

② 培养人才。支持中国的吉林大学、长春理工大学、延边大学等高等院校开设"现代物流管理"专业,加大物流人才培养力度,推进物流技术研究开发工作。鼓励区域内高校与中国国内高水平物流院校联合办学,加快提高其教学质量和培训能力,扩大高素质物流人才的供给,尤其是精通国际物流的复合型人才,如物流企业经理、物流部门经理、物流策划人

---

① 邵扬.吉林省现代区域物流存在的问题和对策研究[J].长春理工大学学报(社会科学版),2010,23(3):54-56.

员和物流信息系统开发人员等。

③ 资格认证。目前物流方面的资格认证主要有国际物流职业资格认证(ILT)、物流职业经理认证、物流职业资格认证等种类。图们江区域发展国际物流应该采用物流评价体系、推荐标准等国家有关标准,引进和建立物流职业资格培训及认证机构,开展面向社会的物流专业教育以及相关资格认证的培训工作。

(6) 加强口岸城市和区域中心城市的建设。

根据图们江区域国际物流发展现状和经济发展阶段,未来图们江区域国际物流应采取点轴开发模式,以"大三角"、"小三角"的顶点城市为国际物流重要结点和枢纽,加强口岸城市与中心城市的建设,重点建设图们江区域"小三角"、"大三角"的顶点城市。其中,"小三角"的顶点城市包括中国珲春、俄罗斯哈桑区首府斯拉夫扬卡、朝鲜罗先特别市。"大三角"地区的顶点城市包括中国延吉市、俄罗斯海参崴、朝鲜清津。应该充分依靠该地区资源优势和区位优势,加快完善出口加工、外贸、运输等综合性功能,培育图们江区域国际物流重要结点和枢纽中心。

① 建设中国吉林省珲春创新型城市。中国吉林省珲春是沟通图们江区域和中国吉林省广大腹地的枢纽,是图们江区域国际合作开发的窗口城市,珲春要建设以旅游、外贸及口岸经济、东北亚国际物流枢纽等多种产业为一体的综合性中心城市。依托珲春边境经济合作区和出口加工区,面向朝鲜、韩国、日本市场,重点开展如轻工、食品、纺织、服装、木制品、中成药、新型建材和农产品及加工装配项目。要以珲春出口加工区和边境经济合作区为龙头,带动吉林省外向型产业的发展。要依托中俄互市贸易区、珲春、圈河、沙陀子等口岸,加快中俄、中朝贸易往来,推进双边人员流动。要加快口岸的升级和对口岸基础设施的建设,构建全方位、多元化的口岸经济格局,图们江区域国际物流业的发展。

② 建设中国延吉区域中心城市。中国延吉是参与图们江区域合作开发的中心城市,延吉市要积极与中国长春和吉林加强合作,促进优势互补,最终实现图们江区域核心地区长吉图共同发展的目标。延吉市

的发展壮大对整个图们江区域经济合作与开发具有重要推动作用。延吉市要依托区域经济地位和产业发展优势，未来应着力将其打造成大图们江区域合作开发的战略基础，中国图们江区域的商贸、信息中心，中国图们江区域的交通和物流中心，以进一步提高其作为区域中心城市的功能。

（7）推进国际物流信息平台建设。

① 图们江区域国际物流信息平台的基本功能。信息服务功能。为物流监督管理部门、相关业务部门、行业协会、物流企业、物流需求商等提供综合公共信息、企业业务交换信息、货物跟踪信息、车辆调度信息及其他相关信息的查询服务。

资源整合功能。通过系统接口标准化，对异构系统、不同标准的信息及分散于中小物流企业的各种信息资源进行有效整合。

在线交易功能。为物流供需双方提供虚拟在线交易平台，有效整合分散的物流资源。

决策支持功能。通过对已有数据进行开发、整理、综合、分析为政府行业管理部门、物流园区管理机构、物流企业、工商企业以及金融机构等中介服务机构等用户，在管理、预测、规划、方案评估等方面提供决策支持。

② 图们江区域物流信息平台构成。基础功能层。主要由现场主系统和运载工具子系统组成，实现对物流系统基础数据采集。

行业管理层。主要由行业相关系统组成，包括交通管理控制系统；公路、铁路综合信息系统；车辆收费管理信息系统；国土规划管理信息系统；税务、保险、银行结算系统；出入境商品检验检疫系统；海关报送清关系统等与社会物流有关的行业信息系统。各行业组成部分在基础功能层的支持下承担相关行业部门管理中的信息处理任务，实现行业管理及市场管理的规范化。各行业分系统根据信息共享协议向公用信息平台按照约定的频率和格式发送共享信息，再根据接口规范从公用信息平台获取其他系统的信息。

物流信息中心。作为信息交换、控制和技术支持中心，信息服务中心承担其运行管理和数据维护任务。物流信息中心支持各行业分系统的信息运行,并为企业层提供信息增值服务。

企业层。主要由供方、需方和第三方物流企业构成,既是物流信息的直接使用者,也是物流信息的直接提供者,是物流信息系统的主要建设和使用者,在公用信息平台的支持下,完成企业物流管理,进行相关信息查询,完成无纸化贸易与申报等有关业务。

③ 物流信息平台网络规划。为了满足物流信息需求主体对物流信息的需求,以及信息处理的技术要求,总体规划构建一个物流信息中心网络、多个基地局域网以及政府部门局域网;各局域网通过互联网构成虚网;数据传输采用虚拟专用网络(VPN)加密传输;共同构成星型千兆以太网。

④ 运行机制。图们江区域国际物流信息平台建设涉及不同的政府部门、各类物流企业以及物流的需求方,要处理好各方面的关系,需要有政府的协调和推动。因此,国际物流信息平台的运作需要采用"政府推动,第三方实施,市场化运作"的机制。图们江区域物流公共信息平台建设可由政府进行初期投资,在信息共享协议的支持下,吸纳应用各方投入,向股份制发展,进行企业化运作。

(8) 丰富基础设施融资渠道。

当前,随着经济全球化的不断推进和区域经济合作的日益加深,谋合作、求发展、促共赢已成为东北亚各国的共同愿望。东北亚各国政府应该加强多边合作,加强金融和投资合作,从而解决图们江区域通道建设中的资金难问题。从实施方案上,可以有下面几种建议:一是由各国协调,中国、俄罗斯、朝鲜、韩国、蒙古政府加大对图们江区域的交通运输基础设施建设的投资,同时运用债券融资和设立开发基金方式融资;二是运用私人资本参与基础设施建设(BOT)、项目融资、土地置换资金、港口等基础设施产权融资方式进行筹资;三是制定优惠政策和营造宽松的投资环境,吸引国际企业在图们江区域投资设厂;四是扶持中小企业,扩大对中小企业信贷支持;五是完善招商引资制度,积极宣传,寻求国际、国内其他地区的技术资源、资金资源集聚来推动图们江区域开发开放①。

(9) 改善交通基础设施建设。

跻身世界经济高速发展的洪潮中,一个地区要想跟进时代,交通基础设施是重中之重。图们江区域经济与世界接轨,交通基础设施建设是重要前提。而在与世界交流的过程中,航空运输起着举足轻重的作用。

在图们江区域中,位于中国吉林省延吉市的朝阳川国际机场,始建于1952年抗美援朝时期,最初为小型军用机场。1985年,经中国政府批准,延吉机场改建为军民合用机场。2014 年,延吉机场年旅客吞吐量124.216 4万人次,同比增长11.4%,在中国机场排名中居57位;货邮吞吐量6 315.9吨,同比增长9.1%,排名56位。起降航班10 369架次,排名86位。

由于中国延吉朝阳国际机场为军民两用,机场在运作管理方面会存在较大差异,若任之发展,则矛盾也会放大。例如军民航标准不统一,飞行区管理维护,军民航飞行冲突等问题。而将机场军民分离,在一定程度上可以避免冲突的发生,方便人们出行,从而促进图们江区域对外的经济合作与交流。

---

① 西门成. 论以区域金融政策倾斜促进长吉图先导区金融聚集[J]. 中国经贸,2010(10):63-64.

第 3 章
图们江区域商务发展

一、图们江区域商务发展现状及特点

图们江区域开发项目在联合国开发计划署的积极倡导和协助下,经过中、朝、俄及其他国家和国际组织的共同努力,极大地促进了当地的发展,呈现出与众不同的鲜明特点。

1. 商品贸易：开放型经济成效初现

图们江区域国际合作开发经过二十多年的建设发展,在周边国家和国际社会的共同参与下,取得了初步成效。各地区将本身独特的区位条件转化为现实优势,极大地推动了图们江区域的对外贸易和开放型经济的发展。

(1) 对外贸易规模持续增长。

1992年对外开放以来,图们江区域内各国坚持走开放型经济之路,以口岸为基点,以交通线路为纽带,以经济开发区为依托,形成多层次全方位对外开放格局,积极发展对外贸易,进出口规模正持续稳步增长中。

2010年,中国吉林省延边州实现外贸进出口总额15.5亿美元,比上年增长15.2%。在外贸进出口总额中,对俄罗斯、韩国、欧盟、日本的进出口额分别为5.2、1.8、1.2和1.1亿美元,分别增长36.4%、377%、47.8%和66.3%[①]。"十一五"期间,延边州累计完成进出口72.8亿美元,年均增长16.6%,其中出口累计完成59.2亿美元,年均增长20.2%[②]。

---

① 中国吉林省延边朝鲜族自治州,2010年国民经济和社会发展统计工报[N].延边日报,2011-2-28(3).

② 中国吉林省延边州商务局.延边州十二五外经贸发展战略[R].延边州商务局,2010(6)：2.

有关朝鲜罗津—先锋自由贸易区贸易发展情况的数据比较难以获得,但是从图们江地区已经开通的航线可以得知,许多货物正在通过朝鲜罗津—先锋自由贸易区的港口进行运输,这些港口正在发挥着承担转口贸易的作用。

就俄罗斯一方的贸易发展来说,俄罗斯对延边地区贸易总额增长迅速,从2003年的2 862万美元增长到2010年的52 340万美元,增长幅度很高。出口总额从2003年的1 334万美元增长到2010年的49 369万美元,增长近37倍,进口总额从2003年的1 528万美元增长到2010年的2 971万美元,总体发展状况良好。

(2) 图们江区域内贸易关系愈加紧密。

图们江开发以来,俄罗斯、朝鲜、蒙古都把开发本国国土与图们江下游地区开发紧密地联系起来,都以积极的姿态走向多国合作,共同开发图们江下游地区,不断加强区域内经贸合作,贸易关系愈加紧密。以延边朝鲜族自治州为例,20世纪90年代上半期延边地区的主要贸易对象国是朝鲜和俄罗斯,而90年代后半期以后,韩国和日本的贸易比重逐渐上升。2002年进出口总额中,韩国贸易额占30.6%、日本占13.1%、欧洲占25.0%、朝鲜占27.9%、俄罗斯占9.93%、美国占8.12%、德国占1.32%。而这一结构从2003年开始有了较大变化,从1994年以来一直是延边第一贸易对象国的韩国退居第二位,第一位被朝鲜所替代。2005年开始,延边州对外贸易总额中,对俄贸易额持续上升,2006年,与其他贸易对象国家相比,延边州对俄贸易第一次排第一位,尤其在2007年延边地区对外贸易总额中,对俄贸易额占44.0%,排第一位,创近几年来最高峰。2006—2010年,朝鲜和俄罗斯两国的外贸进出口总额占延边州的外贸进出口总额的60%左右。

2010年目前延边州的主要贸易对象是俄罗斯、朝鲜、韩国、日本等国家和地区。其中对俄罗斯进出口总额为52 340万美元,同比增长36.4%。可以看出,整个延边对外贸易的绝大多数都是与图们江地区周边国家之间的贸易。

(3) 对外贸易结构不断优化。

在中国吉林省 2010 年出口商品中,出口值位居前十位的主要商品分别是:服装及衣着附件、胶合板及类似多层板、纺织纱线、织物及制品等十种商品,其出口值为 17.77 亿美元,比上年增长 17.3%,占吉林省出口总值的比重为 39.7%。

在 2010 年进口商品中,进口值位居前十位的主要商品分别是:汽车零部件、汽车(包括整套散件)、计量检测分析自控仪及器具等十种商品,进口值合计为 80.66 亿美元,占中国吉林省进口总值的 65.2%,比上年增长 53.7%。

具体到中国延边州,20 世纪 90 年代上半期延边对外贸易的主要进口商品为钢材、汽车、海产品、废钢等,进口商品来源于朝鲜、俄罗斯。这与当时中国国内基本建设热所导致的钢材等生产资料紧缺和俄罗斯由于长期实行重工业优先发展战略导致钢材积压有关。90 年代下半期,对外贸易的主要对象转向韩国、日本,投资在延边的三资企业正式投入生产,进口所需的原材料,因而纺织品工业所需的原材料进口占整个进口中 50% 的比重。2000 年,延边州进口的 84 种商品中,木材和纸浆占 23%,废钢占 14%。2005 年,延边州进口的主要商品所占比重是贱金属及其制品占 20%,机电产品占 10%、纺织原料及其制品占 9%、农产品占 5%,这些相加在进出口贸易总额中所占比重过半。

表 3　　2013 年中国延边州进出口商品结构(不包括对朝鲜贸易额)

单位:万美元

项目	出口额	占比	项目	进口额	占比
总计	186 400	100%	总计	16 700	100%
纺织原料及其制品	46 600	25%	木及木制品	3 587	21%
机电产品	28 000	15%	纺织原料及其制品	3 128	19%
木及木制品	22 600	12%	水海产品	2 120	13%

数据来源:《延边年鉴》(2014)

通过表3-1可以看出,2013年,延边州的进口以资源性产品为主,出口以轻工业产品为主,出口最多的是纺织原料及其制品,其次是机电产品的出口,这两种产品的出口总额占延边州出口总额的40%,从这些产品的出口情况也可以看出加工贸易的发展情况很好,对外贸易产品多样化,结构不断优化。

(4) 贸易方式多元化格局初步形成。

图们江地区对外贸易由过去早期的边境贸易、易货贸易向合资合作、现汇贸易、加工贸易、转口贸易等多种贸易方式发展。目前边境贸易、一般贸易和加工贸易齐头并进,贸易多元化格局初步形成,呈现出三足鼎立的格局。

边境贸易仍是主要的贸易方式之一,占很大比重。从1991年到1994年,边境贸易占70%以上,1993年达到94.6%的最高水平。从20世纪90年代末开始,朝鲜和俄罗斯经济的恢复为延边振兴边境贸易提供了有利的契机,延边对朝、对俄边境贸易开始稳定上升,而且其增长较快。2006年边境贸易额为5.8亿美元,占整个延边对外贸易总额的41%;2010年,占53.6%,边境贸易呈现出快速发展的势头。

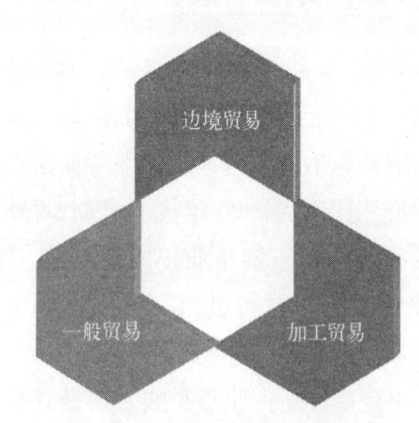

图3-1 贸易方式呈现三足鼎立格局

一般贸易方式是推动延边州对外贸易出口的重要手段,一般贸易比重最多的年份是2000年,为41.1%。一般贸易额最多的时候是2008年,达3.8亿美元,仅次于边境贸易。一般贸易的主要对象是韩国、日本、美国、欧盟等发达国家。中国加入WTO以后,对外贸易的国际环境日趋好转,这为延边州扩大一般贸易发展提供了有利的国际环境。

加工贸易在延边州对外贸易中占据了重要的地位。1997年加工贸易的进出口额为13 600万美元。然而韩国遭遇金融危机后延边的加工贸易开始下滑,2002年加工贸易的出口额仅为6 246万美元,比1997年下降57%。为了进一步发展延边的外向型经济,必须重视加工贸易。珲春出口加工区作为中国15个首批出口加工区试点之一,规划面积2 124平方公里,起步区面积0.6平方公里,2001年5月开始封闭运行,发展迅速。自2001年起,延边加工贸易呈现稳定增长趋势,由2001年的7 745万美元增长至2010年的24 472万美元,增长速率超过200%。

(5) 民营企业在对外贸易企业中占主导地位。

中国延边州民营企业在对外贸易企业中占主导地位,以2008年1—9月为例,在进出口企业中,外商投资企业占全州进出口总值的22%、民营企业占67%、国有企业占11%,同期中国吉林省进出口企业中,外商投资企业占中国吉林省全省进出口总值的43.5%、民营企业占13.5%、中国国有企业占43%,通过对比我们可以看出,"国进民退"走在中国吉林省的前面。截至2008年,中国延边州拥有各类进出口经营权企业940家(不包括外资企业726家),是中国同类地区中拥有各类进出口经营权最多的少数民族自治州,打破了以外商投资企业为主导、以国营专业外贸公司为主体的外贸格局,形成了以民营企业为主体的多种经济成分并存的多元化经营主体。

2. 直接投资:投资布局趋于合理

图们江地区地处中、朝、俄三国的边缘,远离本国的经济中心,发展水平都相对落后。进行规模宏大的开发,需要大量的投资。但是本区域的国家都是资本需求国,无力支撑大规模的基础设施建设所需要的巨额资金,联合国开发计划署本身的资助也仅可以帮助解决项目的研究论证资金。因此图们江地区的开发还需要多渠道筹措资金,招其中商引资工作是中、朝、俄三国面临的紧迫任务,通过各国的共同努力,图们江区域投资布局不断趋合理。

(1) 投资规模不断增长。

中国图们江区域以延边州为主点,中国珲春市为窗口城市,大力开展招商引资工作。2013年,全州实际利用外资完成35 054万美元,同比增长33.3%,完成年计划的115.9%。其中,直接利用外资完成13 616万美元,同比增长10.3%;间接及其他利用外资完成21 438万美元,同比增长53.7%。2013年是延边州历史上外资增长总量最大的一年,实际利用外资首次突破3亿美元大关,直接利用外资连续两年突破1亿美元,直接利用外资跃居全省第3位。图们江地区的珲春市自2006年以来已累计引进域外资金37亿元,引进项目244个,其中超亿元项目17个,包括年出口额1.8亿美元的日本小岛制衣公司、韩国特来针一织公司等国外企业。珲春还创新国际开发模式,成功辟建了珲春俄罗斯工业园,开创了俄罗斯人在中国创办工业园区的先例,引进了俄罗斯、韩国、英国等多个国家的企业入驻。在珲春边境合作区目前有36个项目正在抓紧建设,总投资达到177亿元①。朝鲜最高人民会议已通过并公布了《外国人投资法》、《外汇管理法》等一系列规定,欢迎外国人来朝鲜创办合营、合资和独资企业,截至2010年,朝鲜的罗津—先锋自由经济贸易区已吸引投资40亿美元。俄罗斯滨海边疆区吸引的对外投资也逐渐增多,双方将在交通、基础设施建设、矿产加工、农业、森林工业、旅游、科技、教育等领域开展合作。滨海边区政府鼓励吉林省企业投资该地区农业、畜牧业和旅游产业。截至2011年6月底,吉林省在滨海边区设立了27家企业,投资总额为3.2亿美元。目前,珲春—卡梅少瓦亚铁路货运量呈现积极发展态势。

(2) 独资企业成为主要类型。

中国延边州外商直接投资(FDI)方式主要包括中外合资经营企业、中外合作经营企业及外资企业。2013年延边州外资企业的个数为576个,占总比重的80%;中外合资或合作企业为145个,占20%左右。这说明,随着图们江区域投资环境的进一步优化,外商投资风险逐步降低,对中国社会和文化的了解加深外商直接投资(FDI)策略发生了明显的改

---

① 中国报道网吉林频道.新视野催生新思路新作风带来新活力[N].延边日报,2011-2-22.

变,外商越来越倾向于采用独资的方式投资,以便可以在经营管理、利润分配等方面减少纠纷,同时便于企业技术垄断等。

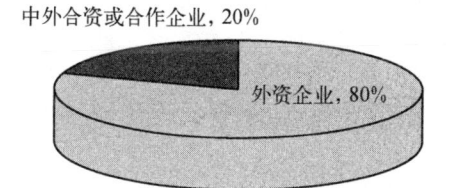

图 3-2　2013 年中国延边州外商直接投资方式构成
数据来源:《延边年鉴》(2014)

(3) 行业分布趋于合理。

分析延边州外商直接投资的行业分布情况有助于把握图们江区域外商直接投资(FDI)投资领域趋向。截至 2010 年底的统计数据中,中国延边州外商直接投资的行业构成中,制造业一枝独秀,占到 77.9%;排名第二至第五位分别为社会服务业、农林牧渔业、建筑业及房地产业;前五位占了总额的 94%。从这里可以得出外商直接投资行业主要分布于第二行业,劳动密集型的制造业是投资重点,社会服务业投资增加,行业分布逐渐趋于合理。

(4) 来源地构成亚洲较为集中。

随着图们江开发步伐的加快,越来越多的国家加入到发展进程中来,但从流入量看,外商直接投资的来源地相对比较集中,主要是中国香港、韩国、新加坡、美国、日本和英国等国家和地区。不论是合同额还是实际投资额,韩国始终占居第一位,2010 年达到 60%,构成延边州外商直接投资的主体。这说明图们江独特的区位优势和巨大的发展潜力已经吸引了韩日等发达国家的加入,但这也导致外商直接投资(FDI)利用情况受韩日等经济周期波动较大。中国香港也是图们江区域直接投资的主力,2010 年中国香港对延边州直接投资金额达到 1.5 亿美元,占总比重的 16%。亚洲是图们江地区吸收外资的重要集中地,中国的人投资始终占有主导地位。尽管在总量上占有优势,但就其平均规模和技术层次而言,远不及欧美国家,所以延边州吸收利用外商直接投资质量有限。随着图们江区域与国际接轨所做的努力使整个投资环境的进一步改变,欧美等大国的外商直接投资必将在图们江区域的外商直接投资格局中发挥更大的作用。

3. 金融服务:多元化金融体系逐步形成

(1) 金融机构多样发展。

截至 2009 年,中国吉林省共有金融机构合计 4 671 个,其中国有银行包括工商银行、农业银行、中国银行等 1 527 个;国家开发银行和农业发展银行及政策性银行 59 个;股份制银行共计 16 个,目前进驻的有光大银行、浦东发展银行、招商银行和民生银行;城市商业银行 366 个;农村合作社、邮政储汇局、信托公司等其他形式的金融机构共计 1 270 个,其中外资金融机构 1 个。

(2) 金融机构贷款初具规模。

2009 年中国吉林省共发放金融机构贷款总计 6 235 亿元,其中工业贷款 429 亿元、商业贷款 813 亿元、农业贷款 426 亿元。2008 年中国吉林省首家外资银行——韩亚银行(中国)有限公司长春分行正式开业,标志着由政策性银行、国有商业银行、股份制商业银行、外资银行和地方商业银行、农村信用社、新型农村金融机构组成的多元化、多层次的吉林银行业金融体系正在逐步形成,金融支撑图们江地区经济发展的能力逐步增强。

4. 商业服务:各构成行业稳步发展

(1) 会展经济蓬勃发展。

随着图们江区域开放的进一步深入,搭建对外开放的平台,举办各种论坛、研讨会、洽谈会、博览会等,已经成为宣传、推介本地资源、产业、文化等各种优势的一个重要手段和方式。会展经济的发展既可以提升自身的知名度,吸引世界各地投资者关心图们江,也成为经济发展的增长极之一。图们江地区通过大力发展会展经济,形成了一批较高层次和较强拉动作用的品牌展会,凝聚了旺盛的人流、物流、资金流、信息流。展会的举办不仅给自身带来了可观的经济效益和社会效益,同时带动了交通、旅游、餐饮、宾馆、商贸、广告等不同行业的发展,促进了经济又好又快发展,并为推动招商引资和对外交流与合作发挥积极作用。其中影响力较为深远的主要为中国吉林东北亚投资贸易博览会及中国延吉—图们江地区国际投资贸易洽谈会。

从 2005 年开始,中国吉林省举办中国-东北亚博览会。期间,还举办了东北亚经济合作高层论坛、东北亚经济合作论坛、投资洽谈会、说明会、研讨会、商务日等。中国-东北亚博览会举办九年来,以东北亚区域合作、东北老工业基地振兴和长吉图开发开放先导区建设为主题,积极推动东北亚区域发展并面向世界开展经贸合作、高层对话和文化交流。来自世界 100 多个国家和地区的 52 万专业客商参会,各国副部(省)级以上政要 859 位,世界 500 强企业超过 600 户;商品贸易成交额累计达 62 亿美元;累计签订投资合作项目 2 169 个①。

中国延吉市利用中国延吉—图们江地区国际投资贸易洽谈会(简称图洽会)推介延边,至今已成功举办九届。"延吉图洽会"由商品展洽、投资贸易、国际论坛、民俗旅游文化活动四个平台组成。2014 年第十届"延吉图洽会"期间达成投资项目共计 58 项,总投资 382 亿元,全部为域外投资。在组委会举行的项目签约仪式上共签约项目 21 个,其中内资项目 20 个,总投资 175.4 亿元;外资项目 1 个,总投资 3 500 万美元。签约的投资贸易项目从总体上呈现出大项目比重大、投资额度大、资金来源地比较广泛、项目与延边优势和特色产业关联度强等特点。

(2) 政府扶持广告业发展。

广告业是文化产业和现代服务业的重要组成部分,广告业的发展水平已经成为一个国家或地区综合经济实力和现代文化质量的重要标志。吉林省目前广告业发展仍较为薄弱,广告企业经营发展过程中资金总量

---

① 中国-东北亚博览会官方网站:http://www.neasiaexpo.org.cn/.

小、融资能力弱。2012年3月吉林省制定了《促进吉林省广告业又好又快发展的指导意见》为促进全省广告业健康快速发展，提供了强有力的政策支撑。意见明确了省级服务业、文化产业等相关专项资金要加大对吉林省广告企业的支持力度，地方各级财政加大对广告业的支持和投入；按照国家相关税收政策，对认定为高新技术企业的广告企业的所得税、从事广告代理业务的广告企业的营业税、广告企业的调研策划和创意设计费用，以及企业发生的广告费和业务宣传费支出做出了相应的优惠调整；组织广告企业与商业类银行、非银行金融服务机构开展对接接洽活动，引导广告企业通过股权、债权质押、动产抵押进行融资，试行驰名、著名商标专用权质押融资；降低外资资本进入广告行业限制，吸引外资资金注入吉林省广告业；鼓励广告企业股份制改造争取上市，拓宽融资渠道，解决融资难题；积极发展广告产业园区，为符合国土总体规划要求的广告创意项目优先安排建设用地，争取优惠政策，大大促进了广告业的发展。

5. 商务环境：示范效应明显

(1) 平台建设逐渐完善。

① 珲春边境经济合作区。珲春边境经济合作区位于长白山东麓、图们江下游中、俄、朝三国毗邻的集聚之地，中、俄、朝三国交界的珲春市南部，行政区划面积88平方公里，规划面积24平方公里，起步区面积2.28平方公里，是目前中国唯一集边境经济合作区、出口加工区和中俄互市贸易区"三区"一体的国家级开发区，经多年发展，又逐渐形成了以日本工业园、韩国工业园、俄罗斯工业园和吉港工业园"四园"为载体吸引外资的模式。它以发展出口加工业和高新技术产业为主，兼有金融、商贸、旅游、房地产等业务的综合性开发区。目前，合作区内注册企业467户，包括来自日本、韩国、俄罗斯、美国、香港等国家和地区的40户外资企业。目前已形成"五纵五横"的主干道交通网络，建成区面积由"十一五"末期的5.6平方公里扩展到目前的9平方公里，道路围合面积达到15平方公里。各项配套设施日臻完善，土地供给充足。建有标准工业厂房、海关监管中

心、政务服务中心、保税仓库、边贸市场、污水处理厂等设施,投资2亿元新建了河南新区供热项目,供水、污水管网等加强维护,基本实现全区六通一平,为入区的企业和项目提供较为完善的综合配套服务。"十一五"期间,区内注册企业已达290户,已有来自日本、韩国、俄罗斯、美国、中国香港等9个国家和地区的48户外资企业在此汇聚,全区"十一五"累计完成地区生产总值104亿元、工业总产值225.8亿元、财政收入7.13亿元、固定资产投资110.9亿元、进出口总额14.74亿美元,分别是"十五"期间的5.6倍、5.05倍、4.6倍、15倍和4.1倍。2012年全年实现生产总值62.4亿元、财政收入3.75亿元、工业总产值138亿元、固定资产投资45亿元、进出口总额8.47亿美元,分别同比增长30%、24%、26.7%、43%、17.6%。生产总值占珲春市半壁江山,工业总产值多占比例高达60%,合作区已成为珲春市经济建设的主战场和吉林省对外开放的重要窗口。截至2013年2月底,合作区完成工业总产值24.8亿元,同比增长19.2%;一般预算全口径财政收入7 547万元,同比增长50.8%;进出口总额7 426万美元。

②珲春中俄互市贸易区。珲春中俄互市贸易区是2001年2月1日经中国政府批准设立的,占地面积9.6公顷,距中俄珲春口岸8.7公里。目前,区内供电、供水、供热、道路、通信等基础设施完备,宾馆、公寓、市场、写字楼等服务功能较全。互贸区自2001年12月7日启动试运行,2005年6月1日转入正式运行。珲春中俄互市贸易区现有商品交易市场3处,总面积5 500平方米,摊位500多个,有2个宾馆、1个洗浴中心,可基本满足俄罗斯边民入区交易和住宿等生活需要。进口方面俄罗斯边民仍以水产品为主;出口方面,中国边民主要以服装、家电为主,由于物美价廉,俄边民常常大量采购。作为中国吉林省对俄贸易的"桥头堡",珲春市依托中俄互市贸易区这一平台,促进中俄经贸往来不断提速,现已成为俄罗斯海产品向中国内地输入的集散地和中国国内轻工商品对俄输出的重要窗口。截至2012年4月末,珲春中俄互市贸易区俄罗斯边民入区人数超过45万人次、互市贸易交易额超过75亿元。

③珲春出口加工区。珲春出口加工区是2000年4月27日由中国政府批准设立的中国首批试点之一,位于中国国家级开发区——珲春边境经济合作区内,规划面积2.44平方公里,起步区面积0.6平方公里。出口加工区位于三国交界,紧靠中俄珲春公路口岸和铁路口岸,周围分布着众多的俄罗斯、朝鲜港口,地理位置优越,交通便利,基础设施完备,是唯一地处沿边开放城市的出口加工区。该区起步阶段以发展劳动密集型和资源密集型的出口加工业为主,重点发展面向日本、韩国、俄罗斯和朝鲜市场的轻工、服装、木制品、食品、电子、新型建材等行业,农副产品、土特产品加工,以及来料、来样、来件加工装配项目。自2001年5月31日封关运行以来,基础设施建设累计投资1 300万元,修建了2 158米永久性围墙、3 500米验货场、1 020平方米的驻区海关、商检办公大楼、37 500平方米标准工业厂房,现在已有来自韩国、日本等国家和地区的加工企业进区投资办厂。统计显示,2011年1—9月,珲春出口加工区累计实现进出口额1.79亿美元,同比上升12%。2011年9月,全区实现进出口额2 871万美元,其中出口1 578万美元,进口1 293万美元,进出口额同比上升17%,同时,区内工贸类企业和水产品企业进出口额迅速增加。

(2) 软环境不断优化。

软环境就是在经济发展中相对于地理条件、资源状况、基础设施、基础条件等"硬件"而言的思想观念、文化氛围、体制机制、政策法规及政府行政能力水平和态度等。图们江区域各国积极响应,制定各种政策措施,吸引投资、促进贸易、发展服务业,不断强化政府工作职能,为图们江开发打下良好基础。

俄罗斯2002年4月30日重新修订《滨海边疆区投资活动法》,它规定了投资者在滨海边疆区可享受诸多优惠。该法第5条规定,实施投资项目的组织,若区外资金不少于结算年度总投资额的30%,按以下比例免交边疆区预算收入部分的财产税:自项目实施起第一年为100%;第二年为80%;第三年为70%;第四年为60%;第五年为50%。实施生活及生产废料加工的投资项目的组织,按以下列比例免交边疆区预算收入部分的财产税:自项目实施之日起第一年为100%;第二年为85%;第三年为75%;第四年为65%;第五年为55%。第6条规定,从事生产性和服务性活动、在滨海边疆区按规定程序登记的带有外资的企业,若在已缴纳的法定资本中外资比例不低于30%且投资额不低于10万美元,在1997年1月1日后登记注册的,按下述规定缴纳列入边疆区财政部分的财产税:头两年,当生产活动收益超过产品服务总销售收益的70%时,免交财产税;第三年和第四年,当生产活动收益超过产品服务总销售收益的90%时,分别按25%和50%的比例缴纳财产税。若外资企业自注册之日起5年内停业,则应向边疆区财政部门全额缴纳其全部经营期内的税费。第7条规定,新建生产企业、改造已有生产线的法人所缴财产税,在其新建和新增财产部分,自购置之日起至其完全回收,按0.2%的税率征收[①]。

朝鲜1993年就通过了《朝鲜民主主义人民共和国自由经济贸易区法》,主要规定:罗津—先锋为自由港,出入自由,免于签证;贸易区内生产、价格、贸易等均由外商决定;鼓励投资,优待外商,从事基础设施建设的企业优惠税收10%,一般企业所得税为14%;外国投资商可以享受4年的免税期,原材料、设备进口和成品出口还可以免征关税;实行落地签证制、银行优先贷款;向外国投资者和外国人投资企业出租必要的土地(1平方米工业用地5~10美元,公共设施用地10~25美元,商业用地20~30美元),出租期最长可为50年。从大图们江区域合作开发提出之后,即1992年之后,朝鲜政府频繁地制定和颁布涉及对外贸易的法律法规。从1992年10月起颁布的《外国人投资法》《外国人企业法》《合作法》,直到2007年5月的《商业银行法》,朝鲜已经颁布了80多部法律,在出入境、税收、土地、外商投资、关税等方面赋予了一系列优惠政策,并下放了铁路、港口、项目审批、外事、土地管理等方面

---

① 郭连成.中俄区域经济合作与东北老工业基地振兴的互动发展[J].俄罗斯中亚东欧市场,2007(2):8-15.

的管理权限。尽管目前朝鲜的法律还是不够完善,并且实施起来也面临很多的障碍,但是对外法律框架的逐步形成,为区域建立深层次合作奠定了基础。

蒙古矿产资源丰富,20世纪90年代中期,蒙古政府就制定了大力引进外资,发展采矿业,振兴经济的战略。此后,蒙历任政府均将开发矿产资源作为拉动国民经济发展的重要政策,并在组织机构管理、政策法规支持方面予以重点关注。1997年蒙古政府对矿业法进行了修改,为外商投资提供了法律保障和一系列优惠条件。内容包括:绝大部分外商投资项目进口的机械设备免征关税和增值税;外资企业所得利润可自由汇出;外资外贸局为外商办理注册登记手续提供"一站式"服务。特别是被列入蒙古政府《重点鼓励外商投资项目目录》的项目,均可以根据所投资行业的不同享受3到10年所得税减免的优惠。

中国图们江区域开发以延边州为主导,制定一系列政策措施,扎实推进软环境建设,创建优良环境。中国延边州政府全面落实《关于对外来投资者给予优惠待遇的若干规定》。对投资5 000万元以上,或年纳税1 000万元以上,或吸纳就业300人以上的外商,在收费、交通、人身及财产保护、重大礼仪活动、聘任政府经济顾问等方面,享受特殊礼遇。全州公安机关继续推行投资企业联系人制度,专门列出保护名单,切实保护外商的人身财产安全。外来投资者在延边州媒体发布广告给予最低价优惠。建立健全外商投资企业申办联动快办机制。完善外商投资企业服务中心运作机制,严格落实重大投资项目会审制度,审批、登记联席会议制度,审批、登记完结信息反馈制度。建立开通外商企业通关"绿色通道"。驻延海关及检验检疫部门要全面实行"预检预放备案制"、"口岸现场服务承诺制"、"延时全程服务制",不断优化办事流程,简化审批程序,缩短办结时间,为外商企业创造良好的通关环境。并组织人大代表、政协委员开展外商投资环境专项视察活动。建立以外商企业为重点的100户"全州软环境建设监测点",定期走访外商征求意见,及时查处涉软问题,全力协调解决外商投资企业生产经营问题。

二、图们江区域商务发展存在的主要问题

1. 基础设施的"过剩"与不足

"过剩"是指,图们江目前的基础设施建设相对于该地区的经济流量是过剩的。图们江开发以来,在港口、铁路、公路的建设上,取得了很大的成就,而该地区的经济发展却相对滞后的。图们江区域是中、俄、朝三国的落后地区、边缘地区,经济基础薄弱。虽然图们江地区的各国都很重视该地区的开发,但其经济基础的薄弱性、贸易的有限性导致该地区的贸易流量有限。目前图们江地区的基础设施完全能满足该地区的经济状况,甚至有很多基础设施没有得到有效利用,造成过剩的状况。所谓的"不足"是指,从长远的目标来看是把图们江地区建设成东北亚乃至全世界的物流中心、贸易中心,无论作为物流中心还是贸易中心,目前的基础设施是不够的。

2. 热点问题频发,降低关注度

东北亚和图们江地区的政治经济形势不稳定,热点问题频发。一旦有热点问题爆发,在一段时期内各方会高度关注并集中解决热点问题。这就使得图们江区域开发项目受到的注意力和关注度下降,其进程也会受到干扰和延缓。以朝鲜核问题为代表,从 2002 年开始朝鲜核问题升级,引起朝鲜半岛局势的紧张。为解决这一问题,2003 年 8 月开始的六方会谈迄今为止已经进行了六轮,而各方对共同推进图们江区域开发项目无暇顾及。除此以外在,图们江地区所在的东北亚还有很多潜在的问题尚未解决,如日、俄间的北方四岛问题,中国的台湾问题等,这些问题一旦显现出来,将会直接影响图们江区域开发项目的进程。

3. 缺少国际金融集团的支持

区域合作发展的速度和深度,除了参与区域合作各方的主观愿望之

图们江上俄朝铁路桥

外,更重要的是要有强大的经济实力作为后盾。在图们江区域合作二十多年的发展进程中,政治上的歧见是影响该域合作的一个重要的因素,但我们也可以看到即使是政治和谐、各方合作意愿强烈的时期,区域合作的进程也没有质的飞跃和突破。问题关键是没有经济的驱动力,特别是涉及陆、海、空的通道、通关的建设。基础设施的衔接,无一不依赖于巨大的资金投入。这些都是期望通过参与区域合作改善环境、改善区域合作的瓶颈,困扰经济欠发达地区、国家的难题。而解决这一瓶颈问题,最重要的就是国际金融集团的参与。国际金融集团的特点是经济能力强、投资带动力大、政治色彩不明显,且具有参与区域合作的成熟经验,这些都是具有明显国别色彩的经济集团力所不能及的。但目前,在图们江区域却没有跨国金融机构直接参与产业合作和建设。当然,这是该区域的政治、经济因素所致,这些因素主要包括:一是各国的经济体制不同,如中国是具有中国特色的市场经济;朝鲜是纯粹的计划经济体制;俄罗斯是处于过渡阶段的市场经济体制,市场主导,但国家的影响力也很强大;蒙古是初级市场经济国家;韩国是较发达的市场经济国家。二是各国参与国际金融组织的程度不同,仅以参与世界和亚洲两大投资银行——世界银行和亚洲开发银行而言,中国和韩国是其成员,而朝鲜、俄罗斯、蒙古却不是,虽然在联合国开发计划署的推动下曾对该区域做过投资方面的研究,但由于该区域各成员国的成员身份问题,不存在投资的可能性。三是该区域政治和军事的敏感性交织在一起,投资的风险性加大,也阻碍了国际金融机构的参与。

4. 双边合作层次较浅,多边合作进展缓慢

由于中朝俄三国国情不同,规则各异,政策多变,在合作中时有矛盾发生,往往又不易解决,图们江区域开发的政治和经济环境不理想。因此该地区国际合作开发的前提和基础也只能是各毗邻地区的独立开发。中朝俄三国在各自的自由贸易区内实行优惠政策,加大基础设施建设,招商引资,发展优势产业。以此为基础,在相互开放口岸、开辟国际客货航线、国际旅游航线、发展边境贸易和经济合作等方面,中朝俄三国进行了一些双边的合作。但是双边的经济合作主要还是停留在疏通通道和自然资源的开发利用上,资金、技术等核心生产要素还没有实现完全的自由化,没有实现真正的优势互补,无法发挥其群体优势。至于图们江地区的多边合作则是进展缓慢,虽然图们江地区多国开发项目政府间会议提供了多边磋商的平台,但是目前图们江地区缺乏对三国或多国都有吸引力的、协调一致的、明确的开发目标与焦点。

三、确立图们江区域商务发展战略

1. 构建商务发展战略目标与体系

图们江国际经济合作的国际商务发展战略从各国自主开发,分别管

理起步,充分发挥市场机制的作用,在加强中俄朝三国边境贸易往来的基础上,有阶段、分步骤地向联合开发的方向发展,从图们江流域的经济一体化走向区域一体化,逐步形成跨国自由经济区。其具体目标是：在图们江三角洲建设一个能使不同社会制度的国家开展自由交往的国际交流中心、国际贸易中心、东北亚的生产加工中心及东北亚国际商务基地。通过这些具体目标的实现使图们江跨国自由经济区真正成为东北亚区域经济发展的核心和增长极。

(1) 战略目标的确立。

战略目标主要分三个阶段进行：

① 2012—2015年：重点领域率先突破。本阶段主要是建立健全各项政策机制,重点领域率先发展,扩大外贸品牌影响力,调整产业结构,增进投融资,加大专项资金投入力度,做好商务服务市场调研,加强园区基础设施建设,倾斜政策安排。

② 2016—2018年：联合建设国际商务区。本阶段基本完成园区基础设施建设,加强软件建设。建立健全园区金融服务、现代物流、会展服务、高端住宿、信息服务等商务支持产业,打造综合一体化的国际商务区,积极促进国内外知名企业设立地区总部,引导省内知名大中企业集团设立研发、采购、营销中心等职能总部。

③ 2019—2022年：区域经济全面发展。本阶段以全面推进图们江地区区域经济一体化为基本目标,以全方位、宽领域、多形式、立体化开发开放为手段,促进实现图们江乃至东北亚地区的长期和平与持续发展。国际贸易、直接投资、金融服务、商务服务及商务环境建设均有较大发展,达到贸易结构合理、资金充足、金融功能强大、配套服务设施齐全、环境友好的全面发展状态。

(2) 多维互动的立体创新战略。

任何合作模式的顺利实行都需要一定的政策组织机构,特别是不同类型地区之间的相互交流,必须有一个中介机构来协调、联络各方利益、融洽边境各方的合作。根据国际跨国边境区的经验,这种中介的职能往往是边境区合作成功的关键。图们江区域政治形势不稳定,更需要建立从国家到地方,从非正式到正式以及不同合作领域的各种机构和组织,多维互动,协调各方共同发展。

东北亚协商委员会。其职能是在国家范围内交流边境区合作的信息和经验,代表各边境区共同的利益。

区域基金。区域基金是为了增强区域凝聚力而设立的一个投资基金项目,其投资条件是项目申请时,国家必须对该项目具备配套资金。投资大多是一些小型的但比较实用的软项目,如边境区域信息咨询服务中心、秘书处、学术联合等。定期和不定期发布边境地区合作与发展信息,使重大项目决策能够得到广大民众支持。

非政府组织。它吸收了各行各业的会员,定期举行例会,并在各国轮流举行,每次例会的议题主要针对一个题目进行讨论并促进其成果的实施。

大图们江边境合作区委员会。该机构可成为图们江最大的正式组织,举行年例会,讨论不同的合作议题。委员会下设经济、环境、以及交通规划到健康卫生等工作小组,并由相应领域的专家组成,定期和不定期进行联系和讨论。

大图们江合作区理事会。它是共同的协调委员会,由"地方市长委员会"和专家组成。在协调委员会基础上,成立珲春、哈桑、江原道、罗津等地方边境区合作理事会,其目的是作为次一级的共同论坛,加强小地区间的合作。在此基础上,逐步制定边境区合作所共同遵循的法律条文和合作协约。

(3) 核心带动的腹地支撑战略。

基本战略取向是:以加快推进中国国内区域经济协调发展为主体,把西部大开发战略与振兴东北地区等老工业基地战略有机结合起来,将培育吉林省长春—珲春沿线地区经济带与加强吉林省同辽宁、黑龙江和内蒙古区域合作有机结合起来,将进一步扩大区域合作规模与扩大对外开放步伐有机结合起来,促进中国更好地积极参与图们江区域国际合作。实施这一战略不仅仅是为赢得中国参与图们江区域国际合作的主动权,同时也是通过发挥中方区域经济高速发展的示范效应,提高吸引周边国家积极主动参与图们江区域发展的积极性。因此,需要在中国图们江地区率先形成一个具有一定经济规模的、可以对较大区域发挥经辐射效应的中心城市,并且通过建立具有跨国贸易功能的商务中心和物流中心,推动图们江地区国际合作进入新的阶段。

(4) 引擎推动的关联发展战略。

加快落实几个区域性重大合作项目和培育若干新型区域性国际合作机制,并以此为中心任务来加快培植相关国家和地区以及国际投资者的利益兴奋点,进一步巩固和完善大规模开发所必备的基础设施和制度规范,逐步推进全方位、宽领域、多形式对外开放。确定重大的区域性国际合作项目,应该坚持几项基本原则:一是属于区域开发优先领域中的瓶颈项目;二是可以使得双边和多边都受益;三是项目投资者利益可以得到保障;四是特殊情况下还要做出政治决定。

2. 商品贸易:拓宽渠道,多元发展

(1) 加快调整对外贸易结构,强化进出口调剂手段。

① 培育外贸品牌。图们江区域对外贸易发展中,自主品牌很少,需要完善出口商品的产品结构,就要有初级加工产品,也要有高技术含量的产品。采取政策引导、资金扶持等经济手段来扶持鼓励企业创造名牌。搞好出口产品基地建设,做好基地建设的基本谋划。例如中国延边农产品出口潜力巨大,要把农产品规划好,将来成为辐射东北亚区域最重要的农产品出口基地。

② 承接产业转移。产业转移是优化生产力空间布局、形成合理产业分工体系的有效途径,是推进产业结构调整、加快经济发展方式转变的必然要求。图们江地区应发挥资源丰富、要素成本低、市场潜力大的优势,积极承接国内外产业转移,明确承接转移以中国长三角、珠三角、环渤海经济圈等东部沿海地区为重点,积极主动承接纺织品、木制品、食品、水产品、建材、高新技术产业等资源型、劳动密集型、资本密集型和技术型产业,加快形成布局合理、比较优势明显、区域特色明显的加工贸易集聚区。

在发展过程中加强规划统筹,优化产业布局,引导产业转移向园区集中,促进产业园区规范化、集约化、特色化发展,增强重点地区产业集聚能力。同时应注意改善承接产业转移环境,加强资源节约与环境保护,完善体制机制。

③ 提高劳动密集型产品的技术含量与附加值。比较优势是中国对外贸易发展的基础,图们江区域国家要从现有的要素禀赋和资源优势出发,依托比较优势从而开发竞争优势,各方要在继续发挥比较优势的基础上实现比较优势的动态转移,提高劳动密集型产品的技术含量,将劳动密集型产品与先进技术相结合,大力发展技术含量高的新型劳动密集型产业。如纺织、服装、鞋帽、玩具等传统的劳动密集型产品,要着力提高生产工艺、设备改造、原材料加工等环节的技术水平;像水海产品、园艺产品、畜禽产品等,要利用先进技术对其进行精加工和深加工以延长产业链,全面提升产品的技术含量和附加值。加大对劳动密集型产品和产业的资金投入和技术投入,用现代技术改造传统产业,提高劳动密集型产品的技术含量,促进劳动密集型和资源密集型产业升级,使其重获比较优势。

(2) 加快壮大外贸主体能力,促进企业不断升级。

① 重点引进高新技术企业。图们江地区企业竞争力较弱,需要大力引进区域外企业,为区域增添新的血液与活力,加快对外开发、开放进程。图们江地区应侧重引进高科技含量、高附加值的企业,引进企业产业链集群。把国外招商引资工作的重点区域放在韩国、日本、美国及美洲地区,中国国内招商引资的重点区域放在珠三角、长三角、京津唐、环渤海经济圈及东北地区;把招商引资的重点领域确定在计算机产业、高新技术产业、制造业、农业产业化、旅游、能源、基础设施建设等;中国可将招商引资工作的重点人群确定为世界各地的韩商和华侨;依托本地现有的产品和资源,培育一批有国际市场竞争力和带动能力的龙头企业。

② 加快"走出去"步伐。各关联国家支持有实力企业"走出去",到国外建设资源开发基地。以境外矿产、油气、森林等资源开发和粮食等农畜

产品生产为重点,以跨国投资经营为主要方式,支持有条件的企业建立境外生产基地、研发中心、营销网络。中国筹划在朝、俄建立"中国境外投资合作区"。鼓励企业参与援外项目和境外基础设施建设项目投标,以带动技术、劳务合作和产品出口,提升对外经济合作水平。继续扩大承包工程保函风险专项资金规模。建立对外承包劳务安全预警、风险防范保障机制,完善境外直接投资服务和信息交流网络,加强协调和监管。同时加大"走出去"政策支持力度。利用各国对外经济合作扶持政策,支持境外基础设施建设项目、资源开发类项目、境外加工贸易项目、对外承包工程项目和外派劳务培训基地建设。对在境外开发的重点项目,从重点项目前期工作经费、企业技术改造专项资金中给予支持。从事木材进出口业务的企业,在珲春口岸一次性办理木材搬运许可证,免收管理费。

③ 政府促进企业对接。政府应对图们江区域外经贸情况进行市场调查分析,明确比较优势,发布战略报告,学习先进经验,从高度角度上给企业切实政策建议。可以政府牵头,组织相关企业,赴中国、俄罗斯、朝鲜及蒙古边境进行实地考察调研,开展企业对接活动,加强企业联动,着手开拓图们江区域内市场,努力提高出口产品质量与规模。并及时关注最新动态,制定和实施应对主要出口市场突变预案,扩大一般贸易总量,引导企业进行正规贸易,有效规避贸易风险。

④ 提升企业创新能力。在各国政府对外贸企业有利政策的大力支持下,各外贸企业要对本企业进行改革,提升企业实力,加强企业核心竞争力,在不断变化的市场中寻求发展的机会,将企业不断做强、做大。外贸企业根据自身人才、信息、客户、市场等方面的优势,将眼光放远,敢于创新、敢于尝试。中国政府对自主创新型企业在减免税、进出口通关、企业分类管理等方面进行倾斜;重点扶持拥有自主知识产权、自有核心技术和自有品牌的商品出口,优先提供政策优势和通关服务,鼓励出口环保节约型产品,提高资源利用率,用足用好国家关于高新技术项目设备和科教用品的减免税政策。引导企业降低成本,增加研发投入,向高新技术产业、向精深加工方向发展,开展农产品深加工,提高纺织品质量和

档次,培育木制品自主品牌,海产品实现规模化加工生产,提高产品的附加值。

(3) 推进对外贸易方式多样化,开创对外贸易新局面。

① 大力发展加工贸易。要采取积极措施,发展加工贸易,着力吸引跨国公司把更高技术水平、更大增值量的加工制造环节和研发机构转移到中国图们江地区,引导加工贸易转型升级。各国应不断完善加工贸易业务的审批制度,适度放宽加工贸易企业审批条件,减少程序,简化审批手续。加快基础设施建设,建立良好的加工贸易发展环境,根据图们江的区位优势,有针对性地制定发展出口优势产业。运用区位优势,发展面向出口国的加工工业。建设出口加工区,规范加工贸易管理,并需妥善处理加工贸易内销问题,减少对本国产业冲击。

② 继续发展边境贸易。充分发挥边境市(州)、县(市、区)的区位优势,促进边境贸易向建设加工、投资、贸易一体化的边境经济合作区转变。加快中俄、中朝互市贸易区建设步伐。在中国延边州、通化市、白山市和长白县积极进行边境小额贸易出口货物以人民币结算的出口退税试点,对从事边境贸易并符合条件的人员给予小额担保贷款。推动地方银行扩大对重点边贸企业的授信额度,并与周边国家银行建立代理行关系,提供境外结算、汇兑服务。积极争取国家有关政策支持,扩大边贸人员携带人民币出入境额度,简化境内外银行间货币跨境调运程序,使投资贸易便利化。加大边贸企业在边境小额贸易上的奖励力度;建立边贸企业境外投资保险制度,鼓励外国投资者以合资方式设立担保机构;成立债务协调公司,统一协调解决本国企业在外国投资所发生的债务纠纷;加快落实国家各项产业扶持政策,帮助企业解决生产、销售、融资、用工等经营难题。

③ 开辟发展转口贸易。转口贸易得以发生,必须具备两个条件:一是自然条件,即中转国的港口(中转地)必须地理位置优越,处于各国之间的交通要道或国际主航线上;二是政策条件,即中转国对中转地要采取特殊的关税优惠政策,有自由贸易区或保税仓库等可以利用。中国珲春地处中、俄、朝三国交界地带,具有既沿边又通海的独特地理位置,大力发展

转口贸易，以此带动相关产业的发展，应是珲春目前经济贸易发展的重点之一。在发展转口贸易的时候，必须重视发展多元化经济。把转口贸易在经济中所占的比重控制在一个合适的水平，只有这样其整体经济才能稳固。积极开拓国际市场，实现转口市场的多元化，减少由于贸易保护主义或市场过分集中所带来的风险。同时在发展加工转口贸易中，要避免粗加工、低增值的劳动密集型传统产品占过大的比重。长白朝鲜族自治县与朝鲜带三大地带隔江相望，有广泛的合作空间。

(4) 进一步优化外贸发展环境，完善外贸服务内容。

① 加强政府服务职能。通过政府的服务职能，协调海关、商检等部门为企业进行全方位的服务。建设保税区，建立保税仓库、国际物流、加工包装等功能园区，努力实现"属地报关、口岸验放"，以此为契机逐步创建东北亚地区国家间自由贸易区，最终实现建立"境内关外，适当放开；物流主导，综合配套；区港结合，协调发展；统一领导，属地管理"的自由贸易区目标模式，加快图们江区域国际合作开发进程。

② 设立外贸专项扶持基金。设立担保公司，出台相关的融资担保政策，解决外贸企业融资难的问题。政府采取有效措施将民间资本及域内外可利用资金有效的融合、利用。中国延边州每年通过出国劳务实现的外汇收入达10亿美元，资金大部分用于投资不动产、娱乐业等，通过政府引导将这些外汇及可利用资金进行融合投资，实现企业和投资者双赢。

③ 培育重点外贸代理企业。图们江区域不少对外贸易企业委托，寻求域外代理公司，导致对外贸易业绩在当地海关统计中不体现的实际情况。由政府牵线，提供政策、资金扶持，培育1至3家龙头企业带动外贸的代理公司，提供报关、检验、货运等一条龙服务。加强口岸职能，加深与中国东北、内蒙古等四省各地区乃至中国各国口岸部门的业务联系，保障外贸进出口货物的畅通，增加外贸总量。

④ 加强口岸、交通设施建设。完善口岸功能，繁荣口岸经济。制定口岸开放建设发展规划。多渠道筹集资金，加大口岸基础设施、过境联接通道及维护改造的投入，将新开口岸的基础设施建设资金列入各级政府

预算内基本建设投资计划;将老口岸设施维修、改造资金列入各级财政预算。实行"谁投资、谁受益",鼓励各类企业参与口岸基础设施建设。中国应加快长春至各市州及通边出海高速公路、哈大铁路高速客运专线、东北东部铁路、吉林省西部联接蒙古和欧洲的陆路通道建设,构建支撑对外开放的大交通网络。区域内航空口岸要积极开辟国际航线,增开国际航班。

3. 直接投资:创新思路,多重结合

图们江地区地处中、俄、朝三国交界,远离本国的经济中心,相对落后,进行大规模的开发需要巨额资金,怎样解决资金问题就成为本地区发展的核心问题。解决资金短缺的总体思路是:加大政府投入与引进私人资本投入相结合;吸引国际金融机构投资与吸引国际商业银行投资相结合;实施优惠的引资法律与推行股份制引资机制相结合。采取多形式、多渠道、多手段进行开发融资。

(1) 加大政府投入与引进私人资本相结合。

① 设立专项资金支持图们江建设。图们江区域国际合作由单边开发向双边、多边合作开发转变。各成员国均加强了务实开发力度。俄罗斯认识到图们江区域国际合作开发可以为其远东地区吸引外资,巩固在亚太地区的战略地位,对外开放的步伐明显加快;蒙古积极寻求与中国合作建设中蒙大通道;朝鲜放宽了对外经贸合作条件,与中国合作采取了比以前灵活、务实的措施;韩国参与合作开发的愿望越来越强烈;日本也由过去专家、学者的理论研究向企业主动要求参与转变,由民间交往向政府推动转变。周边各国应从经济发展的实际出发,设立专项资金支持图们江建设,加大开发力度,推进区域发展。

朝鲜经济欠发达,但罗先区是朝方经济最发达的地区之一,朝方可利用在该区域提供的政策优惠,吸引外方政府和企业资金共同参与投资建设。俄罗斯远东地区在俄属经济欠发达地区,因此,俄方应将资金来源渠道延伸至俄中心区,吸引俄政府及有实力的企业参与项目的实施。中国对区域内列入规划的交通基础设施建设、口岸建设重点项目、工程或企

业,应积极争取国家预算内及各类专项资金扶持;设立专项扶持资金,引导推进重点工作开展;积极做好图们江地区国际合作项目申报亚洲区域合作专项资金相关工作。专项资金还可以用来重奖在招商引资中做出突出贡献的单位和个人。

② 运用私人资本参与基础设施建设(BOT)融资形式进行基础设施建设。随着各国经济不断发展,公司海外投资日益加大的同时,海外融资也起着越来越重要的作用。融资方式也是多种多样,有传统的融资方式也有新的融资方式。图们江区域的经济建设主要的融资方式应该是国际直接投资的形式,其中私人资本参与基础设施建设是项目融资组合中的一种方式。

其具体的实施步骤如下:首先所在国政府发起项目;其次,项目经营者即项目的直接投资者从项目所在国政府获得建设和经营项目的特许权,项目经营者是私人资本参与基础设施建设融资模式的主体,项目公司是整个建设经营过程的组织形式,项目公司的组成主要是在这一领域具有技术能力经营公司和工程承包公司作为主体,有时也吸收项目产品或服务的购买者和一些金融性投资者参与;之后,项目公司与建设承包商签订建设合同,并得到建筑商和设备供应商的保险公司的担保,项目公司分别于与项目运营承包商签署各种协议,进入经营阶段后,项目公司把项目收入转移给一个担保信托。担保信托再把这部分收入用于偿还银行贷款。最后项目经营者和项目发起者的合同到期后,项目经营者按约定将该设施移交给项目发起者,转由项目发起者指定部门经营和管理。

私人资本参与基础设施建设作为新的融资工具为图们江的融资解决了很多问题。图们江地缘经济区域基础设施建设项目中,很多都是大型的基础设施项目,如能源电力、港口设施、公路铁路等。有的项目还属于跨国基础设施项目,由于各方利益的不同,可能会出现三国政府谁也不愿意花大本钱建设基础设施项目的尴尬局面。

运用私人资本参与基础设施建设融资模式可以解决这样的尴尬问题。只要三国政府给出各自的特许权承诺,项目投资者和经营者就可以

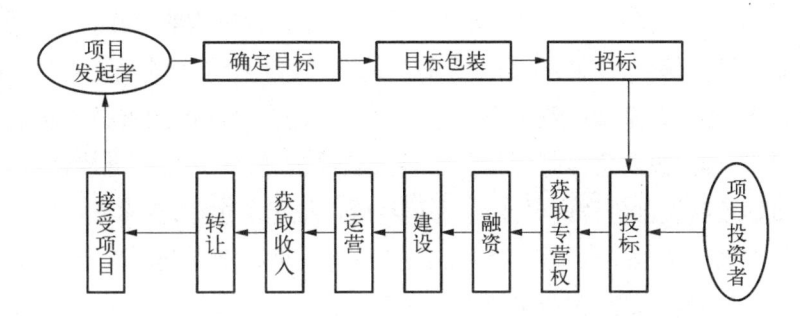

图 3-2 私人资本参与基础设施建设融资实施步骤

解决融资以及项目建设等一系列问题。私人资本参与基础设施建设融资模式的内在机理是其双赢的关键,政府应用私人资本参与基础设施建设融资方式的重要动机,是充分利用私人在投资和项目运作中的效率。一方面,政府对专业化的投资项目缺乏技术和人才以及管理经验;另一方面由于资金短缺,政府财政支出往往力不从心,举债又会增加债务负担。为了加快本国、本地区经济的快速发展,采用私人资本参与基础设施建设融资方式无疑是政府加速基础设施建设的较好选择,而且政府不承担项目运作期间的任何风险,只给出承诺,得到的却是高质量的产品和优质服务。项目投资与经营者即项目公司,在项目运作过程中,由于掌握先进的技术和管理经验,有广泛的融资渠道,在项目运作过程中承担了风险,但却得到了较高的回报。而且在特许权协议下还可以获得垄断利润。可见,私人资本参与基础设施建设融资方式对双方而言都获得了好处,是一种双赢融资模式。

(2) 吸引国际金融机构投资与吸引国际商业银行投资相结合。

① 建立图们江开发基金。利用中外合资的共同基金,推动图们江地区基础产业项目的开发。按投资国界划分,共同基金可划分为全球基金(包括本国在内的全球证券市场为投资对象),国际基金(以所有外国证券市场为投资对象),区域性基金(以某个区域或国家证券市场为投资对象)。共同基金是目前实现区域证券市场资本化的重要途径,发展共同基金既可以不必偿还本息,又可以在不缩小利用外资规模情况下引进更多

的国际资本。图们江区域各国可通过与境外基金机构的合作,形成区域型专项投资基金,以便在境外市场发行基金债券,给予境外投资者相应的回报率,筹集其基础产业和重大项目建设所需资金。中国吉林省积极开拓思路,推进投融资体制创新和金融突破性创新,大力发展直接融资;研究搭建政府投融资咨询服务平台,培育孵化拟上市企业,探索发行专项企业债券;建立产业发展基金体系,研究建立东北亚投资合作基金、图们江区域产业发展基金、创业风险投资基金等。

② 利用金融市场吸引国际资本。在"中俄朝图们江小三角核心区"建立图们江国际金融区,引进国际银行和非银行金融机构,组建资本市场,利用金融市场吸引国际资本,为图们江区域开发提供金融支持和服务。中、俄、朝、韩、蒙诸国政府要联手将图们江"小三角"核心区域的交通运输重点工程,精心制作成项目,以政府的信用作担保,在国际金融市场进行招商,引进国际航运界、公路界、铁路界、物流界的大财团和大银团投资。可以发行债券、B股、全球存款凭证来进行融资,吸引国际资本。

(3) 实施优惠的引资法律与推行股份制引资机制相结合。

① 组建图们江开发银行。开发银行是旨在对低度开发地区的生产性投资提供中长期资金(常伴随有技术援助),属于政策性金融机构,致力于融资支持基础设施,基础产业和支柱产业。2010 年 3 月 10 日,朝鲜第一家政策性和商业性相结合的国家开发银行在平壤成立。朝鲜在重返图们江开发计划后,通过引进社会主义投资的方式展开经济开发,旨在吸引来自中国大陆、中国香港、东南亚、俄罗斯乃至欧美日本的投资。该行将在朝鲜国家财政预算之外筹措资金,负责向按照国家经济政策实施的主要建设项目直接投资,并向这些建设项目提供投资担保。同时,朝鲜国开行将为发展朝鲜与各国的经贸和金融关系服务。朝鲜国开行是股份制银行,由朝鲜政府出资90%,大丰国际投资集团出资10%,注册资金为100亿美元,注册资金将争取在两年内全部到位。国开行在经营上具有完全独立性,实行自负盈亏,今后 20% 的股份可以出售,将在朝鲜及海外进行独立、合法的活动。该行将设立现代化金融规则和体系。目前,图们江区

中朝圈河口岸大桥

域正拟组建图们江合作开发股份银行,建立图们江区域合作开发信托基金,引进创业投资、股权基金和项目融资机构,鼓励境外金融机构在该区域内设立机构。这说明图们江开发受到各方高度重视,开发银行的助力将加速开发进程。

② 制定更加优惠的政策措施。为积极引导外商投资投向图们江地区,今后各国应该制定更加优惠的投资刺激政策。要考虑在一定时期内将对待特定地区的投资实行税收优惠政策,或借鉴发达国家开发不发达地区的经验,在若干可以成为经济增长的极"点"上,由政府对投资者实行以补贴为主的投资诱导政策,或实行特殊政策和灵活措施,吸引各种资本到这些"点"上来投资,逐步建立起图们江地区经济的"造血机制",从根本上改变图们江地区经济运行的环境。首先,要进一步放宽服务贸易领域的进入限制,不断扩大图们江地区金融、零售商业、信息咨询、中间机构、

旅行社等的试点范围,放宽产业准入限制,以服务贸易准入带动工业项目引资。其次,充分利用图们江地区丰富的土地和矿产资源优势,实行以资源换资金、换技术的战略,对一些闲置土地和矿产资源实行特许经营权拍卖,鼓励外商参与图们江地区的资源开发。

4. 金融服务:解放思想,多种尝试

(1) 解放思想,促进金融工作。

① 实行金融自由开放政策。要发展图们江区域的各项产业,金融服务是重要的环节。中国、俄罗斯、朝鲜都实行金融控制政策,要将图们江地区建设成东北亚金融中心必须实行金融自由开放。

对中国国内银行开放。允许成立商业银行,而不实行银行国有化,这样才能保证图们江地区开发建设资金和企业流动资金的充足,没有繁荣的金融就不可能有繁荣的市场体系。

对中国国内非银行金融机构开放。允许成立商业性非银行金融机构,如基金组织、保险公司等。

对国外银行和非银行金融机构实行开放。允许国外金融机构在图们江地区设立分支机构和注册设立银行和非银行金融机构。

实行开放外汇。允许外汇自由进出,外币自由买卖,这样才可能形成外汇市场。

实行黄金开放。允许黄金自由进出,黄金自由买卖,这样才可能形成黄金市场。

允许股票上市。这样便于企业融资。

② 加快金融改革创新。深化地方金融改革,增强融资服务能力。多种方式增加地方金融机构的资本金,完善法人治理机制,推动有条件的机构加快上市融资。建立健全对地方金融机构的管理机制,强化国有金融资产出资人管理职能。继续完善政府融资平台工作机制。抓紧做好图们江合作开发银行的前期筹备工作。

创新金融服务和招商引资方式。建立招商引资和融资服务一体化的

工作机制,充分发挥金融机构既是招商引资的服务主体,又是招商引资的有效媒介的重要作用,开展金融招商。

积极支持国有商业银行和地方银行进行资产证券化试点。增强银行信贷资产的流动性,扩大直接融资的比重,改善资产负债结构,提高信贷资产的质量,增强资金的投放能力。

推动地方银行发行次级债和混合资本债。推动企业财务公司发行债券,提高金融机构资本充足率和资金来源,为地方性金融机构上市和发展储备后劲。

中国充分发挥融资担保机构的重要作用。强化行业管理、政策扶持和配套服务,继续发展小额贷款公司,研究设立区域性农业贷款公司和小企业贷款公司,进一步扩大对民营经济和中小企业的信贷投放。

鼓励和支持商业保险更好为改善民生和增强社会保障服务。充分发挥保险市场在农业保险、补充医疗保险、补充养老保险和责任险等方面的积极作用,吸引保险资金更多地用于图们江区域经济社会发展。

(2) 强化多种金融市场建设。

① 努力提高资产证券化率。中国的创业板已正式启动,相对于主板和中小板,创业板门槛较低,企业上市总股本不少于3 000万元,净利润连续两年累计不少于1 000万元。中国吉林省要抓住这次机遇,统筹谋划,积极推进符合条件的企业到创业板,也包括到主板、中小板和境外上市。考虑实施100户企业上市培育工程和300户后备企业融资服务工程,努力形成"谋划一批、改制一批、培育一批、申报一批、上市一批"梯次推进的格局。

② 大力发展股权投资基金。股权投资基金包括私募股权投资基金和产权投资基金等。股权投资基金市场正在迅速成长,中国有可能成为未来全球股权投资基金的核心市场之一。股权投资基金既是直接融资的重要组成部分,又是沟通股票市场和信贷市场的重要桥梁。发展股权投资基金,不仅能够带来资金,而且能够引入优秀人才、先进理念和管理方法,以及与上市融资相对接的配套服务。随着中国保险、银行、信托等机

构投资领域的扩大,中国股权投资基金市场具有巨大潜力。现在各地都在争先恐后地发展股权投资基金。中国吉林省应该适应这种形势,突出重点,多渠道争取国家支持,设立有自己产业优势特点的股权投资基金,比如汽车产业基金、玉米产业基金、高新产业基金、生物产业基金、文化产业基金等。可以选择支持有条件的院校加快设立中外合作的国际基金管理学院,打造基金人才基地;可以研究打造一个现代化国际性的基金总部基地,形成基金投资者、管理人及相关融资服务机构的聚集地;可以考虑联合国际、中国国内有关方面定期举办"基金论坛";同时,加快制订促进股权投资基金发展的措施办法,促进吉林省的股权投资基金加快设立和运营。

③ 加入中国股权转让代办系统。股权转让代办系统将随着中国多层次资本市场的日趋完善,逐步成为权威、系统、规范的场外股权交易市场。在中国中关村试点成功的基础上,中国证监会、科技部扩大审批"非上市高新技术企业股权代办转让试点"园区。中国长春国家高新技术产业开发区是2005年国资委、证监会、科技部等6部委提出的"科技路线图计划"重点扶持的12个园区之一。在高新区里的高新技术企业十多年来得到了快速发展,一批高新股份有限公司实现了体制、机制和管理的创新,具有很好的发展前景,也符合国家扶持的条件。要积极争取把长春高新区纳入到股权转让代办系统,使园区内优质非上市股份公司的股权能够挂牌转让。这样可以进一步促进企业规范发展,早日进入交易所市场,为高新科技股份公司探索出一条通向资本市场的绿色通道。

④ 推进产权交易市场建设。产权交易市场是完整的资本市场体系不可缺少的组成部分。现在,各地都在探索构建区域统一的产权交易市场。目前中国吉林省产权交易市场建设已经取得了比较好的成绩。以吉林省产权、股权、技术产权为基础的省内统一的产权交易市场基本形成,以吉林长春产权交易中心为网络节点,与中国各省级产权交易机构实现了互联互通,各项工作有了突破性进展。在此基础上,要进一步整合利用好现有资源,以现有的产权交易为平台,引导、鼓励和支持现有的产权交易市场整合,形成联网的产权交易体系,逐步发展成为一个综合性、规模

化的区域产权交易中心,力争成为今后中国国家产权交易市场的一个区域性交易所。

⑤ 努力扩大企业债券市场。企业债券市场是发达经济体企业融资的主渠道。中国陆续降低了企业发行债券和短期融资券的门槛,并推出了中期票据业务,鼓励企业通过债券市场直接融资,但目前吉林省企业券发行余额仅占中国发行存量的0.34%;短期融资券发行余额占中国发行存量的0.28%;中期票据发行余额占中国发行存量的1.34%,发展相对滞后。中国吉林省要利用好国家的政策机遇,积极做好发行规模的争取工作。吉林省发行规模偏小,主要是企业信用等级偏低,中介机构缺失,单个企业申报发行的规模比较小,发行成本高。针对这些问题,可以采取"打捆发行"的集合方式发债,以及通过担保和信用增进等方式为券商降低发行风险。比如积极衔接由中国银行间交易商协会发起并成立的中信信用增进投资股份有限公司,为企业进行信用增级,努力扩大企业债券发行规模。

(3) 推进人民币跨境结算试点。

欲国际化必先区域化,欲区域化必先周边化。随着人民币加入SDR(特别提款权),标志着中国经济融入世界金融体系,将加快人民币国际化。图们江区域实行跨境贸易人民币结算试点的优势在于:人民币在中朝边境已经获得硬通货地位,在中俄边境民间贸易中也开始应用,出现了由周边化向区域化转变的初步特征。特别是近期周边国家合作开发图们江地区步伐加快,跨境贸易人民币结算试点对于应对全球金融危机,促进区域周边国家间经贸发展意义深远。

① 需要制定长期战略。在结算币种方面,先平衡发展卢布、日元、韩元和人民币双本币结算,再通过多层次、多领域的经济金融协作,逐步拓展人民币在中俄、中韩、中日贸易中的结算比例;从结算区域看,应先行推进图们江区域中朝、中韩、中俄跨境贸易本币结算,进而将本币结算由贸易领域扩展到非贸易领域,由条件较成熟的中朝边境地区,扩展到中俄边境地区,进而扩展至所有周边国家。

② 加强银行间国际合作。中国国内银行应通过在周边国家设立分支机构、与周边国家商业银行加强协作等方式加强银行结算渠道建设。最终目标是设立多国银行间人民币清算中心,实现中、朝、俄、韩、日清算系统互联,实时进行清算。改变中俄两国货币不能自由兑换现状,中国应制定人民币与卢布直接汇率,解决双边本币需要借助美元套算的问题,降低两次美元套算成本;由于朝鲜政局动荡,币值不稳,中朝银行间合作要采取慎重态度,当前应以加强民间层面合作为主。

③ 提高国际金融服务水平。在金融危机条件下,增加人民币在周边国家的供应量,不仅有利于培育中国出口外需,还能够提高跨境贸易人民币结算的比例。可通过对外资金融机构提供人民币贷款,向有人民币资金需求的朝鲜、俄罗斯、韩国等企业提供人民币贸易融资等方式增加人民币的境外供应规模。同时中国应增加以人民币支付的货物和服务进口,疏通人民币回流渠道;允许周边国家口岸城市商业银行开办人民币储蓄业务。中国国内银行也应开办卢布等外币储蓄业务,带动民间贸易本币的流动,提高口岸城市金融服务水平,从而不断扩大区域内国家货币使用、结算范围。

④ 完善人民币跨境流通监管体系。2009 年 7 月份,中国出台的《跨境贸易人民币结算试点管理办法》对规范试点企业和商业银行行为、防范相关业务风险作了规定。需要有关部门、商业银行在实际操作层面不断完善具体的有关人民币贸易真实性审核、人民币跨境流动监测等的配套措施,并加强对人民币清算行跨境贸易人民币结算和清算业务监管;加强人民币跨境流动实时监测,通过完善监测网络、开发数据监测系统等方式,掌控人民币境外流通规模。将境内和境外两个市场上的人民币供应量统一纳入央行货币供应量测算体系,为宏观经济决策提供依据。

⑤ 逐步放松现金出入境管制。目前中国图们江地区海关对携带人民币出入境实行 2 万元限额管理,客观上制约了人民币的跨境流动。在大量的人民币现钞已经参与中朝边贸结算的情况下,对携带人民币出入境实行过低限额管理,不仅不利于边境贸易发展,也造成了地下钱庄等银

行体系之外的人民币跨境流动。

5. 商务服务:健全机制,多方学习

商务服务业通过为企业提供专业化服务,推动企业非核心业务的剥离,使企业专注于核心业务,促进专业化分工进一步深化,同时能够最大限度地发挥出商务服务企业与其他企业间各自的资源优势,促进社会资源配置效率的提高。

(1) 健全机制促进商务服务业发展。

① 构建知识产权保护机制,促进企业服务创新。商务服务业是典型的知识密集型产业,对知识、信息的应用和创新是商务服务企业获得市场竞争优势的核心。发达国家非常重视服务创新和知识产权保护,通过多种手段为商务服务企业的服务创新提供支持,使其保持在国际市场中的领先地位。图们江区域商务服务业发展在知识产权保护体系建设方面还较为薄弱,本土商务企业的服务创新能力和专业化水平跟国际商务服务机构相比也存在较大差距。因此,应由行业协会协助各领域主管部门做好行业诚信和知识产权保护体系建设工作,为企业创新提供制度保障。建立健全行业知识产权信用保证机制,增强商务服务企业的信用风险控制能力和自律能力;加大对商务服务知识产权和智力成果的保护力度,鼓励企业自主创新成果及时申请、注册相关专利,引导企业制定和运用知识产权经营策略,以提高商务服务业整体创新水平和国际竞争力。

② 加强行业标准化体系建设,与国际市场接轨。目前,图们江区域商务服务业整体标准化程度较低,尤其是咨询与调查、知识产权、会展等重点商务服务业领域,还没有建立统一的标准体系。标准化滞后已经成为图们江商务服务企业拓展市场、参与国际竞争的重要障碍,同时也增加了本土企业的运营成本和政府审批成本。加快行业标准体系的建立及与国际标准接轨进程,对于图们江区域商务服务业的整体发展十分关键。

图们江区域各级政府应积极借鉴国外相关经验,建立和完善咨询与调查、知识产权、会展等重点商务服务领域服务标准体系,引导商务服务

业规范、科学发展。对已有的行业服务标准进行及时更新,实现与国际标准接轨。在咨询与调查、广告、知识产权等重点领域开展标准化试点工作,加快标准的推行和实施;大力发展标准检索咨询、质量认证等标准服务,发展第三方标准服务机构,培育本土检测、认证服务机构;建立商务服务业信息数据库,整合各类信息资源,加强信息资源的开发利用,为商务服务企业提供所需的数据、信息资源。

③ 为中小商务服务企业创造良好的发展环境。发挥中小企业在自主创业、吸纳就业等方面的优势,积极扶持中小企业发展;鼓励中小企业向"专、精、特、新"方向发展,形成与大企业集团分工协作、专业互补的产业集群。充分运用中小企业发展专项基金,对中小商务服务企业创业、科技成果产业化、技术改造项目贴息等进行扶持;鼓励中小企业信用再担保公司为中小商务服务企业提供再担保服务。允许和鼓励社会各类投资者特别是有创新能力、管理才能的人以资金、技术、知识产权等方式投资入股;鼓励各类风险投资机构和信用担保机构对发展前景好、吸纳就业多及运用新技术、专注新业态的中小商务服务企业进行投资支持;对涉足国际贸易,且具有良好盈利与增长记录和业务发展规划的成长型企业,帮助联络投资公司为其注入资金,帮助其开拓国际市场。

④ 重视商务服务品牌建设。建立有影响力的服务品牌是发达国家扩大商务服务发展规模、占领国际高端商务服务市场的有效途径。中国商务服务业目前还处于未成熟发展阶段,没有形成强大的品牌效应。应不断强化品牌意识,通过建设特色商务服务集聚区、培育行业龙头企业、开展重大品牌活动等方式树立服务品牌。可在企业管理机构、咨询、广告、会展等重点行业领域,培育一批本土旗舰品牌商务服务企业,促进其规模化、品牌化经营,形成一批拥有自主知识产权和知名品牌、具有较强竞争力的大型服务企业集团。鼓励有一定竞争优势的本土企业,通过兼并、联合、重组、上市等方式进行资本运作,扩大市场规模,实现品牌化经营。鼓励咨询、会展等商务服务业领域的本土企业不断进行管理创新、服务创新、产品创新,增强企业自主创新能力和专业服务水平。同时,打造

一批重大"品牌活动",设立"年度品牌奖",扩大品牌影响力。

(2) 建设新兴综合性国际商务区。

国际著名商务区通常是总部聚集地,通过各类知名机构及其活动拓展在世界范围内广泛的影响力,把有形的实体网络联接到世界各地的生产、服务及消费终端,有力地推动了所在国家的生产、金融、科技、教育、文化及各类服务业的发展。同时拥有高质量和高度专业化的服务设施,发达高效的信息和通信网络系统,在无形的世界网络体系中,进行人口、知识、资金、货物和服务的全球性交换,发挥着指挥联络平台的作用,为开放、多元、宜居的国际化环境吸引大量人才。

图们江区域依托良好区位优势,应积极建设新兴综合性国际商务区。中国根据《中国图们江区域合作开发规划纲要》精神,应借助东北亚博览会平台,依托长春南部新城商务区,建设长春—东北亚国际商务区。要围绕打造东北亚总部基地,积极促进国内外知名企业设立地区总部,引导知名大中企业集团设立研发、采购、营销中心等职能总部。

① 加强国际商务区基础服务设施建设。加强国际商务区基础服务设施建设,尤其是要强化信息通信网络系统与完善专业化服务体系。应在现有的地方网络建设基础上,加快城际网(WAN)、大都市地区网(MAN)的建设,为促进东北亚经济与全球经济的融合,以及商务贸易和服务进行全球性交换,发挥指挥联络平台的作用。长春—东北亚国际商务区要以国际知名商务区为标准,建设高质量和高度专业化的服务设施,吸引国际知名贸易服务机构以及世界一流的名店、咨询机构、中介机构等商业服务业驻扎,为国际机构、跨国公司等客户进行投资及从事各类活动提供高效平台。

② 改进贸易服务体制。改进贸易服务体制,营造优美舒适的生活环境和多元开放的文化氛围。长春—东北亚国际商务区要提高商务区国际化程度,就必须着力搞好国际化生活设施建设,营造开放、多元、宜居的国际化生活环境,吸引来自世界各地的人才,保证国际商务区的繁荣及可持续发展。国际商务区重要特征是能够在内外贸易服务方面进行有效整合,从而做到能够对国际国内贸易服务进行统筹、协调、联结及互补,实现

国际国内贸易服务一体化目的。为此，长春—东北亚国际商务区的建设必须根据国际商务区建设的要求，借鉴纽约、伦敦、巴黎、东京以及中国香港等地的经验，创新机制，建立与国际接轨的自由市场经济制度，以及现代化的市场监管和完善的法治体系等制度软环境。

③加强国际化管理队伍建设。加强国际化管理队伍建设，充分体现国际商务区的特征。在国际化商务区软硬件设施建设方面，特别是软件设施方面，是否真正符合国际贸易服务需要，国外专家往往能够给以好的建议。长春—东北亚国际商务区应建立包括国外专家在内的领导队伍，为建设符合国际标准的商务区提供组织保障。组建与国际接轨的国际商务区建设与管理团队，可以达到有效与国际组织进行沟通，为建设符合国际标准的商务区创造条件。

④营销任务外包国外专业公司。利用国外营销机构及其营销专家，策划推介长春—东北亚国际商务区。根据国际商贸中心建设的成功经验，充分利用国外营销机构及其专家进行策划、宣传和推介商务区，是一条成功建设商务区的途径。如阿联酋政府充分利用外国机构和国外专家，采取招标形式，把营销任务外包给国外专业公司，从而加快了宣传迪拜和吸引投资的步伐。由于国外专业营销公司对国外相关国家和地区十分了解，其设计的国外广告、举办的国外会展和招商会，都十分有针对性，其营销效果也必然更加显著。

⑤发展会展经济、拓展国际市场。整合会展资源，提高会展行业的集中度和层次。一是整合会展企业资源。鼓励组建大型国际展览公司，打造会展龙头企业。重点支持一批专业服务水平较高、管理理念较新、拥有品牌的自主知识产权、具有核心竞争力且经营规模与业绩在行业中排名前列的专业会展企业，扶持、引导其建立健全现代企业制度，提升其竞争力，鼓励更多的民营资本进入会展业，以资本或品牌为纽带，组建大型会展企业集团，促进会展业的产业化、规模化和规范化，提高行业的集中度和层次。二是充分整合国际商务区资源，大力发展会展经济，向外拓展，与国内外客户对接，拓展国际市场。

6. 营造环境：加强服务，多举并措

(1) 加快各项园区建设。

① 加强重大基础设施建设。对于区域内规划布局的各经济合作区，若符合境外经济贸易合作区发展资金支持标准和条件的项目，可按相关规定申请资金支持。大力提升交通、水利、能源、信息等基础设施的共建共享、互联互通能力与水平，注重生态建设和环境保护，建立长效生态补偿机制和生态环境共治机制，为推动与东北亚国家的开放合作提供强有力的支撑与保障。按照确保区域内防洪安全、供水安全和粮食生产需要，统筹该地区水资源的开发、利用、节约、保护及水害防治工作，大力推进水利基础设施建设，重点建设防洪抗旱、供水水源、农田水利三大重点工程。优化能源结构，积极推进火电、核电、抽水蓄能电站、生物发电、风电等重大电源项目建设，提高可再生能源比重。加强区域内信息基础设施建设，提高长吉图区域数字化水平。提升骨干电信传输网络、宽带接入网络建设水平，加快第三代移动通信、数字电视、下一代互联网建设。促进区域内信息资源开发利用，促进电子商务服务业发展，加强电子商务支撑体系建设，改善电子商务发展环境。

② 支持园区新兴产业项目。支持各经济合作园区发展新能源、新材料以及装备制造等产业项目。坚持投资拉动、项目带动、创新驱动。一是推进新能源产业发展。积极推动新能源建设项目与政府扶持政策的对接，密切跟踪财政扶持新能源项目建设，支持生物能源、太阳能、风能、秸秆能源等新能源产业发展，加大关键技术研发扶持力度，促进产业技术成果转化。二是促进创意产业发展。采取政府投资股权、投资补助、贷款贴息、资助、奖励、前期工作经费补助等方式，支持创意产业重大项目、龙头企业、研发平台、人才培养基地、公共服务体系等方面的建设，以及对省级优秀创意产(作)品和优秀创意人才进行奖励。三是支持公共平台建设。统筹资金重点支持软件人才引进和培养、软件公共服务平台建设，促进软件产业的加快发展。引进和培养高层次技术和管理人才等，推动信息产

品创新,提高信息产业的核心竞争力。

③ 加大财税政策支持力度。园区内属于国家鼓励发展的内外资投资项目,国家及各级政府应加大财税政策支持力度:

进口国内不能生产的自用设备,以及按照合同随设备进口的配套件、备件,在规定范围内免征关税。

对于入驻园区的配套企业,增值税、所得税地方留成部分,自项目投产之日起五年内全部通过财政返还企业。

对投资国家鼓励类产业的内、外资企业,其主营业务收入占企业总收入 70% 以上的,2010 年前按 15% 的税率征收企业所得税。

对新办高新技术企业,经国家有关部门认定后,在依照税法规定免征、减征企业所得税期满后,仍为技术、产品创新型企业的,可延长 3 年减半征收企业所得税。

④ 积极实施人才发展战略。图们江地区的国际开发要采取切实可行的措施,加快建立一支与实施图们江国际开发战略相适应的高素质的干部队伍和各级专业人才队伍,已成为当务之急。

稳定现有人才,充分发挥他们内在潜力。树立以人才为本的观念,增强责任感和紧迫感。深入调查研究,摸清本地人才队伍的基本状况,找准问题,制定人才资源开发规划和具体措施。

创造良好环境,吸引人才。制定优惠政策,吸引区外高层次人才。同时,要把智力引进和人才引进放在同等地位,予以重视。要采取灵活的方式,积极引进项目、技术和专利,聘请知名专家、学者参与图们江地区新技术的开发或进行技术咨询和指导。

实施人才教育计划。大力发展高等职业教育,培养实用型人才,为图们江地区国际开发提供坚实的人才基础。

建立图们江地区的人才高地。以项目投资和事业发展吸引人才、以聘任的方式广揽英才、以良好的环境和政策激励人才、以合同的方式保障和约束聘用双方的权益和行为。采用开放、流动、合作、竞争的方式,吸引高层次人才到图们江地区工作,真正更好地在图们江地区发挥作用。

(2) 优化软环境与建设服务型政府。

① 建立适当的政务环境评价体系。对一个地区、城市政务环境的评价,目前尚无统一公认的方法。政务环境优劣的分析、评价,绝不是一两个方面所能涵盖的,而应从整体与部分之间的相互联系与相互制约因素来进行分析和评价。政务环境是一个可塑的、发展的、动态的系统,应从整体角度建立科学的政务环境评价体系。根据完备性、系统性、简明性、可操作性、客观性、不可重叠性及发展性原则,提出如下指标体系,旨在指导政府公开提高服务水平。

表 3-2　　　　　　　　　　政务环境评价体系

一级指标	二级指标	三级指标
政府环境	政府机构	机构设置合理性; 职能部门间协调性; 是否有"一站式"服务机构; 政务公开制度执行状况; 是否建立职能部门门户网站; 行政审批效率高低。
	政府政策	政策对经济发展变化的适应度; 政府决策透明度; 政府诚信情况; 投资者被监管的程度。
	行政服务	业务周期长短; 公务员素质高低; 办事程序透明度; 公务员腐败情况。

② 加强电子政务建设。建立"三网一库"总体框架,提升网络功能。"三网"即:内网、专网、外网。内网是政务服务中心内部应用的网络,主要运行行政审批系统;专网是采用 VPN 技术在国际互联网内虚拟的专用网络,主要实现政府各职能部门与政务大厅之间的互联互通;外网是利用现有国际互联网络,为电子政务搭建的网络平台,主要为普通群众办公所用。"一库"即信息资源库。建立健全电子政务四大子系统,即行政审批

系统、电子政务网站、电子监察系统和全市各部门办公自动化系统,可以大幅削减行政审批项目、简化审批环节、规范审批程序,避免各种权力弹性。同时在电子政务社会,公众可以广泛参与公共事务的决策、管理和监督,真正做到"权力在阳光下运行",让老百姓对政府施政更加了解,通过真正有效的沟通促进社会发展更加和谐稳定。

③ 探索建立专门机构。全面推进行政审批权相对集中的改革。按照"一门受理"的要求,成立企业、客商专门服务机构,及时收集整理各国政府及地方政府出台的优惠政策,充分掌握政策,并以创新的精神,正确执行政策,确保政令畅通。属于投资企业所涉及的行政许可事项和优惠政策的兑现工作可由"专门机构"全程代理服务,"一站式"限时办结,保障各项优惠政策的贯彻落实。

④ 认真梳理现行政策。从实际出发,本着"精练、实用"的原则,对现行的投资政策进行一次梳理,对不合时宜、有碍经济发展、有悖优化经济发展环境的政策,该调整的调整、该废止的废止、该修订的修订。对国家和地方出台的各种优惠政策进行认真细致的对照检查,对存在的问题要分析原因,分类处理。为了便于企业和投资者掌握并运用优惠政策,应该着手梳理编印《支持企业发展现行政策汇编》,免费向企业和投资者发放和向社会公布。

第 4 章
图们江区域
跨境经济合作区

一、图们江区域跨境经济合作的理论基础

1. 跨境经济合作概述

(1) 跨境经济合作的内涵。

跨境经济合作(Cross-Border Economic Cooperation)是近年来新兴的一种次区域经济合作模式,指相邻国家在其边境区域的区域经济合作[①]。在尊重各国主权独立、领土完整和法定边境有效的基础上,通过区域内各国贸易的互补性,实现包括投资、贸易、生产、技术、能源、交通、物流、信息、文化、教育及旅游等多领域的跨国合作。贸易和交通的合作是跨境合作的最初表现形式,而跨境合作的最高形式表现为不同国家在经济、环境、交通、规划、文化、教育等社会生活各方面开展跨境合作。跨境合作在性质上属于次区域经济合作,作为次区域经济合作的基础,在更小的区域范围内促进次区域合作的发展。

(2) 跨境经济合作的特点。

作为次区域合作的一种形式,跨境经济合作具有跨境性、开放性、地方性、微观性、速效性等特点。

① 跨境性。从地理位置上看,跨境合作的过程,通过临近国家交界地区之间的多领域合作,将边境区经济社会行为由无序向有序转变,使边境区的社会经济行为在有序的状态下进行。这一无序向有序的转变过程也是通过跨境制度来完善的,跨境制度可以约束、规范边境区人们的相互行为。

---

① 徐驰.跨境合作理论与中国参与图们江跨境经济合作研究[D].北京:外交学院,2008.

② 开放性。在跨境合作区内，双方共同制定优惠政策，并且允许第三国人员、货物自由进出，有利于吸引其他国家参与合作，进而带动跨国边境经济合作区周围地域的经济与社会的迅速发展。

③ 地方性。跨境合作区相对其他次区域合作具有更多的地方色彩，因为跨境地区往往发生在国家的边远地区，继而地方政府成为跨境合作直接的利益相关者。而在跨境合作过程中，给边境区带来诸如知识产权纠纷、文化冲突、交通堵塞、环境污染等问题，需要熟悉边境区情况的地方组织来协调。

④ 微观性。跨境合作研究的对象主要是实践中产生的比较具体的问题，如资金、技术、交通、环境、人员等微观问题。这些问题范围小，结构简单，操作性强，需要从实际层面加以解决。

⑤ 速效性。跨境合作往往比较直接、迅速、灵活性大、主权成本低。跨境合作不需要中国范围的制度和行政的改变，因而减少了政治和经济风险，灵活性大，容易被成员国所接受，也更容易取得成效。一旦跨境经济合作成功，它的利益就会外溢到成员国边境以外的其他地区。

(3) 跨境经济合作的功能和形式。

① 微观层面和宏观层面观察。从微观层面上看，首先，跨境经济合作区的建立可以减少"边境效应"①，促进边境地区的融合。边界不仅阻碍了生产要素的流动，降低了资源的配置效率，同时也阻碍双方的经济联系，一定程度上阻碍了贸易的流动。而跨境经济合作可以很好地解决"边境效应"。从经济学的角度来看，跨境经济合作的实质是生产要素在这个特定区域范围内趋向自由化的流动，借此来带动生产资源的有效配置以及生产效率的提高，主要体现为在合作区内贸易和投资的自由化②。

---

① McCall(1999)首次提出了"边境效应"(border effect)或者"本国偏好"(home bias)的说法，用来说明边境对贸易的影响程度。

② 吕珂，胡列曲. 跨境经济合作区的功能. 学习与探索[J]. 2011(2)：148-150.

从宏观层面上看,跨境经济合作区可以为整个国家参与更高层次的经济合作积累经验,获得制定合作规则的话语权。现在的经济发展是建立在经济全球化基础上的,各个国家不仅要注重国家自身的发展,同时也需要参与到适合自己的经济组织中,借由外部资源或者整合更充足的资源来发展。因此,各国特别是发展中国家应该参与到跨境经济合作,作为参与更广泛的经济合作组织的第一步来完成,同时也是区域经济合作组织的重要补充部分。而在跨境合作的过程中,可适时提出合理有效的合作构想和方案,提高本国在经济合作中的话语权和主导地位。

② 跨境合作要体现相关的形式。首先,划定一个实行自由贸易的跨境合作区是跨境合作的基本条件。建立相对完善的法律、规章、制度,成立一个跨境合作协调机制,各级政府组织充分发挥作用,调动企业的积极性。

其次,成立一个协调各成员国行动的跨境组织是开展跨境合作的根本前提。法律框架保证合作组织与政策工具的合法性和有效性。政策是行为主体制定的,而且还需要由行为主体来运用。必须要有一个超乎成员主体之上的跨境组织来协调成员主体的种种行为,制定政策目标,运用政策工具,实现既定合作目标。

2. 跨境经济合作理论

(1) 区域一体化理论。

经济全球化趋势的迅猛发展,使国际经济格局发生了巨大的变化,各国在全力发展本国经济的同时,均深刻意识到加强国际政治经济合作的重要性,特别是地缘相近的国家与地区,近些年来经济交往日趋密切,区域间合作也显著加强。区域经济一体化的实质就是生产要素不断趋向自由流动的一个动态化的过程,在过程的每一个阶段,则表现为具体的生产要素流动的一种状态。

从经济学观点看,次区域经济合作的实质就是生产要素在"次区域"这个地缘范围内的趋向自由化的流动,从而带来生产资源的有效配置和生产效率的相应提高,主要表现为在这个地缘范围内的贸易和投资自由化。因而,在经济学范畴上,它属于区域经济一体化的范畴。图们江区域国际合作开发是东北亚地区最典型、最具发展潜力的次区域经济合作。

关税同盟理论(Theory of Customs Union)被认为是区域经济一体化理论的核心。关税同盟理论可以追溯到李斯特的保护贸易,因为它的实质就是集体保护贸易。加拿大经济学家维纳(Jacob Viner)对关税同盟进行了深入的考察,他认为关税同盟的建立,只意味在成员体之间实行自由贸易,而对成员体以外的第三国,即非成员实行保护贸易。区域内的自由贸易带来了贸易创造效果,而对外实行贸易保护则带来了贸易转移效果。

"贸易创造"是指在关税同盟内部实行自由贸易,取消内部关税后,所引致的国内成本较高的商品生产被成员国中成本较低的商品生产所代替,原来由本国生产的,现在从成员国进口,即国内较高成本的产品的消费向成员国较低成本的产品转移,从而使新的贸易得到"创造",并带来成员国经济福利的增加。

"贸易转移"是由于关税同盟对外实行统一的贸易壁垒,从而对非成员国构成贸易歧视,而导致的产品进口从成本较低的非成员国转向从成本较高的成员国进口,即由同盟成员国原先与第三国的贸易,因关税同盟建立而转向在成员国之间进行,从而产生了"贸易转移",并带来世界福利的减少与损失。

(2) 区位论。

区位论作为人类征服空间环境的一个侧面,是为寻求合理空间活动而创建的理论,如果用地图来表示的话,它不仅需要在地图上描绘出各种经济活动主体(农场、工厂、交通线、旅游点、商业中心等)与其他客体(自然环境条件和社会经济条件等)的位置,而且必须进行充分的解释与说明,探讨形成条件与技术合理性。区位选择应遵循的原则:

① 因地制宜原则。在选择区位时,不应死搬硬套区位理论,而应根据具体的经济活动和具体的地点,仔细考虑当地影响区位活动的各种因素,如气候、地形、土壤、水源等自然因素,市场、交通、劳动力的素质和数量、政策等社会经济因素,以使我们的区位活动能充分而合理的利用当地的各种资源,从而降低生产成本,获得经济效益。唯物辩证法认为,从实际出发,主观符合客观,是我们正确认识世界和改造世界的立足点,也就是要实事求是。总之,我们在进行区位选择时,我们所运用的理论必须与实际相结合,因地制宜。

② 动态平衡原则。影响区位选择的因素有很多,如果从运动变化的角度,影响区位选择的因素可以划分为静态因素和动态因素。静态因素如土壤、地形、气候、矿产资源等,主要为自然因素;动态因素如市场、交通、政策、技术等,主要为社会经济因素。在各因素中,由于动态因素在不断的发展变化,因而我们应更多地考虑其对区位选择所产生的影响。以运动的观点来看待影响区位选择的各因素,有助于我们从纷繁复杂中准确地找到影响区位科学研究的最主要因素,从而抓住主要矛盾,进行合理的区位选择。

③ 统一性原则。区位作为一个开放的、复杂的、动态的环境子系统,它要求我们在区位选择(也就是建立区位系统)时,不仅要保持系统内各部门的协调统一,同时也要保持系统(区位系统与地理系统)之间的协调与统一;在区位活动中不仅关注经济效益、同时要保持经济效益、社会效益和环境效益的统一。

二、图们江区域跨境经济合作现状及分析

1. 跨境经济合作的条件

图们江地区地处东北亚的核心,具有独特的区位优势,历史悠久,文化底蕴深厚,各民族和谐交往。区内大国聚集,G20 国家中占有 4 个,为

跨境合作提供了强大的经济基础。资源优势互补，发达国家与发展中国家相互依存，各国开展合作的意愿渐趋强烈。这些条件为推动图们江跨境合作提供了十分有利的基础。

(1) 自然基础。

图们江发源于中国长白山东南部石乙水，向东注入日本海，是中国进入日本海的唯一水路通道，也是中国从水路到俄罗斯、朝鲜、日本西海岸乃至北美地区的最近点。图们江入海口处周边分布着众多的俄罗斯与朝鲜的良港。中、朝、俄三国陆路相连，朝、俄、韩、日水路相通，中、朝、俄、韩与日本隔海相望，扩大后的图们江涵盖图们江流域和日本海周边的六国，中国、俄罗斯、蒙古、韩国、朝鲜、日本，具有得天独厚的区位环境。

首先，图们江三角洲作为国际河流入海处三国交界地，地处东北亚地区中央的部位。它既是中俄朝三国领土的交界点，又与日韩隔海相望，与蒙古铁路相通。所以，它是衔接三国，受益东北亚六国的三角地带。

其次，图们江三角洲作为东北亚地区地理位置、人口、经济三个重心的交汇点。作为"内联东北、外通亚太"的枢纽点，是东北亚各国各地区进行经济互补，实现垂直分工与水平分工的重要结合点也是作为国际客货海陆联运的最佳结合点。作为建立跨国自由贸易区的最理想的地方，必将推动小三角地区一体化、大三角地区集团化、东北亚全区区域化。所以，它是未来东北亚区域重要的经济增长极，也是未来创建东北亚国际性大都市的动力源。

最后，图们江三角洲作为中日俄美四大国政治格局影响的辐射中心，是东北亚地区政治经济形势的晴雨表。所以，它是促进东北亚各国进行政治交往，不断改善双边关系，实现东北亚地区和平与稳定的重要结合部。

(2) 交通设施基础。

目前，图们江区域对外通道建设取得了如下几个方面的进展：

① 口岸建设。就中俄通道而言，有四个口岸，包括中国珲春公路口

岸、珲春铁路口岸、俄罗斯滨海边疆区的克拉斯基诺公路口岸和卡梅绍娃亚铁路口岸。中俄珲春公路口岸在1993年被中国政府批准为中国一类口岸,对面是俄罗斯滨海边疆区克拉斯基诺口岸。中俄珲春铁路口岸在1998年中国政府批准为中国一类口岸,对面是俄罗斯滨海边疆区卡梅绍娃亚口岸。

对于中朝而言,目前已有以圈河口岸、沙坨子口岸及图们口岸为代表的7个对朝口岸以及1个航空口岸。仅圈河口岸的设计过货能力就为60万吨/年,过客能力为60万人次/年①。

② 公路和铁路建设。经过多年的建设,如今图们江区域中,中国与俄罗斯之间已经实现了公路和铁路交通系统地连接。主要的公路通道及铁路通道有中国标准二级公路,即珲春—长岭子—克拉斯基诺—斯拉夫扬卡公路通道;图们—珲春—长岭子—卡梅绍娃亚—西伯利亚大铁路连接的铁路通道;吉林省对俄经贸的铁路大通道——珲春至马哈林诺铁路通道。俄罗斯方面,建成了克拉斯基诺至中俄边境线的公路和铁路,并在修建海参崴—克拉斯基诺—中俄边境高等级公路。

中朝方面,主要的公路和铁路通道包括珲春圈—罗先公路通道、珲春沙坨子口岸—罗津公路通道、图们—南阳—豆满江—罗津铁路通道、图们—南阳—豆满江—哈桑铁路通道、图们—会宁—清津铁路通道。另外,朝鲜方面,建成了罗津至元汀里硬面公路,改扩建了罗津机场和一些铁路与港口。

蒙古是一个没有直接陆海通道的内陆国家,所以蒙古中央铁路成为连接中国、俄罗斯及蒙古三国的唯一通道。该铁路以乌兰巴托为中心,向西与俄罗斯西伯利亚大铁路相连,向东经扎门乌德、二连浩特至天津港②。

---

① 于潇.长吉图开发开放先导区与国际大通道建设研究[J].东北亚论坛,2010(2):11-17.
② 宝胜.将锦州港作为蒙古国直接出海口的可行性研究[J].东北亚论坛,2009(1):66-70.

③ 国际航线建设。在图们江交通基础设施、口岸设施不断改善的同时,图们江区域开通了多条国建航线,包括珲春—扎鲁比诺—伊予三岛—釜山货运航线、珲春—扎鲁比诺—束草陆海客货联运航线、珲春—波谢特—秋田不定期集装箱航线、珲春—波谢特—束草客货运输航线、珲春—罗津—釜山—新泻定期集装箱航线、珲春—扎鲁比诺—束草—新泻集装箱航线等。

其中,珲春—罗津—釜山—新泻定期集装箱航线于 2009 年 3 月正式通航。该航线全程陆上距离 92 公里,海上距离 800 海里,以吉林省珲春口岸为起点,经过俄罗斯马哈林诺火车站到扎鲁比诺港、韩国束草港,最后到达日本新泻港。这条航线大大减小了海上航行成本,将以前的二十几天路程缩小到了短短二十几个小时。因此,该航线是中国从水路到达俄罗斯、日本西海岸的最近路线,甚至是到达北美、北欧的最近路线。可见,这些国际航线实现了中、俄、朝、日、韩五国水路相通,使图们江的区位优势得以显示。

(3) 社会文化基础。

作为历史上的汉字文化圈,图们江区域拥有着特色的语言文字,源远流长的文化典籍,精彩万分的文学艺术,神秘却又充满智慧的哲学宗教等。而这些特色,为这一区域奠定了厚实的社会文化基础。

从文字方面看,汉字曾是东北亚各主要国家由历史时代继承下来的书写工具,并成为各自语言中不可分离的组成部分。在现代日本语中仍保留着法定"当用汉字"1 800 个,韩国和朝鲜在历史上都是使用汉字的国家[①]。

从民俗及生活习惯方面看,由于图们江区域六个国家历史上彼此的文化来往,所以民俗及生活习惯很大程度上互相影响。例如,端午节、中秋节、春节等中国传统节日,也同时是朝鲜、日本、韩国等国的民俗节日。

从民族种类来看,图们江区域是一个多民族的地区,主要包括中国的

---

① 焦润明.略论东北亚的跨文化认同及其意义[J].东北亚论坛,2005,14(2):85.

主体民族汉族、朝鲜和韩国的主体民族朝鲜族、俄罗斯的主体民族俄罗斯族和蒙古的主体民族蒙古族等。纵观历史,该区域的各民族之间在文化上、经济上、血缘上、地域上、政治上都存在着十分密切的联系,他们互相影响,相互融合。在中国的东北地区,分布着朝鲜族和蒙古族。延边朝鲜族自治州是中国朝鲜族最大的聚居区,他们大多数是19世纪后迁入中国的朝鲜族人的后裔。这些跨境民族与国外的同一民族拥有相同的形成和发展史。相同的语言文化、民族习俗让彼此更容易沟通,在进行经济合作时往往具有更多优势,更有利于跨境经济合作的开展。

(4) 经济基础。

图们江区域包括六国:中国、俄罗斯、朝鲜、蒙古、韩国和日本,其中,除了日本和韩国是发达国家外,其他四国均为发展中国家,但中国和俄罗斯地大物博,经济发展迅速。所以说,图们江地区是大国比较集中的地区,也是全球经济中举足轻重、发展最快的区域之一。

在图们江区域的经济发展过程中,日本、韩国和中国都先后创造了让世界震惊的世界之最。首先,20世纪60年代,日本创造了令人咋舌的经济"高速增长"的奇迹,一举跃为世界公认的第二资本主义经济强国,人均国民生产总值超过四万美元,稳居世界前列,是全球最富裕、经济最发达和生活水平最高的国家之一。其次,韩国继日本之后,在短短的几十年里,由世界上最贫穷落后的国家之一,一跃成为中等发达国家,创造了"汉江奇迹",成为"亚洲四小龙"之首。再次,进入20世纪80年代以后,中国又创造了连续16年国民生产总值年均增长9.8%的纪录,成为同期世界上经济增长最快的国家之一,至2010年已成为世界第二大经济体。与此同时,俄罗斯、朝鲜、蒙古国也相继加快改革开放、经济增长步伐,图们江区域的经济得以迅速发展,为图们江跨境合作提供了经济基础。

另外,从产业分布来看,日本和韩国是资源小国,日本主要以高技术密集型产业为主,韩国主要以资本密集型产业为主,而其余四个发展中国家拥有丰富的人力资源、土地资源、矿产资源和农牧产品,主要以劳动密集型和资源密集型为主,这就为各国之间的产业合作及产业转移打下了良好的基础。韩国可以承接日本的资本和技术密集型产业,中、俄、蒙、朝可以承接日韩的劳动密集型产业,这样多方获利,并优化了各国的产业结构及贸易结构。可见,图们江区域经济潜力巨大,发展机会较多。

2. 跨境经济合作存在的问题

(1) 政治互信不足。

政治互信是国家间开展合作的重要基础。在地理位置上,图们江区域六国相邻,彼此有着悠久的交往历史。但是,各国之间并不是一直相处融洽,和平往来,曾经也兵戎相见,而战争给各国人民带来的身心伤害并不是短时间能够消除的,甚至这种影响会代代相传。而且,中国、朝鲜和韩国曾沦为日本的殖民地,其中朝鲜是被完全吞并。而且,在历史认识问题上,日本政府始终不能真正反省侵略历史,拒绝向受害国民众认罪道歉,这也直接影响到了日本与图们江区域其他国家之间的关系,在各国家政治互信上增加了难题。

除了历史问题外,领土问题也是另一影响各国建立政治互信的重要因素,并且一直存在。日本与俄罗斯关于"北方四岛"的争端积怨了 400 年。2012 年 7 月 3 日,俄罗斯总理梅德韦杰夫登上了"北方四岛"视察,并表示"俄罗斯是世界上领土最大的国家,但却没有一寸领土是多余的"。日本方面强烈提出抗议,两国关系随之趋冷,这毫不避免地影响到了两国之间的政治互信。

不管是历史问题还是领土问题,它们引发的国民戒备心理上升、民族情绪膨胀、国民互信程度下降,最终都将制约各国关系的进一步提升,进而对经济合作造成阻碍。

(2) 缺乏稳定的安全环境。

东北亚地区多边安全机制尚未建立,朝鲜因素是影响图们江区域安全的最不稳定因素。朝核问题的不确定性,也直接折射出了朝鲜与美国之间尖锐对峙的关系,而这点,就足以构成威胁图们江区域的危险因素。朝核问题一朝不解决或者解决不妥当,这一地区的安全隐患就不会消除,更谈不上真正的合作和一体化。

除朝核危机本身之外,军备危机、金融风暴、能源短缺、生态环境的恶化、跨国犯罪、非法移民、恐怖主义等问题,都给图们江区域造成了安全隐患,给该区域各国维护安全提出了亟待解决的现实挑战。

(3) 经济发展水平层次不同。

图们江区域各国的经济发展水平及产业分布情况层次不一,大体可以分成三个层次。日本理所当然位于最高层次。韩国是中等发达国家,经过20世纪60至90年代前半期30多年的经济高速发展,成为当今世界第十一、亚洲第四大经济体,所以处于中间层次。俄罗斯是一个受国际承认的世界性大国,第二军事强国,拥有丰富的能源资源,是全球最大的天然气和原油输出国家,其经济技术水平和能力都处于世界上的强国之列,但在收入上属于下中等收入国家的中间层次。中、朝、蒙三国经济发展水平低,虽然中国经济发展迅速,已成为世界第二经济大国,但尚未摆脱产业结构以劳动密集型产业为主的状况。缺乏核心技术及创新能力是处于低层国家的主要特点之一,也是它们在寻求产业升级中所碰到的主要瓶颈。

图们江区域六国经济发展水平的差异和区域整体发展水平的限制,使得在图们江跨境经济合作的过程中,一时无法形成类似诸如欧盟、北美自由贸易区等的统一贸易关税壁垒和自由贸易区域。

(4) 开发资金匮乏。

开发资金短缺,延缓了图们江区域经济合作的进程。发展需要大量资金,据有关人士20世纪90年代估算,整个图们江地区初步估算,30多年大约需要投资1 716亿美元,仅基础设施建设考虑到回收后再投资估计需要370亿美元①。

从目前的状况分析,中、俄、朝图们江区域的地方政府财政紧张,无力向该区域投资开发,由于图们江区域囊括的是各国的边缘地区,世界银行、亚洲开发银行、国际商业银行等外国资本也极少进入,所以图们江区

---

① 李钟林.大图们江地区开发[M].198.

域的基础设施建设严重滞后,极大影响了国际合作开发的进程。

三、拓展图们江区域跨境经济合作构想

1. 跨境经济合作的构想

中国其他地区与周边国家地区已经建立了跨境经济合作区,以中国东兴—越南芒街跨境经济合作区为案例,分析其构建历程,为图们江区域跨境经济合作的构建提供经验借鉴。

广西壮族自治区东兴市位于中国大陆海岸线的最西南端,西面与越南接壤,是中国与东盟唯一海陆相连的口岸城市。而芒街位于越南东北部,其所在的越南广宁省经济发达,是越南新兴的经济特区。就基础条件而言,东兴与芒街区位优势突出,是中越边境上距离近、发展快的边境口岸城市。

1992 年,中国政府批准东兴市为边境经济合作区;1994 年,越南政府批准芒街为"口岸经济区"。2006 年开始,东兴和芒街轮流两地举办中越边境(东兴—芒街)商贸旅游博览会,促进了两市友好合作和交流。2007 年,两地政府共同签署了《中国东兴—越南芒街跨境经济合作区的框架协议》,加快了两国跨境合作区建设的步伐。在 2010 年 9 月,两国举办了中越东兴—芒街跨境经济合作区研讨会,广西壮族自治区和广宁省共同签署了《共同推进建立中国广西东兴—越南广宁省芒街跨境经济合作区协议》,合作区的建设进入了具体运作议程。

双方合作的重点主要集中在基础设施的建设、贸易投资合作、产业合作、社会文化合作、司法互助合作以及其他双方共同关心的领域。这不仅为中越边境良好合作交流打下了坚实的基础,更实现了中国在中国—东盟自由贸易区合作模式上的重大突破。

综合分析图们江区域,应加快建设四个跨境合作区:中俄珲春—哈桑跨境经济合作区、中朝珲春—罗先跨境经济合作区、中蒙二连浩特—扎

门乌德经济合作区和中俄朝珲春—哈桑—罗先跨国经济合作区。

(1) 中俄珲春—哈桑跨境经济合作区。

① 合作区建立的条件。地缘优势。珲春和哈桑两个经济区处于中、俄、朝三国的交界处,珲春口岸与克拉斯基诺口岸将两区紧密相连,可见,这两个经济区得天独厚的地缘优势。同时,两个经济区在技术、资源、劳动力、轻重工业和农产品方面存在明显的区域经济互补性,目前,中国吉林省在俄共建立了三十多家境外企业,主要分布在木材加工、建材、食品、医药、纺织等行业;珲春市还建有俄罗斯工业园。另外,珲春与哈桑都拥有丰富的旅游资源,越来越多的俄罗斯人把珲春作为首选旅游目的地。哈桑区以安德列夫卡度假区为代表的滨海风光也同样是中国游客向往的旅游景点。这些都为建立珲春—哈桑跨境合作区提供了良好的基础。

政府的大力推动。首先,中俄之间政治关系不断升温,现已建立面向21世纪的战略协作伙伴关系。2012年6月初,俄罗斯联邦总统普京对中国进行国事访问。双方发表了关于进一步深化平等信任的中俄全面战略协作伙伴关系的联合声明。中俄经贸合作已站在新的历史起点上,两国政府对区域经济合作日益重视。其次,珲春市与哈桑市也一直致力于建立友好合作关系。2010年4月,珲春市政府市长姜虎权与哈桑区行政长官那日金签订了《珲春市与哈桑区建立友好合作关系协议书》,共同制定了在文化、体育、旅游、经贸和建设领域的交流与合作计划,标志着两市区的友好关系揭开了新的篇章。因此在如此的政治经济合作背景下,充分认识中俄之间双边合作的巨大潜力,以中俄双边合作为龙头,把今后工作重点放在加强中俄之间,尤其是珲春市与哈桑市的双边区域合作上,能带动图们江地区的经济发展。

② 合作区重点开发产业。产业开发上应以现代物流业为主,带动出口加工业、金融业、商贸服务业和旅游业的全面发展。

现代物流业:重点发展港口与口岸运输、物流代理、铁路公路运输与中介业及中俄以外的第三方的现代物流产业等。

出口加工业:重点发展木材加工业、建筑材料、纺织服装出口加工业、水产捕捞养殖与加工业、绿色农业与食品加工业等。

金融业：在该地区建立金融结算中心，发展外汇兑换业务、证券投资、出口信贷、互设银行分支机构等，为跨国边境经济合作区的经济发展提供有力的金融支持。

通讯与信息产业：鉴于本地区为边陲后进地区，应大力发展邮电通讯、电子信息、电子商务、计算机软件和因特网等业务。

商贸服务业：除发展地方贸易、边境贸易、互市贸易及在双方互设贸易中心外，应大力发展对外出口贸易、劳务输出和工程承包、零售与配送等业务。

国际旅游业：依托珲春—哈桑地区独特的自然风光、各异的人文景观和便利的交通条件，开展跨国和多国旅游及生态旅游业务，逐渐形成内容丰富、便捷畅通的区内区外旅游网络。

总之，中俄珲春—哈桑跨境经济合作区的产业开发应以现代物流业为重点，以出口加工业为基础，以金融保险业为保证，以通讯与信息产业为工具，以商贸服务业为主要内容，以国际旅游业为先导，形成各产业互相协调发展的综合的产业开发模式。

③ 合作区构建的时间规划。中俄珲春—哈桑经济合作区的建立具有复杂性的特点，是一项巨大的系统工程，需要循序渐进，逐渐完善，其全部建成大致需要 10 年左右的时间。构建的具体规划如下：

第一阶段（2012—2015 年），集中发展防川、哈桑（镇），建立小范围的跨国经济合作区。

第二阶段（2016—2018 年），发展到中国的珲春、俄罗斯的克拉斯基诺和波谢特，建立相当规模的跨国经济合作区。

第三阶段（2019—2022 年），发展到中国的珲春全境、俄罗斯的哈桑全境，建立较大规模的跨国经济合作区。

(2) 中朝珲春—罗先跨境经济合作区。

① 合作区建立的条件。朝鲜罗津、先锋处于图们江三角洲，与中国的珲春接壤，1991 年朝鲜以政务院决定的形式，宣布与图们江接壤的罗

津、先锋为自由经济贸易区,并立即赋予它明确的法律地位,随之出台了一系列法律、法规。1996年1月,罗津、先锋自由经济贸易区升格为直辖市。罗先自由经济贸易区是朝鲜唯一的由政府直接管辖的对外开放的自由经济贸易区,也是朝鲜唯一的第三国人无需签证便可前往的地区。同时,该地区具有良好的港口条件,修建了比较发达的铁路、公路交通,并相继出台了很多优惠政策,凭借其开放程度和优越的地理位置,它具备与中国珲春建立跨国经济合作区的条件。

首先,珲春—罗津、先锋都是自由经济区,应按照跨国经济合作区的总体规划目标,分别对本地区的基础设施、产业结构、社会经济等方面进行自主建设,加大对各自地区的投入。

其次,通过人、财、物、技术等生产要素在这一地区的自由流动,从而在这一地区形成一个相对独立的完整的统一市场,并成立两国联合的经营组织机构,在发展商品的基础上形成协调的分工协作体系,使这一区域内的各国经济逐步融为一体。

最后,随着各国经济联系的日益密切,有许多涉及该地区共同利益的地方需要两国共同协调解决,如关税问题、基础设施建设问题、各国经济利益关系的调整和协调、区域总体发展规划及各项政策法规的制定等,客观要求两国成立一个共同管理机构来处理这些问题,加强对这一地区的综合管理,使这一地区逐步由经济一体化走向管理一体化,最终实现建立图们江跨国经济合作区的目标。

② 合作区重点开发产业。基础设施与现代物流业:加快先锋、罗津两个港口的完善、改造步伐,提高其吞吐能力;对朝鲜罗津、先锋至元汀里的公路进行系统改造,提高运输能力运输效率,大力发展港口和口岸运输、公路运输、物流代理及其他物流中介业务。

国际旅游业:恢复保护已遭破坏的自然资源和景观,建设基本的服务接待中心区,大力改善风景名胜区的内外交通联系;在初步形成完整的旅游开发格局的基础上,建设开发新的浏览景区,建立较为完善的交通体系和服务接待体系,形成完整的风景区旅游格局。

通讯与信息产业：加大对通信信息基础设施建设的投入，通过完善通信网络及鼓励过境通讯的关税协定等合作方式，使跨境边境经济合作区的通讯与信息产业尽快与国际接轨。

环保产业及人力资源开发：搞好整体生态环境规划，特别是在自然资源的开发利用上充分体现可持续发展的原则，与此同时，加快各类人才的培养。

出口加工业：制定以出口为目标的区域产业开发计划，着力培育和发展纺织、服装工业、林产品加工工业、能源工业、食品加工工业、新型建材工业、医药工业、新型电子工业等主要行业，并相应地规划建设逐步形成以上述生产项目为主的、独具特色的工业园区。

除了以上主要的产业重点，还应加强商务服务业及金融业的建设，所以，中朝珲春—罗先跨境经济合作区的产业开发应该以交通网络和物流业为基础，以出口加工业为重点，促进金融业、商贸服务业、旅游业的全面发展。

③ 合作区构建的发展规划。中朝珲春—罗先跨境经济合作区的构建及发展同样也分为三个阶段：近期(2012—2015年)、中期(2016—2018年)及远期(2019—2022年)。站在产业开发的角度，该合作区的开发目标可分为近、中、远期。

近期产业开发目标集中在基础设施与现代物流业、国际旅游业和通讯与信息业。

基础设施与现代物流业：为本区合作开发和经济发展提供良好的交通运输条件，并充分发挥本区的区位优势和贸易货物中转功能，推动现代物流业的发展，增强其辐射力和竞争力。

国际旅游业：开发本区域的江海毗邻地区的旅游资源，发展日本海海岸、图们江沿江带及国际边境地区的旅游业，进而加快该地区对外开放和发展外向型经济的步伐。

通讯与信息产业：提高信息传输能力和信息化水平，加快宽带因特网建设，发展电子商务和政务，为该区提供良好的通讯及信息产业服务体系。

中期产业开发目标集中在环保产业和出口加工业。

环保产业：使该区域的生态系统呈现高水平的良性循环,资源得到良好地开发利用与保护,进而实现社会、经济与生产效益。

出口加工业：在加快木材加工业、建筑材料业、纺织与服装业、水产捕捞养殖与加工业、绿色农业与食品加工业等出口产业的发展与合作开发的基础上,为本区经济发展培育出具有国际竞争能力的现代产业。

远期产业开发目标集中在商贸服务业和金融业。

商贸服务业：加强区内贸易及一般贸易活动,促进区内与区外的经济联系及关联产业的发展。

金融业：发展和健全现代金融体系,为本区对外经济活动提供有力的金融支持和保障。

(3) 中蒙二连浩特—扎门乌德经济合作区。

① 合作区建立的条件。地缘优势。二连浩特位于中国北部边陲,距中蒙边界线4.5公里,是中国唯一通往蒙古国的铁路通道。近年,通过加快口岸建设,二连浩特口岸发展为国家一类口岸。蒙古国与中国东北、华北、西北地区接壤,两国边界线长4 673公里,这种得天独厚的地缘优势为两国之间的交往与双边区域合作创造了条件。与二连浩特口岸对岸的蒙古国扎门乌德口岸通过近几年的大力投入和建设,其基础设施和通关能力大为提高。

政府的大力推动。中国先后制定了沿边开放政策与西部开发战略,以推动沿边与中国西部地区经济的发展,中国沿边与西部地区的繁荣与稳定必将为蒙古国的繁荣和发展创造一个良好的外部条件。同时,蒙古国的投资和贸易环境不断改善。蒙古国议会和政府相继制定了《外商投资法》、《矿产法》、《经济特区法》等一系列吸引外资的法规及与之配套的政策,创建良好的投资环境,促进了外商直接投资。

商品结构的互补性。蒙古国扎门乌德所在地区人口少;市场小,工业基础落后,工业制成品成本高,因此蒙古国从内蒙古进口制成品的成本比在蒙古国国内生产成本低。另外,建筑材料、纺织类产品、新鲜水果、蔬菜及面粉都是内蒙古传统出口优势产品,机电产品的出口潜力也很大;而蒙古国扎门乌德所在地资源丰富,可以弥补中国国内原材料不足的部分。

② 合作区的发展重点。大力发展口岸加工业,做大做强口岸贸易。利用二连浩特区位优势、政策优势,有效整合进出口资源,建立大型出口产品集散基地和进口资源加工基地,建设口岸进出口加工区,发展口岸加工业。以企业为主体,以项目为依托,加快美克木业、远恒木业、蒙兴木业和友谊木业等一批木材加工企业的建设步伐,全力推进泰盛铁矿粉、鞍海铁矿石选矿、宝塔集团储油库及油品转运等项目早投产、早见效。紧紧把握国家赋予二连口岸"进口原木加工锯材出口"的优惠政策,大力发展以木材精、深加工为主的进口木材加工产业链,使其落地加工增值,增加劳动就业,拓宽口岸经济增长渠道,努力推进加工贸易体系的形成。

推动扎门乌德发展,拉动二连浩特经济。扎门乌德号称"蒙古国的深圳",是蒙古国与中国接壤的最重要的口岸城市。2003 年 6 月 20 日,蒙古国大呼拉尔通过《扎门乌德自由经济区法》,以立法的方式规划建设扎门乌德自由经济区。扎门乌德自由经济区位于扎门乌德西南 1 公里处,占地 900 公顷,由工商贸易区、旅游娱乐区和国际机场三个部分组成,是蒙古国继蒙俄边境阿拉塔布拉格之后的第二个自由经济区,该区域是蒙古国境内面积最大,功能最多的自由经济区。而在中蒙二连浩特——扎门乌德经济合作区的发展中,通过推动扎门乌德的发展可以同时拉动二连浩特的经济发展。

发展现代化物流业,推进欧亚大陆桥物流合作。充分利用口岸地缘优势,特别是途经欧亚六国的"如意号"货运专列的优势,把口岸物流业的服务目标锁定在发展国际物流上。重点在合作区内引进大的物流仓储企业,建立仓储式分拨中心和保税区,将商品采购、运输、储存、整理、配送、销售等环节形成物流链。积极探索建立合资物流企业,加强中蒙、俄及东欧国家物流业的联系,进行物流项目的实地考察,推动国际物流业的发展,促进业态调整。

第4章 图们江区域跨境经济合作区

构建口岸会展平台,大力发展口岸会展业。大力发展口岸会展业,定期举办经贸洽谈、名优产品展销、国际论坛等经贸研讨活动,逐步形成在中蒙边境区域有影响力、知名度高的会展品牌,不断提高中蒙俄在投资领域的开放度、透明度,构建有竞争力的投资促进机制和投资促进网络,全力打造企业跨国合作的交流平台。

(4) 中俄朝珲春—哈桑—罗先跨国经济合作区。

① 合作区建立的条件。第一,中俄朝三国交界地区开发潜力极大。从地理位置上看,该地区处于东北亚的几何中心,西部腹地延伸至中国东北工业区内,南接朝鲜半岛,北临俄罗斯的远东地区,并且和日本的"里日本"地区隔海相望。

第二,交通便捷。图们江河口三角洲和附近地区有诸多的天然良港,如俄罗斯海参崴港、波谢特港、扎鲁比诺港及朝鲜的清津港、罗津港,具有巨大的海运潜力;在陆路交通方面,图们江下游地区有横贯朝鲜和俄罗斯全境的铁路、公路经过,其中经由中国图们的路线,内连中国东北各大城市,构成广阔的腹地。图们江下游地区位于另一条欧亚大陆桥的起点,这里有可能成为未来欧亚联系的海陆重要通道。

第三,优惠政策。罗津、先锋自由经济贸易区建立以后,朝鲜政府赋予它明确的法律地位,并随之出台了《自由经济贸易区法》《外国投资法》等一系列法律法规。

② 合作区构建的实施步骤。珲春—哈桑—罗先跨国边境经济合作区的组建,首先应制定该区的总体规划,三国分别对本地区的基础设施、产业结构、社会经济等自主建设,加大对各自地区的投入力度。通过人员、资金、技术等生产要素在本区内的自由流动,使其形成一个相对独立的、完整的、统一的市场,并成立三国联合经营的组织机构,在发展商品的基础上形成协调的分工协作体系,使本区域的经济逐步融为一体。三国共同协调解决中、俄、朝经济联系中的本区共同利益问题,如关税问题、基础设施建设问题、各国经济利益关系的协调、区域总体发展规划及各项政策法规的制定等。客观上要求三国成立一个共同的

管理机构,加强对本区的综合管理。

2. 跨境经济合作的对策

(1) 完善协调一致的法律法规。

法律制度和机制的欠缺,是图们江区域合作发展不理想的重要原因。截至目前,图们江区域合作的法律文件仅有 1995 年在 UNDP 总部纽约签署的《关于建立图们江地区开发协调委员会的协定》《关于建立图们江经济开发区及东北亚开发协商委员会的协定》和《图们江经济开发区及东北亚环境准则谅解备忘录》,以及 2005 年签署的《大图们江区域合作成员国长春协定》《2006—2015 年大图们江区域合作战略行动计划》。这些法律文件较为宏观,还没有建立起真正意义上的区域合作法律制度①,导致合作缺少法律基础。

而跨境合作面临的问题是多方面的,毕竟图们江区域六国有着不同的法律条文、不同的政治经济结构、不同的货币体系、不同的交通规划、不同的教育体制等,如果各方要达成一致,就必须有可参照的法律法规和合作协定,这样才能为跨境合作提供有利的法律保障。另外,在政策、规划、进程、方法和管理上进行某些方式的协调和指导,可使图们江跨境经济合作区成为东北亚地区经济、贸易、金融、交通、信息和技术交流与合作的中心。所以在建设大跨境合作区时,需完善法律法规。

(2) 提高协调机制层次。

图们江的跨境合作具有长期化、制度化的特点,所以在完善法律法规的基础上,还需继续发挥联合国开发计划署(UNDP)图们江秘书处的组织协调职能作用,研究制订图们江区域跨境合作的中长期规划,继续完善与创新图们江行动计划的机制,推进图们江区域跨境合作开发的进程。

图们江跨境经济合作的组织机制体系还有待于完善,因此,需结合图们江跨境合作的实际,敦促参与合作各方的政府及首脑,共同建立权威

---

① 陈金涛. 大图们江区域合作的法律研究[J]. 经济研究导刊,2009(20):184 - 189.

的、有力度的、严密的组织机制和机构,例如建立图们江跨境经济合作高官会议—部长级会议—总理级领导人会议等组织机制体系,提升组织级别。同时,参与图们江区域跨境合作的各国应切实履行已做出的承诺,突出发展重点,优先实施港口联合开发等具体合作项目,使各方早日受益。

(3) 发挥国家主导作用。

从国家层面来看,图们江六国要加强彼此间的政治经济合作,积极建立与各国的合作平台。例如,中国、朝鲜、俄罗斯谈判,共同签订有关出海通航、区域投资贸易、港口便利化以及利用俄朝有关港口的协定,为建立以实施图们江区域项目为核心的东北亚区域经济合作组织奠定基础。另外,图们江各国应加快合作项目实施,继续办好东北亚投资贸易博览会和东北亚经济合作论坛,以更加积极的姿态,主导图们江区域跨境合作项目开发。

中国参与图们江跨境合作的省份是吉林省,而主体部分则是延边朝鲜族自治州,延边州经济基础比较薄弱,发展相对落后。大图们江流域开发计划从1992年开始,已经超过20年,在此期间亚洲金融危机,如果没有政府给予的政策及财力支持,该计划则会面临停滞。

另一方面,中国图们江开发项目协调小组发挥了重要作用。中国政府由国家发展改革委员会为组长,外交部、科技部、财政部、商务部、吉林省人民政府为副组长单位,成员单位20余个部门,定期召开会议,协调解决开发中遇到的重大问题。

(4) 调动地方政府的推动作用。

相关地方政府应站在长远战略的角度,从全局上重视图们江开发,认清图们江国际地区合作开发重要意义和作用。总结开放开发经验教训,正确分析面临的发展机遇,制定好有效的方针政策,认真抓好重大项目的启动和实施。

第一,地方政府充分发挥在招商引资中的组织推动作用,放宽政策、建立外资"绿色通道"、转变职能、完善服务,为招商引资搭建平台创造条件,不断完善投资软环境。

第二，地方政府加快对外通道建设，进一步推进图们江区域经济合作。在图们江地区的跨境经济合作区的开发中，区域内地方政府要深化合作，共同推进铁路建设。

第三，地方政府间重点加强产业合作。例如，吉林与黑龙江省的牡丹江地区合作共同开拓俄罗斯的旅游市场，包括旅游宣传促销、旅游产品的联合开发、旅游线路的联合组建，实现资源共享，客源互流。另外，中国可以在资源方面与俄罗斯、蒙古实现联合，特别是石油资源、森林资源与矿产资源的开发利用。

(5) 引导企业积极参与跨境合作。

企业是一个国家经济发展的重要力量，对产业机构的调整和第三产业的发展具有重大作用。将企业融入图们江区域跨境合作中，不仅是促进企业发展和国家经济发展的需要，也是企业自身落实"走出去"发展战略的重要步骤；不仅可以解决企业融资难等问题，也可以满足企业实现国际化和跨国经营的迫切需要。

中国企业以传统制造业为代表，正处于调整结构、提高层次的转型时期。跨境经济合作正好可以为他们提供新的合作伙伴，开辟新的市场，帮助他们寻找更加合理的资源配置。所以，在图们江区域进行跨境经济合作时，应充分发挥企业的作用，把企业推向招商引资、参与跨境经济合作的第一线。

第5章
图们江区域产业技术创新

一、图们江区域产业技术创新概述

1. 影响产业技术创新的因素

产业创新的目的是提高产业的国际竞争力,这就决定了产业创新影响因素与产业竞争力影响因素的重叠性,这些因素也视为产业创新的影响因素。产业创新的影响因素分为以下几个方面:

① 要素条件。产业创新的要素条件可以分为人力资源、知识资源、天然资源、信息资源等及其可获得性。

② 需求条件。产业创新的需求条件主要指市场产品或服务的需求结构和需求规模以及这两者的变化趋势①。

③ 产业内企业及企业之间的联系。具体因素指企业战略、企业实力、企业组织结构、研究开发能力、创新积极性、创新方向、创新深度、企业之间的关系。

④ 政府作用。具体因素指政府产业政策,对产业创新与发展的干预及其方式与程度,产业共性、关键及前瞻性技术研究。

⑤ 相关产业。具体因素指上下产业技术、规模及发展趋势。

⑥ 国际环境。具体因素指国际同类产业技术、组织、管理的发展状况,市场的国际化,国际竞争与合作。

2. 技术创新模式

(1) 自主创新。

自主创新模式是指创新主体以自身的研究开发为基础,实现科技成

---

① 董晓燕.基于系统动力学的汽车产业创新系统研究[D].合肥:合肥工业大学,2007.

果的商品化、产业化和国际化,获取商业利益的创新活动。自主创新具有率先性,先来先得,只有第一,没有第二,其他的都是跟随者。

自主创新有一系列优点:第一,创新主体在一定的时间在该领域左右了行业的发展。新技术研发并被市场接受后,创新主体必定成为行业的领头羊,掌握和控制某项产品或工艺的核心技术;第二,自主创新的主体是新市场的开拓者,在产品投放初期时完全独占垄断地位,可获得大量的超额利润;第三,自主创新可以推动新兴产业的发展及提高整个产业的竞争力,引致一系列的技术创新。

当然,自主创新也存在着不小的风险。第一,自主创新意味着较高的成本支出。要研发出一套全新的技术,则必须有高额的研发投入和强大的技术研发团队支持。第二,自主创新具有高风险性。高投入并不意味着高回报,大量时间和金钱投入后研发出来的新技术很有可能不被市场接受。所以自主创新主体一般都要承受较高的风险。第三,知识产权问题。由于法律的不健全,有些创新技术的知识产权会被侵权,打击侵权成本很高。

美国、英国、法国、德国和意大利等工业发达国家属于自主创新能力强的国家,拥有一支强有力的科研人才队伍,强大的技术研究实力和足够的经济实力,所以他们可以进行自主研究和开发,掌握甚至垄断某项技术发展,在科技开发上具有高独立性。通过自主研发和不断吸收其他国家的先进技术,这些发达国家在世界上始终保持着技术领先地位。

(2) 模仿创新。

模仿创新,是指企业通过模仿学习创新者的成功思路和技术,借鉴其成功的经验和之前失败的教训,引进、购买或者通过其他方式率先获得创新者的核心技术,生产出在性能、质量、价格方面富有竞争力的产品与率先创新的企业竞争的行为。这样的创新比自主创新要节约一定的成本。

模仿创新并不是抄袭,而是在别人已经打好的研究基础上,投入一定研发资源,进行进一步的完善和开发,也成为"二次创新"或"再创新"。由于前期研发及产品投入过程已经有创新率先者作铺垫,所以模仿创新具有低投入、低风险、市场适应性强的优点。但是,模仿创新缺乏自主性,在技术开发方面缺乏超前性,在当今自主创新主导的时代,难有很大的作为。

采用这种模式具有代表性的国家是日本和韩国。这些国家通过学习、消化、吸收国外产品和技术,形成本国技术和相应的自主研究和开发能力,并不断发展。在这一技术创新模式指导下,日本和韩国汽车工业在二三十年的时间内成为具备国际竞争力的产业。

(3) 合作创新。

合作创新是指企业间或企业与科研机构、高等院校之间联合开展创新的做法。合作创新有助于企业缩短创新时间,提高创新速度。其次,合作创新还有助企业分摊创新成本,降低创新风险。但合作创新模式的局限在于企业不能独占创新成果,获取绝对垄断优势。

从合作主体角度划分,合作创新战略包括企业与企业的合作,企业与大学、科研院所的合作,企业与政府间的合作,企业与金融机构间的合作等几种主要类型。而目前中国最主要的合作创新方式是产学研合作创新模式。

3. 技术创新路线图

一般技术创新路线图包括了空间和时间维度,空间维度反映了在给定时一点上科学技术项目,产品项目和市场开发之间的联系,而时间维度表示各类别及其之间联系的演变。而技术创新路线图上的点和线在多数情况下有质和量的属性。技术创新路线图不仅仅在于技术路线图本身,而且也注重技术路线图的构建过程。技术创新路线图则是通过对技术路线图的研究实现创新。

技术创新路线图,从结果来看,一方面展现了技术发展的全景图,提供了一个到达愿景目标的路径,可以利用技术路线图作为选择和决策的依据,包括政策、投资、合作、研发等的选择和决策。从技术创新路线图过程来看,主要是建立了良好的沟通机制,形成共同的愿景,新思想的产生和发展贯穿于全过程,进而形成研究应用化的氛围,提高新产品开发的成功率(技术产业化的成功率),有利于技术的群体突破。

二、图们江区域产业技术创新现状

1. 产业技术含量低,对经济的推动力弱

从区位条件看,图们江处于东北亚腹地,中朝俄三国相邻,与日本韩国隔海相望,便于引进先进技术。但是,由于薄弱的经济基础,传统产业的科技创新和科技进步落后,影响了图们江对科技创新资源的凝聚力和吸引力。农业基础设施不完善,农业生产的机械化得不到普及;工业体系不健全,高新技术产业所占比重较低;第三产业层次不高,提升空间不足。

再者,由于图们江拥有独特的自然环境,其产品在市场上的价格也比较有保证。因此,企业往往形成了一种惰性,不愿花大力气搞技术创新,产品品种单一,技术含量低,附加值低,市场难以扩展,形成恶性循环,导致整个地区的经济运转速度。

2. 技术型人才缺乏,用工荒现象频现

图们江区域属于各国的边远地区,缺少优秀人才是一个重要约束条件。中国延边州近几年科技人员总数呈递减趋势,其中,农林、工程技术、自然科学研究领域科技人员减少幅度明显增大,与此相反社会科学领域的中级以上的科技人员明显增加,进入党政机关的科技人员数有显著的增加,这种现象造成技术型人才的缺乏,高层次技术人员稀缺。"育才却留不住才",由于人才培养机制和教育机制的不健全导致人才大量流失,这也是图们江地区近年来出现用工荒现象的主要因素。

3. 企业的技术创新机制亟待完善

企业是市场活动的主体,而产业创新的充分条件是产业内个别或少数企业技术创新及其行业内扩散过程。现阶段图们江区域内企业的技术创新机制尚未形成,还不能适应其技术创新形式的发展。

首先,企业对研究开发的重视程度不够。很多企业没有自己的研发机构,因此在市场上没有占有一席之地。其次,企业缺乏技术创新的动力。创新的推动力主要来自两方面:政府的激励及市场收益的追求。最后,创新体制尚未形成,导致科技与经济没有很好地结合。经济建设和科学技术是相互联系的,没有科学技术,经济也无法得到发展,同时,科学技术也必须面向经济建设。但目前图们江在这两个方面并没有达到很好的衔接和配合。政府研究机构、大学和企业之间的研究与产业化过程的合作性不强,企业不能对技术很好地吸收和利用。必须加快改革,创新体制。

三、制定图们江区域产业技术创新战略

1. 推进产业技术创新战略的意义

(1) 促进图们江区域产业结构优化与升级。

任何国家在经济发展的任何阶段都存在三种产业:传统产业、新兴产业、落后产业。产业技术创新就是要通过产业结构调整与升级,使每种产业都创造自身最大价值。图们江实施产业技术创新战略就是要通过产业结构调整与升级,使每种产业都创造自身最大价值。

技术创新与产业结构之间是一种辩证的关系。产业结构优化的同时会激发技术创新的动力机制,新一轮的技术创新又开始孕育新的潜在高增长产业,经济资源能够得到合理利用,各产业协调发展[1]。

(2) 制定图们江区域产业技术及产品发展战略。

从总体上看,图们江区域产业发展缺乏明确而稳定的技术战略和技术路线指导,使许多产业长时期内难以摆脱在产业分工中的不利地位。主体缺失是造成产业技术发展引导力度下降的主要原因。在图们江区域,大部分行业内的企业由于本身实力较弱,所以难以承担引领产业技术

---

[1] 邱成利. 优化产业结构,提高城市竞争力[J]. 中国软科学,1999(12): 38-46.

进步和赶超的重任,而同时,虽然图们江地方政府竞争性领域进行了产业政策引导,但却依然缺乏对产业技术发展的宏观协调和引导功能,缺乏推动产业技术创新和进步的职能和能力。

在这种情况下,图们江区域迫切需要探索市场经济体制下产业技术创新推进战略,它可以有效地组织产业技术力量,共同研究关系企业发展的技术、产品战略和技术路线,并作为实施组织,有针对性地研发关系产业发展的前沿技术。

(3) 提升引领图们江区域自主创新能力。

创建产业技术创新推进战略有利于引领图们江战略产业的技术进步,增强图们江的自主创新能力和产业竞争力。集成产学研各方优势,针对国家战略产业发展的紧迫需求和技术瓶颈,开展产学研战略合作,建立产学研技术创新战略联盟,实现产业核心技术的重大突破,加快技术创新成果的商业化运用。

2. 构建产业技术创新战略联盟

(1) 产业技术创新战略联盟理论研究。

① 产业技术创新战略联盟的基本内涵。产业技术创新战略联盟是为了获得一种成本最低的制度安排,企业、高校和研究机构建立合作关系,就是力图以这种制度安排来减少交易成本,纠正市场缺陷,进而稳定交易关系,便于监督交易。为强调联盟的长远目标,中国科技部将产业技术创新战略联盟定义为:"企业、大学、科研机构或其他组织机构,以企业的发展需求和各方的共同利益为基础,以提升产业技术创新能力为目标,以具有法律约束力的契约为保障,形成的联合开发、优势互补、利益共享、风险共担的技术创新合作组织。"[1]

在产业技术创新战略联盟网络中,企业、政府和高校及科研院所形成了一个战略金三角。在这个三角关系中,企业处于联盟的盟主地位,它要

---

① 邱晓燕.产业技术创新战略联盟的性质、分类与政府支持[J].科技进步与对策,2011.

提供创新所需要的资金、科研设施等资源,并制定创新技术标准,对技术进行推广。政府主要负责选择战略产业,调节联盟运行过程中的摩擦与冲突,并制定必要的经济政策和产业政策。高校及科研院所拥有国内领先水平的研发团队和前沿技术,所以在联盟中主要参与研发。

② 产业技术创新战略联盟的理论基础。产业技术创新战略联盟的理论基础是战略联盟理论。战略联盟的概念最早是由美国数字设备公司总裁简·霍普兰德和管理学家罗杰·奈格尔提出的,并引起了管理学界和企业界的广泛关注。他们认为,战略联盟是由两个或两个以上有着共同战略利益和对等经营实力的企业,为达到共同拥有市场、共同使用资源等战略目标,通过各种协议、契约而结成的优势互补或又是相长、风险共担、生产要素水平式双向或多向流动的一种松散的合作模式[①]。

关于战略联盟的定义,学术界存在多种解释。布劳易(Blois,1972)等人将稳定的联盟称之为"准一体化"。交易成本经济学的代表人物威廉姆森(Williamson,1983)认为,战略联盟就是"非标准商业市场合同"。巴特勒(Butler,1983)把战略联盟描述成"被管理或被组织的市场"。汤普森(Thompson,1991)等人将联盟描述为除市场和管理等级制之外的第三种社会经济活动协调工具。波特(Porter,1990)将联盟称之为"企业间达成的既超出正常交易,又达不到合并程度的长期协议"。

综合上述的诸多经典描述,可以将战略联盟定义为:为了达到各自的利益需求,两个或两个以上独立的组织机构建立的长期或者短期的合作关系。这种合作可能是长期也可能是短期,但都是为了现实生存或者未来发展而采取的战略行动,有鲜明的目标性和战略意图。

(2) 产业技术创新战略联盟组建过程。

① 把握图们江产业需求。在产业技术创新战略联盟的三角关系中,政府是战略产业的选择者。产业发展需求计划是战略联盟建立的首要步骤。政府作为产业需求的全面掌握者,需通过产业规律解剖及现状分析

[①] 王凯.在制造产品生产与销售模式研究[D].重庆:重庆大学,2011.

找出提升产业发展后劲和市场竞争力的焦点和关键所在,制定针对性地产业发展需求计划。

而图们江产业结构特点是我们研究图们江产业需求的重要组成部分。中国是处于逐步实现工业化阶段的国家,产业多以资源或劳动密集型为主。长吉图开发开放先导区是中国图们江区域合作开发的产业基础区,主要以交通运输、石油化工业、农产品加工业、光电子信息、冶金建材、装备制造、生物、新材料生物工程等为主要产业。俄罗斯远东地区主要以原材料和粗加工产业为工业生产方向,农产品、轻纺、家电产品主要依赖进口。蒙古自身不存在完整的产业体系,工业以采矿业为主,农业主要以畜牧业为主,轻工业及第三产业也不发达。朝鲜是个封闭型国家,产业结构非常落后,以资源密集型产业为主。

② 创新图们江产业技术创新联盟模式。产业技术创新战略联盟的构建模式根据不同的构建角度可以分成不同的模式。按照联盟中产业技术创新主导者,构建模式分为龙头企业主导型、科研院校主导型及政府主导三种模式;按照联盟构建目标分为:技术攻关合作联盟、产业链合作联盟、技术标准合作联盟。而落实到具体的创新联盟模式,政府应委托第三方专业研究机构根据不同产业的发展需求和制约产业发展的关键要素,包括核心技术、技术标准、产业链条等,分析创新联盟的组建模式和确定联盟的组建任务①。

基于选择的联盟模式,联盟的核心团队必须包括有实力的核心技术研发单位和产业龙头企业或者产业链关键环节的重点企业。所以政府在选择联盟成员时,应该有一个严格的标准,这样才能把关键技术的研发者和技术标准的制定者等拉入团队,组建强有力的技术联盟。大学、科研机构的参与是产业技术创新联盟的重要前提。

为实现产业技术创新联盟的组建、吸引企业的参与并保障联盟的长效运作,作为联盟的主要推动者,图们江各地方政府应积极建立产业

---

① 邸晓燕.产业技术创新战略联盟的性质、分类与政府支持[J].科技进步与对策,2011.

联盟试点,加强产学研建设,把高校的优秀科研人才和企业的科研条件有效地联系在一起。为了吸引他们,可以制定各种优惠政策,包括设立产业技术创新联盟专项基金、对产业技术创新联盟内企业试行税收优惠等支持技术创新的优惠政策。同时,也要建立相关的法定法规,例如制定地方性的产业联盟管理办法,使各大联盟合作有效、有序地进行。

③ 组建产业技术创新联盟。确定产业需求、产业技术创新联盟模式,确定联盟成员及制定了相关的政策保障机制后,以各地方政府部门为支撑,联合政府严格筛选确定后的技术研发单位和产业龙头或产业链关键环节的重点企业,组建产业技术创新产业联盟,并确定产业联盟的运行模式和保障机制。

根据产业技术创新联盟在创立前确定的产业需求,联盟开始进入实质性运行阶段。联盟的工作围绕着确定的产业需求有针对性地进行,但过程中,对其工作的监督是必不可少的。所以,各地方政府可以聘请第三方专业研究机构定期对联盟的运行进行评估,这样能够方便实时掌握联盟的运行情况,使其有效按时完成既定任务并解决产业发展的瓶颈问题。

3. 建设高科技园区

高新技术产业是以科学进步和技术革命爆发为基础产生的新兴行业,起步比较晚。中高新技术产业通常是指那些以高新技术为基础,从事一种或多种高新技术及其产品的研究、开发、生产和技术服务的企业集合。

美国商务部对高新技术产业的判定指标主要有两个:一是研发与开发投入强度,即研究与开发费用在销售收入中所占比重。研究与开发投入强度大,对政府具有战略意义。二是研发人员(包括科学家、工程师、技术工人)占总员工数的比重。

根据中国国家统计局2002年7月印发的《高技术产业统计分类目录

的通知》,中国高技术产业的统计范围包括航空器制造业、电子及通信设备制造业、电子计算机及办公设备制造业、医药制造业和医疗设备及仪器仪表制造业等行业。

(1) 图们江区域高科技园区发展战略要点。

① 图们江区域高科技园区发展战略。创新是高新技术产业的本质特征,是高新技术产业成功的重要基石,也是高新技术产业开发区肩负的历史使命。因此,图们江区域的高科技园区建设,应坚持创新主导。创新的领域很广,包含技术、机制、文化和发展模式等。所以图们江区域在建设高科技园区时,不应仅仅把创新局限于科技,更重要的积极开展各个领域的创新,集聚、整合与利用各种创新要素与资源,以自主创新为核心,统筹协调自主创新与引进消化吸收再创新,将创新活动贯穿于发展的各个环节、各个层面。

将园区与社区的发展和地方特色经济相结合,将园区建设与区域生态环境综合整治相结合。要通过培训和教育计划、工业开发、住房建设、社区建设等,加强园区与社区间的联系。要将园区规划纳入当地的社会经济发展规划之中,并与区域环境保护规划方案相协调。

硬件指具体工程项目(工业设施、基础设施、服务设施)的建设。软件包括园区环境管理体系的建立、信息支持系统的建设、优惠政策的制定等。园区建设必须突出关键工程项目,突出项目(企业)间工业生态链建设,以项目为基础。同时必须建立和完善软件建设,使园区得到健康、持续发展①。

② 图们江区域高科技园区建设的战略目标。高科技园区应以创新驱动发展统揽全局,以更加开阔的视野和更加开放的理念,坚持创新主导、区域发展、软硬件并重、和谐发展的战略,以产业发展为核心,以开放创新为动力,不断优化发展环境,广聚各方资源,突破瓶颈制约,巩固现实

---

① 邢继荣.论经济欠发达地区如何建设生态工业园区——以乌海市海勃湾区千里山工业园区为例[D].呼和浩特:内蒙古大学,2010.

优势。另外,图们江区域应以建设国家高新技术产业开发区为核心,激发其潜在优势,逐步形成以光电子信息、生物、新材料、生物工程等产业为支柱产业,以高端生产性服务业为核心的现代产业体系,构建经济发达、配套完善、环境优美、社会和谐的现代化创新型城区,使高科技园区成为图们江区域内创新能力强、经济社会效益高、开放水平高、辐射带动力强的东北亚产业升级核心区。

(2) 图们江区域(中国)高新技术产业园区现状。

① 长春国家高新科技产业开发区。长春国家高新技术产业开发区是1991年经中国政府批准建立的首批国家级高新区之一,位于素有"科技城"、"文化城"美誉的长春市,是吉林省第一个开发区和第一个国家级开发区。自成立以来,长春高新区紧紧围绕着"发展高科技、实现产业化"这个宗旨,以技术创新为核心,以环境和体制创新为保障,不断壮大主导产业。如今,长春高新区高科技产业体系比较完善,优势明显,在加快长春经济发展中发挥了重要作用。

长春高科技产业开发区规模不断扩大,逐步形成了以光电子、先进制造、信息技术和新材料五大主导产业,长春高新区已经拥有一批国家级产业园区,走上了产业集群式发展道路。多年来,长春高新区依托得天独厚的区位、科技和人才优势以及良好的文化和创新氛围,致力于搭建一个高效、快捷、优化的资源配置平台;努力成为科技成果的创新源、高新技术产业的辐射源;积极实施主导产业扩张、大项目支撑和园区带动三大战略;力争建设成为中国先进的高新技术企业孵化基地、高新技术产业化基地、高新技术产品出口基地和高新技术企业家培育基地。

② 吉林国家高新技术产业开发区。中国吉林高新技术产业开发区于1992年11月由中国政府批准为国家级高新区。2006年,吉林高新区内开始建设吉林电力电子园区,占地50万平方米,重点发展以电力电子、汽车电子和新型智能仪器仪表等工业控制类产品为主的电子信息项目。同年,太阳能电池制造园区项目、食品工业园、汽车工业园落户吉林高新区。2007年,生物医学免疫和诊断技术产业化项目正式落户

吉林高新区,这对发展吉林市生物科技产业与免疫保健产业具有奠基作用。

经过十几年的发展,吉林高新区现已基本形成汽车及零部件、生物医药、电子信息、新材料、精细化工等五个主导产业。本着"着眼未来,跨越世纪"的要求,吉林高新区在未来的五年中,将继续以解放思想为先导,以体制、机制创新为手段,以技术创新和产业化为重点,以进一步改善软硬环境为保障,全力推进区内各项事业的发展,努力把高新区建设成为政治清明、经济发达、环境优美、社会文明、人民富裕的新城区。

③ 延吉国家高新技术产业开发区。延吉高新技术产业开发区于1993年经吉林省人民政府批准成立,2010年11月29日,经中国政府批准延吉高新区升级为国家级高新技术产业开发区。成为吉林省继长春、吉林后第三个国家级高新技术产业开发区,也成为中国30个少数民族自治州中第一个国家级高新区。这凸显了中国政府对图们江区域开发的重视及对其发展高科技产业的引导作用。

延吉高新区相对长春、吉林高新区规模较小。但近些年来,延边州通过全面实施"科教兴州"战略,积极推进技术创新,坚持走"依靠科技进步,提高整体素质,实现加快发展,增强经济实力"的路子,加快引进、消化、吸收,不断加大科技成果转化力度,使高新技术产业呈现出良好的发展态势。吉林高新区已集聚200多家企业,先后投资建设了中小企业工业园、科技工业园暨全民创业园、IT产业园、医疗器械产业园等一批高水准的"孵化器"和特色园区,形成技术创新、鼓励创业的良好平台,为引进培育高新技术,打造具有国际竞争力的产业集群奠定了基础。

经国务院批准,长春净月高新技术产业开发区、通化医药高新技术产业开发区已升级为国家高新技术产业开发区,吉林省已有5家国家级高新技术产业开发区。

(3) 图们江区域高科技园区建设环境分析。

中国图们江区域的核心地区是长吉图开发开放先导区,所以在选择图们江高科技园区构建地区时的首选即是长吉图开发开放先导区。以下的环境分析也是有针对性地立足于长吉图地区。

① 地理条件优越。长吉图开发开放先导区是指沿中国大图们江区域主轴(中蒙大通道)的重点区域,包括吉林省长春市、吉林市部分区域和延边朝鲜族自治州(长吉图)。即:长春市城区,九台市,农安县,德惠市;吉林市城区,永吉县,蛟河市;延边州全境。长吉图开发开放先导区面积3万平方公里,人口约770万人,面积和人口均占吉林省的三分之一,经济总量占二分之一。长吉图地区是中国唯一的沿边近海地区,是中国内陆日本海最近的地区,地处东北中部地带、图们江区域合作开发核心地区和东北亚区域的地理几何中心,与俄、朝陆地相接,与日、韩隔海相望(如图6-1)。

图们江是中国内陆进入日本海最近的水上通道,图们江下游地区处于东北亚的中央部位,而中国、俄罗斯及朝鲜毗邻,所以图们江是东北地区实现水平分工与垂直分工的交汇点,并被公认是世界最具增长潜力的经济区域之一。站在主要城市的角度,长春、吉林两大城市地处环日本海东北亚经济圈中心位置,也是未来新亚欧大陆桥的中心点,与俄、朝的港口群及蒙古东部、俄罗斯西伯利亚远东的腹地紧密相连,因此是东北亚地区自然资源、劳动力、技术等生产要素实行科学配置的最佳区域[①]。延边州的重要城市——珲春市位于图们江下游地区,地处环日本海东北亚经济圈的核心区位,是东北亚的几何中心,所以誉为"东北亚的金三角"。并且,珲春市周边分布俄、朝的自由贸易区和自由经济区以及俄、朝两国的10个港口。这一特殊的地理位置,不仅使珲春具有外向型经济的优越条件,也使其成为国际文化交流的重要基地。

② 产业基础雄厚。长吉图开发先导区的资源环境承载能力强,发展势头强劲,产业实力和创新能力等在全省都发挥着主导作用。该地区拥有两大支柱产业——汽车产业和石化产业。一汽、长客、吉化、大成等知名企业都坐落在该区域内。但长期以来,该地区对汽车、石化两大支柱产

---

① 于红莉.长吉图开发开放先导区产业间区域合作与发展研究[J].商业经济,2010.

业过度依赖,所以在2009年8月30日中国政府批复的《中国图们江区域合作开发规划纲要——以长吉图为开发开放先导区》(以下简称《规划纲要》)中,新型工业的发展被提到了首位。《规划纲要》提出,将全力打造具有自主创新能力和核心竞争力的汽车、石化、农产品加工、光电子信息、冶金建材、装备制造、生物、新材料等八大新型工业基地。

③ 科技人才优势。吉林省现有各类高校(独立二级学院)50多所;吉林省每年毕业的本、专科生,硕士生和博士生达二十几万人。而长吉图地区拥有吉林大学、东北师范大学、长春理工大学、东北电力大学、延边大学等中国国内知名的重点大学,人才济济,每万人拥有在校大学生、科学家、工程师数均居中国第6位;同时它还是应化所、光机所、地理所等中科院所属科研院所集中地。另外,由于历史、经济及区位等因素,"长吉图"先导区与延边国及临海国自古以来在文化、人力资源等方面的交流较为频繁,这为科技人才的培养提供了良好的机遇。

④ 明显的资源优势。长吉图区域内生态环境优良,资源禀赋良好,可利用水资源、能源和矿产等资源丰富。大量建设预留地可供开发利用。与图们江毗邻的境外地区拥有富集的石油、天然气、矿产、水产、森林等资源,具有较强的资源环境承载能力,合作开发空间较大[①]。并且,森林覆盖率达55%。自然资源丰富,水资源总量占全省的54%,主要金属和非金属矿产资源占全省的60%以上。

⑤ 经济增长质量明显提升。近几年,在国家振兴东北老工业基地的精神指导下,吉林省抢抓机遇,快速发展,经济增速明显,经济增长质量明显提高,2011年,吉林省GDP首次超过1万亿元,达10 400亿元,达到历史最好水平。并且,吉林省是中国重要的工业基地和商品粮生产基地,汽车、石化、农产品加工为三大支柱产业,医药、光电子信息为优势产业。另外,吉林省国企改革基本完成,体制改革效果初显,国有、民营、三资企业

---

① 于红莉.长吉图开发开放先导区产业间区域合作与发展研究[J].商业经济,2010(12):40-42.

多元发展;外商投资规模也增大,经济增长动力不断加大。

(4) 知名高科技园区发展及其经验分析。

发展高新技术产业成为带动国家和地区产业结构升级、提升综合竞争力的重要途径。世界各国和地区纷纷通过建设高科技园区来推动高技术产业发展。著名的高科技园区有美国硅谷、印度班加罗尔和中国台湾新竹等一大批国际知名的高科技产业园区。

① 美国硅谷高科技园区。美国硅谷是世界第一个高科技产业区,也是当今世界上最具创新能力和活力的高科技园区。纵观其发展史,20世纪50年代初期,斯坦福工业园区的建立奠定了硅谷高科技中心的基石,20世纪60年代硅谷的主导产业是半导体工业,70年代是微处理器生产,80年代是软件产业,90年代至今是互联网开发与服务。硅谷可以说是白手起家,在其形成之初,没有政府号召,靠着宽松的环境、创新的文化氛围而自发形成的。

硅谷的发展经验与特点总结如下:第一,政府引导和市场化运作的高度融合。硅谷的形成和发展是市场化的产物,企业通过市场化运作实现自主创新的高科技成果产业化。第二,大学、科研机构与企业之间形成了密切的联系。硅谷拥有斯坦福大学、加州大学伯克利分校等著名研究型大学,还有多所专科学校和技工学校和100多所私立专业学校。第三,形成了以风险投资为主体的良好融资环境。美国风险投资规模占世界风险投资的一半以上,而硅谷地区吸引了全美约35%的风险资本[①]。第四,完善的中介服务体系对创新能力提升产生积极影响。硅谷聚集了包括人力资源、技术转让、会计、税务、法律服务、咨询服务、猎头等在内的各类中介服务机构,形成了市场化运作、高效、专业的中介服务体系。

② 印度班加罗尔软件科技园。1992年,印度政府在班加罗尔正式设立国家级软件技术园区。从其发展历程来看,1985—1995年,园区以软

---

① 孟文超. 国际典型高科技产业集群的比较分析与经验启示[J]. 中国软科学,2004(2): 13-17.

件组建与维修服务为主要业务;1995—2000年以电子商务、企业资源计划(ERP)为主要业务;2001—2004年转移系统整合、软件外包、商务流程外包(BPO)为主要业务,近年来转向以IT从业人员,聚集了印度本土三大软件企业印孚瑟斯技术有限公司(Infosys)、威普罗公司(Wipro)和塔塔咨询服务公司(Tata)以及包括国际商业机器公司(IBM)、美国电报电话公司、摩托罗拉公司、微软公司、日本索尼公司等在内的一批世界著名的跨国公司,成为世界主要软件外包出口基地。

班加罗尔技术园区的发展经验及特点总结如下:第一,创新与运营模式,使园区逐步走向国际化。班加罗尔采取了现场开发和离岸开发两种运行模式来获取更多的国际订单。第二,完善的技术创新体系提高了整个软件集群的创新能力。园区聚集了印度国家科学院、尼赫鲁科研中心、拉曼研究所、天体物理研究所等一批大科研机构,而且,园区高度注重包括政府部门、高等院校、科研机构、企业、非盈利机构等各类主体创新方面的作用。第三,大量的科技人才为产业创新发展提供保障。班加罗尔地区高校密集,为园区培养和储备了大量的科学技术人才。而且印度政府注重人才培养,输送了大批高素质人才到美国等发达国家留学,"海归"人员也成为班加罗尔软件园区的重要力量。第四,详细的专项扶持政策加速产业创新发展。印度政府对园区建设和发展高度重视,制定了税收、投资、人才等方面的促进政策。

③台湾新竹工业园区。1980年12月,台湾当局在台北市新竹县设立了台湾第一个高新技术产业区。它是效仿美国硅谷模式而建立的,是世界上成功的硅谷模式"复制者"。1981—1990年,新竹工业园区处于开发与建设阶段,园区通过定点生产与硅谷实现互动发展,发展集成电路行业。1991年至今,园区处于快速扩张与建设阶段,集成电路产业蓬勃发展;计算机产业由早期的定点生产代工角色迈入了具备技术开发能力的新纪元;光电产业也开始有大规模的资本和人才投入;精密仪器产业初具模形;生物科技产业不断成长。

纵观台湾新竹工业园区的成长历程,其发展经验和特点总结如下:

第一,确定主导产业结构。新竹建区之初就确定了电子计算机及其外围设备、精密仪器机械、生物工程、集成电路、通讯光电等具有广阔前景的六大高科技领域。第二,充分利用区位优势。新竹园区具备高科技园区所需的环境,如优美的环境、方便的交通及临近大学与研究机构等。第三,新竹园区的政策优惠。为了鼓励和刺激投资,新竹制定了一系列的法规和制度,例如税收优惠、资金扶持等。第四,注重投资软环境,以利于吸引外资进入。新竹园区具有良好的基础设施和完善的服务保障,都为投资者提供了方便。第五,大力引进培养人才,形成园区的活力和人气。新竹科学工业园区对高学历、高科技人才采取来者不拒的移民政策。

(5) 图们江区域高科技园区发展规划。

① 2010—2015 年,重塑和优化图们江高科技园区发展基础。努力重塑和优化长吉图开发先导区高科技园区发展基础。由于长吉图开发先导区的发展需要,各地方政府建立了有利于经济发展的宏观政策,鼓励地方企业发展,加大对外商投资的优惠政策,同时,地域资源优势也降低了长吉图地区科技园区建设的成本,所以在园区建设初期,应着重加快基础设施建设,构筑长吉图开发先导区高新区未来发展所必需的各种基础设施,包括支柱产业发展所必需的特殊基础设施,为新一轮发展奠定硬件基础;与此同时,通过基础设施建设,拉动经济增长,促进整体经济的平稳增长。另外,为了提高长吉图开发先导区高新区的综合竞争力,初期还需增强长吉图高新区的人才集聚和才人培养,建立一支强大的人才队伍,为高新区的长期发展奠定坚实的基础。

② 2016 年至 2018 年期间,实现图们江高科技园区快速发展。力争实现长吉图开发先导区高新区快速发展。在内部软硬环境大幅改善的基础上,抓住世界经济走出低谷、进入了新一轮发展周期的契机和有利条件,力争长春高新区进入新一轮快速发展期,使经济总量迅速增大,产业结构迅速改善,自主创新能力不断增强①。

---

① 刘叔杨.长春高新技术产业开发区发展现状与对策研究[D].长春:东北师范大学,2009.

③ 在 2019 年至 2022 年期间,实现图们江高科技园区稳步提升。力争实现长吉图开发先导区高新区稳步提升。在园区经济总量方面,要保持其继续增长的势头,GDP 年均增长率保持在 10% 左右。同时,也要持续改善产业结构与园区环境,不断提高自主创新能力与国际化水平;另一方面,也要着重提高长吉图高新区的辐射作用、带动作用、示范作用,巩固其战略定位。

(6) 高科技园区建设动作机制和保障措施。

第一,加快风险投资发展,拓宽高技术企业融资渠道。风险投资是高科技企业发展的"助推器",它对硅谷、新竹、班加罗尔等园区的高技术企业和产业的高速发展充分发挥了引擎和促进作用。硅谷很多高科技企业巨头都曾受惠于风险投资,比如苹果电脑公司、太阳微系统公司、微软公司、莲花公司等。硅谷的风险投资来源富有个人、大企业、传统金融机构、养老金、国外投资者、保险公司、各种基金和政府投资等多种渠道,风险投资来源渠道广。美国政府一直致力于风险投资主体多元化建设,出台了一系列鼓励对科技型小企业的长期风险投资的优惠政策。台湾地区《风险资本条例》规定,风险投资机构营业所得税最高税率为 20%,并退税 20%;投资岛外并引进技术的风险投资公司,可享有 1 至 4 年的免税奖励。这些优惠政策直接促进了社会风险投资供给规模的扩大。

第二,加大对中小企业发展扶持,注重培育园区中小企业集群。集群是一个地区长期竞争优势的重要来源。集群中的企业不仅能够获得范围经济收益,能更方便地获得专业化的要素,而且集群内企业间的竞争将促进企业创新活动的开展,技术溢出也为企业创新提供强大的支撑。硅谷创新发展的动力在很大程度上来自中小企业的集群发展。硅谷 80% 以上的企业都是小企业,形成了小企业的集群。20 世纪 80 年代,硅谷约有 3 000 家电子公司,员工人数超过 1 000 名的公司只占 2%,85% 的公司的员工少于 50 名。20 世纪 90 年代以来,硅谷企业的雇员平均也只有 350 人。与大企业相比,小企业具有较高的适应迅速变化的市场需求的能力。硅谷的成功离不开成千上万的小公司,这些小公司在其存在和发展的过程中相互影响,有的达成合约,有的结成联盟,在竞争与合作中共同推动了硅谷的创新,使硅谷获得了持续的竞争优势。

第三,改变政府的职能定位,注意与市场机制的有机结合。政府应转变其职能定位,为市场活动做好铺垫,建立完善政策体系,给各方活动提供法律保障。同时,各级政府应注重发展环境的建设,高新技术产业的发展离不开政府所创造的持续、快速、健康的环境。加强对高新技术产业发展规划的落实,按经济规律引导地区间、产业间的分工协作,完善专业配套设施;进一步落实国家关于支持高新技术产业和企业发展的各项优惠措施,制定完善促进高技术产业项目建设的优惠政策,在项目审批、土地征用、贷款、税费减免、企业上市等方面进一步给予政策支持;加大知识产权保护力度,严厉打击假冒伪劣,严肃查处侵权行为,依法保护企业和个人创新的合法性和积极性,为企业公平有序的竞争创造良好的市场秩序①。

另外,通过对美国硅谷、中国台湾新竹和印度班加罗尔高科技园区的研究,图们江区域高科技园区在建设与发展时应注意政府与市场机制的有机结合。任何科技园区的发展都离不开政府的参与。如:硅谷几乎完全是市场力量作用的结果,但在其发展中仍然离不开创新环境营造、政策体系、政府采购等政府的间接扶持和参与。

第四,实施人才战略,集聚高素质人才。高新区应通过大力引进和加强载体建设,努力建设和改善环境,采取多种方式招才引才使得高素质人才源源不断涌入园区。一是积极引进各类科研机构,如中科院或者中科院的研究中心(所),类似的科研机构在科技园区的设立将会集聚一大批高素质人才。二是要依托院校积极培养紧缺人才。高新区所在地拥有吉林大学、东北师范大学、长春理工大学、东北电力大学、延边大学等中国国内知名的重点大学,人才济济。园区可以和高校合作,促使高校毕业生愿意留在园区工作。三是高新区应积极探索人才激励机制。可以建立有效

---

① 陈凯诺.国外知名高科技园区发展及其经验分析[J].中国城市经济,2010.

的政策激励机制,充分发挥地方政府的引导和扶持作用,为人才引进、使用和流动创造良好的政策环境。

4. 打造先进制造业基地建设战略

(1) 制造业的内涵及其在国民经济发展中的作用。

制造业是指对制造资源(物料、能源、设备、工具、资金、技术、信息和人力等),按照市场要求,通过制造过程,为国民经济其他部门提供生产资料,为全社会提供日用消费品的社会生产行业。根据国际通行的产业分类原则和中国的具体国情,2002年中国国家统计局公布的《国民经济行业分类》,将中国制造业划分为29个行业:1. 农副食品加工业;2. 食品制造业;3. 饮料制造业;4. 烟草制品业;5. 纺织业;6. 纺织服装、鞋、帽制造业;7. 皮革、毛皮、羽毛(绒)及其制品业;8. 木材加工及木、竹、藤、棕、草制品业;9. 家具制造业;10. 造纸及纸制品业;11. 印刷业记录媒介的复制;12. 文教体育用品制造业;13. 石油加工及炼焦业;14. 化学原料及化学制品制造业;15. 医药制造业;16. 化学纤维制造业;17. 橡胶制品业;18. 塑料制品业;19. 非金属矿物制品业;20. 黑色金属矿物制品业;21. 有色金属冶炼及压延加工业;22. 金属制品业;23. 普通机械制造业;24. 专业设备制造业;25. 交通运输设备制造业;26. 电气机械及器材制造业;27. 电子及通信设备制造业;28. 仪器仪表及文化办公用机械;29. 其他制造业。

制造业是第二产业的重要组成部分,第二产业在国民经济中占据重要的主导地位。第二产业是第一、第三产业联系的纽带,对国民经济的贡献率和拉动率在三次产业中均居首位。提高制造业水平对农业发展具有重要的意义,首先,只有制造业水平提高了,才能为农业提供更为先进的生产方式,才能促使农业的现代化发展。其次,制造业在农业水平提高后也仍然具有巨大的市场空间,因为需要大量的制造业产品,如农机、化肥和农药等,所以这也推动制造业不断前进。另外,制造业是服务业的基础,服务业的发展离不开制造业。城市金融、保险等现代服务业的发展是以制造业为服务对象,它们为制造业建设提供资金和保险服务。制造业提供的购买力高低决定了第三产业发展的空间,制造业从业人员收入大幅下降必然导致社会购买力下降,从而出现所谓的"生产过剩"、"需求不足",制约了服务业的发展[①]。

(2) 建设图们江区域先进制造业基地的战略要点。

在建设图们江区域先进制造业基地时,应该以信息化带动工业化,工业化推进现代化,走新型工业化发展道路。同时,瞄准国内外两个市场,充分利用国际和国内两种资源,抢抓机遇,开拓创新,突出重点,系统推进。

发挥区域比较优势和产业集聚效应,加大环境保护力度,重视资源综合利用,提升产业层次,优化产品结构,推进区域经济共同发展。以提高产业国际竞争力为目标,以承接国际产业转移为重点,推进体制、技术和管理创新,巩固和发展优势产业,培育和壮大重点战略产品,围绕提高经济运行质量、效益和企业竞争力,实现速度和结构、质量、效益的统一,提高图们江制造业综合经济实力和整体素质。

建设国际制造业基地时,应注意到信息化对工业化的带动作用、国际国内市场两手抓的重要性、制造业与服务业的联动关系、引进技术与自主开发的互补关系等。这些因素直接影响到利用外资的投向,社会资金和民间资金的投量,以及制造业的发展趋向。

中国现阶段的主要任务是推进工业化,而经济发达国家制造业基本上都是在完成工业化后进入信息化社会的。信息化可以帮助中国在较高的起点上加速推进工业化脚步,因此大力推进信息化,以信息化带动工业化,工业化促进信息化,将信息化与工业化融为一体,发挥后发优势,可促进社会生产力实现跨越式发展。

开拓新兴市场,抢占更多份额,是图们江区域制造业基地的发展战略目标。中国国内市场虽然空间最大、最具成长潜力,但也只是全球市场的

---

① 敖晓航. 吉林省制造业结构演进及效益分析[D]. 长春:吉林大学,2009.

一部分。所以,在研究开发进口替代产品时,也应该努力扩大出口,加快"走出去"步伐。

制造业与服务业具有联动关系,制造业的快速发展可以带动服务业的发展,而另一方面,服务业的发展又能促进制造业的全面发展。所以,应坚持制造业与服务业协调发展的原则。目前中国处于工业化中期阶段,制造业在国民经济中仍然处于核心地位,需求收入弹性仍将持续上升。一方面,中国现阶段的主要任务仍然是大力发展制造业,推进工业化,发展制造业可为服务业提供技术手段和发展空间。另一方面,大力发展服务业,特别是加快发展与制造业配套的服务业,又能有效降低制造业的交易成本,两者相辅相成,互相促进。

坚持自主开发是吉林省制造业保持长期持续快速发展的基础,特别是对于国外制造业对中国封锁的重大核心技术,归根结底还要依靠自主开发。但在坚持自主开发的同时,需跟进世界先进技术水平,坐井观天的做法也不可取。所以,一方面,在坚持自主开发的同时,须继续改善投资环境,吸引外资企业,引进国外先进技术,促进外企落地生根,将吉林省具有比较优势的劳动要素与引进的国外先进生产要素相结合,形成具有竞争力的比较优势。另一方面,应对引进的先进技术和装备进行消化吸收再创新,最典型的例子就是历史上日本振兴国内制造业的"二次创新"。

(3) 图们江区域制造业的发展状况。

① 中国吉林省制造业发展。汽车制造业。吉林省是中国重要的汽车生产基地,是中国汽车产业地域聚集度最高的地区之一。目前,吉林省汽车工业以被誉为"中国汽车工业的摇篮"的一汽集团公司为核心,研究、开发、生产集整车、各类专用车和汽车零部件,形成了中重型卡车、中高级轿车、轻型车和微型车等较为齐全的汽车工业体系,并已成为中国规模最大、具有相当实力的汽车制造基地[①]。

---

① 高飞.吉林省主导产业选择研究[D].长春:长春理工大学,2006.

第5章 图们江区域产业技术创新

截至 2010 年末,吉林省汽车行业规模以上企业达 473 户,其中,整车企业 2 户——大众和一汽,专用车企业 22 户,零部件企业 449 户。全行业从业人员 18.4 万人,资产总额 2 462 亿元。完成工业总产值 3 966 亿元,销售收入 3 849 亿元,利润 380 亿元,税金 227 亿元,同比增长 31.2%、35.9%、67.8% 和 21.1%,分别占全省工业的 30%、30.9%、47.8% 和 37.8%。其中,工业总产值、销售收入、利润分别比 2001 年入市前同比增长 4.6 倍、4.5 倍和 6.3 倍。汽车及零部件出口交易额完成 35 亿元,同比增长 87.2%①。

在整车方面,中国吉林省取得了较大的成绩,主要表现为:第一,在中国国内产品种类最为齐全,目前,吉林省整车品种已达 7 大类、200 余种产品。第二,整车总量显著提高,2010 年,吉林省整车产销量分别完成了 168 万辆和 166 万辆,同比增长 35.7% 和 36.0%。第三,自主研发实力大幅提高。吉林省拥有雄厚的研发基础和汽车人才资源,例如一汽集团技术中心、汽车动态模拟实验室和吉林大学汽车工程学院。第四,产业承载基础更加牢固。吉林省拥有中国国内重要的汽车产业集群区,以长春西新经济开发区、长春经济技术开发区、长春高新技术开发区、吉林市汽车工业园区以及四平专用车园区为核心。

另外,吉林省在汽车零部件上也取得了较好的成绩。近年来,吉林省汽车零部件行业通过结构调整,大型骨干企业和企业集团数量显著增多、配套能力大幅提升及自主开发能力得到增强。

医药制造业。医药产业是国民经济的重要组成部分,在经济增长和产业结构调整中具有重要的地位和作用。吉林省是中国北药基地之一,也是中国三大中药特产区之一,近年来,吉林省医药产业一直呈现较快的发展趋势,并在中国医药工业中占有十分重要的地位。

吉林省医药产业已经形成了良好的基础和独特的优势:第一,有独特的资源优势。长白山地区为中国三大中药材基因库之一,拥有的药用动植

---

① 资料来源 http://wenku.baidu.com/view/d157161355270722192ef752.html。

物占中国品种总量1/3左右,其中蕴藏量占中国1/2以上的品种有40多个,人参、鹿茸、林蛙等十多种名贵药材,产量居中国之首,其中人参的产量占到中国的80%与世界的60%以上。长白山盛产1 781种天然药物,其中,植物药1 412种、动物药324种、矿物药45种;还有1 590多种野生经济植物,其中,人参、刺五加、党参、黄芪、细辛、天麻、五味子、关木通、淫羊藿、月见草等药用植物862种,人工种植的中药材80多种,其中栽培面积较大的有20多种。野生药用动物173种,其中,梅花鹿、马鹿、熊、麝等人工养殖已获成功①。第二,发展基础良好。目前吉林省已初步形成了以长春市、通化市、敦化市为中心的医药产业资源优势群。长春、通化市是中国国家级生物产业和出口基地,通化市被国家冠名为"中国医药城",医药工业各项主要经济指标连续18年在吉林省位居第一。目前,吉林省有8个中药材基地为国家GAP生产基地,25家医药企业获得国家批准使用地理产品标志。第三,科研实力雄厚。吉林省拥有长春生物制品研究所、吉林大学、东北师大等18个生物技术实验室,并有中医学院、中医中药研究院、吉林大学、吉林农业大学、长春应用化学研究所等科研教学单位从事中药研究。在目前国家批准上市的25种基因工程技术产品中,吉林就生产11种;中国35种疫苗产品中,长春具备生产能力的有26种②。

电气机械及器材制造业。电气机械及器材制造业包括发电机制造业、输配电及控制设备制造业、电线、电缆、光缆及电工器材制造业、电池制造业、家用电力器具制造业、照明器具制造业和其他电气机械及器材制造业,属于机械工业中的一个产业,这个产业的产品技术密集程度相对较高,在提升产业经济、提高一国国民生活质量中起着不可替代的基础性作用。

改革开放后,吉林省电气机械工业进入快速发展时期,机械工业主要

---

① 闵镇国.延边医药产业的集群化发展研究[D].延吉:延边大学,2006.
② 仲萍.关于加快吉林省医药产业发展的思考[J].经济纵横,2010(3):62-65.

以6大行业为主——金属制品业、普通机械制造业、交通运输设备制造业、电气机械及器材制造业、仪器仪表及办公机械制造业、专用设备制造业①。而其中,普通机械制造业为重点,石化通用、电工电器、机械基础件、仪器仪表为特色。同时,吉林省还拥有一批批实力较强的电气机械制造企业,如四平东风联合收割机集团、吉林轴承集团、长春试验机集团公司、长春气象仪器厂、四平仪表厂、长春电动工具厂、东北输变电设备集团长春变压器股份有限公司等。

② 日本制造业发展。配第·克拉克定理认为,收入和劳动力会随着人均国民收入水平的提高而逐步由第一产业依次向第二、三产业转移,即人均国民收入水平提高时,收入和劳动力首先从第一产业向第二产业转移,当人均国民收入水平进一步提高时,收入和劳动力便向第三产业转移。日本作为一个产业成功升级的国家,其制造业历经三次产业升级。

1955—1970年,日本制造业经历了第一次产业升级,初步完成了由劳动密集型向资本密集型的转变。为了提高国际竞争力,推动经济的高速发展,日本于1955年推行了发展重化学工业的产业政策。在这之后,日本钢铁、电力、汽车、机械、石化、家用电器等制造产业及新兴重化学工业成为热门的投资行业,尤其受到日本私人固定资产投资的"追捧",而且日本私人固定资产投资在国民生产中所占的比例不断上升。经过了15年左右的快速发展,钢铁、机械等重化学工业成为日本的支柱产业,日本实现了重化学工业化。

进入20世纪70年代以后,日本受到了石油危机的冲击以及发展中国家新兴工业国的追赶,所以开始积极地进行了第二次产业结构大调整——由资源密集型的重化学工业向技术密集型工业转变,并取得了初步成效。在此期间,日本的电气机械、运输机械、精密仪器等技术密集型产业在制造业以及工业总产值中所占的比值不断上升,而一些原材料加

---

① 高飞.吉林省主导产业选择研究[D].长春:长春理工大学,2006.

工业,如钢铁、矿业、纺织、金属制品、化学(除医药外)所占的比重不断下降。日本经济增长率由1974年的零增长发展到1975年的3.4%、1978年的6.5%,创造了当时西方发达国家的最高纪录①。

1980—1990年间,国际经济环境发生了一系列重大变化,使得日本进行了制造业的第三次升级——由技术集约型向知识密集型转变。受国际环境改变的影响,日本在这段时间也经历了各种波折。20世纪70年代中期,日本达到经济增长的顶峰后,以第二次产业为基础的经济发展已陷入了停滞状态。而在1985年,由于日元升值,日本外需主导产业结构的基础又在很大程度上被削弱,以技术引进为特征的产业结构在新技术革命迅猛发展的情况下明显缺乏后劲。同时日本外需主导型的产业结构使得日本经济的发展受出口的影响很大。因此日本选择再次进行产业结构调整,产业结构日益趋向知识化和服务化,以信息技术为中心的高新产业迅速发展,信息产业成为日本GDP中份额最大的产业,也逐渐成为日本国民经济新的主导产业。信息产业对日本GDP增长的贡献率达到20%,超过了其他任何产业的贡献率②。

③ 韩国制造业发展。战后韩国制造业发展大致主要经历了进口替代、出口导向、重化工业化以及自由化四个阶段。具体分述如下:

二战以后,韩国生产基础薄弱、生产力水平低下、失业人口多,所以韩国政府决定重点实施发展基础产业和基础原材料产业政策,同时,有计划地推行了发展轻工业的进口替代政策。在进口替代战略的支持下,1954—1960年间,韩国经济年平均增长率为4.7%,其中,工业制造业部门年平均增长率高达12.2%③。制造业中发展比较迅速的是食品加工业、造纸工业及纺织工业。

韩国的进口替代政策虽然对某些产业的发展起到了一定作用,但

---

① 喆儒.产业升级——开放条件下中国的政策选择[M].中国经济出版社,58.
② 白雪洁.当代日本产业结构研究[M].天津:天津人民出版社,63.
③ 杨智镜.台韩制造业产业竞争力比较研究[D].厦门:厦门大学,2008.

却无法解决当时韩国国内市场的问题:市场购买力低且需求有限、工业品销路狭窄、韩国国内市场很快趋于饱和。同时,韩国企业的发展又面临着外汇短缺、技术水平难以提高等一系列问题。在这样的国内外堪忧的情形下,韩国政府意识到,单纯发展进口替代并非上策,只有充分利用丰富的受过良好教育的劳动力来搞贸易立国,才是国家经济发展摆脱困境的出路。因此在1965年,韩国政府提出了"出口第一"的口号,并确定了以鼓励出口为主和以有选择的市场保护政策为辅的政策体系,配合各种手段和措施,推行出口主导型战略,大力促进出口的扩张。这个时期韩国国民经济开始呈现高速增长的局面。工业制造业对韩国国民经济的发展起到了主导的作用,1970年,工业制成品占出口总额比重为83.6%[1]。从制造业自身结构来看,韩国政府在"出口为主导"的总战略方针下,将建设和发展重化学工业确定为此阶段的重点产业目标。

1982—1986年,韩国政府经历了"五五"计划,确定了新的产业发展目标:培养节约能源型产业,发展高附加值产业;重点扶植对外竞争力较强、创汇能力较高的造船、电子、机械、钢铁和汽车等产业;培育第一战略产业群(电子、半导体、情报通信、自动化机械、精细化工)和第二战略产业群(能源、新材料、生物工程等)。积极扶持中小企业,大力发展内需工业,以此来刺激韩国国内需求,促进经济的回升。在此期间,韩国几大支柱产业都已经在世界经济中占据了重要地位。其中,钢铁年产量达到2 610万吨[2],占世界总产量的3.6%,成为世界第六大钢铁生产大国;电子工业产值超过330亿美元,出口额超过190美元,为世界五大电子产品生产国之一;造船工业出口额达40多亿美元,船舶建造量和订货量仅次于日本,居世界第二位;汽车工业部门年销售量达149.6万辆,在世界汽车生产国中居第七位。这都显示了80年代韩国的出口产业乃至整个国民经济结

---

[1] 陈龙山,张玉山等.韩国经济发展论[M].社会科学文献出版社,1997.
[2] 陈龙山,张玉山等.韩国经济发展论[M].社会科学文献出版社,1997.

构高级化的走势。

20世纪90年代以来，韩国政府面临了严峻的国内外经济形势：新贸易保护主义限制、发展中国家竞争、工资增长过速、劳资关系激化等，所以经济出现了低速增长的势头。在这种情形下，韩国政府提出了"七五"计划，计划制造业年均增9.8%，在全部产业中的比重将从1991年的28.7%上升到1996年的32%，并提出重点发展电子计算机和通信技术。"七五"计划执行一年之后，韩国政府开始执行"新经济五年计划"，重点推进技术、知识密集型产业。90年代中后期以来，韩国电子信息产业逐渐成了经济增长的主要来源。

(4) 图们江区域制造基地区位及产业选择分析。

① 区位选择分析。长吉图区域区位优势明显，可形成工业专业化程度较高、规模强大的综合性加工制造工业基地。并且，长吉图区域是吉林省产业的主要聚集区，其中汽车、石化和农产品加工业在中国处于领先地位。另外，装备制造业、光电子信息产业、生物产业和旅游服务都有较强的比较优势。所以，图们江区域制造基地建于长吉图区域是很明智的选择。

图们江区域合作日益加深。以珲春为中心，中俄、中朝相继启动"路、港、关、区"工程项目以及木材加工基地项目。这些措施为长吉图区域制造业发展境外业务提供了便利。长吉一体化的加快推进和延龙图一体化发展的启动使得长吉图区域制造业基地成立的条件更为成熟。

长吉一体化加快推进。2005年8月27日，长春龙嘉国际机场正式投入运营。2010年12月30日，长吉城际铁路正式开通运行。这为长吉一体化打下交通基础。同时，长吉两市不断加强了汽车、农产品加工、旅游等产业之间的联系。长吉一体化加快发展时机已经成熟。另外，长吉高速公路东与吉林至珲春高速公路相接已能够到达图们江经济开发区及俄、朝两国位于日本海的多个港口，这也为图们江区域制造业基地打下了交通基础。

延龙图一体化发展启动。延龙图是环日本海经济圈西岸的重要枢纽城市,位于东北亚地区环日本海经济圈的西岸,地处中、俄、朝三国交界地区,隔海与日本相望,与俄罗斯、朝鲜交界,是东北地区、蒙古国通过图们江出海口与世界发生经济联系的便捷通道。延龙图特殊的地理位置具备了有发挥对外开放职能的潜力和条件,且其发展潜力能承担起窗口与腹地间纽带和传导的"职责"。

② 主导产业的确定。汽车制造业。汽车产业是长吉图区域的第一大支柱产业,在中国具有较强的竞争力。该区汽车产业产值一般超过该区工业产值的45%。

光电子制造产业。长吉图区域光电子产业科研实力雄厚,产业发展势头良好。2000年以来,平均每年有30种光电子及信息技术产品投入市场,其中90%在中国国内处于领先水平,部分产品达到国际先进技术水平。目前有400多种自主研发的电子产品投放市场①。

生物制造业。长吉图区域生物产业具有资源基础和技术优势,初步形成了产业化发展格局。长春市拥有生物技术领域研发机构103个,国家及省部级重点医药实验室16个,生物药生产品种占中国的63%;生物制造、生物能源领域的产业规模居中国前列,长春大成集团已发展成为产量和技术水平均居世界第一位的氨基酸生产商。

(5) 图们江区域建设制造基地的总体发展战略。

① 优化产业布局战略。根据各地区工业制造业的分布状况和比较优势,调整、优化工业制造业的产业布局,促进制造业的重点行业门类向优势区域集中。在相对优势区域向工业园区(开发区)集中,加速形成产业集群和规模经济。例如中国可将电子信息制造业向长春集聚,医药制造业向延边集聚,重化工业较多向长春和吉林市集聚,努力克服工业制造业现在的分散局面。

② 加快基地创新战略。图们江区域制造业基地的创新战略包括制

---

① 尹来武.长吉图区域合作特色产业发展设想[J].农业与技术,2009(5):72-75.

度创新和技术创新战略。首先,地方政府应加快推进工业制造业领域的体制改革和经营管理模式创新,着力发展多种所有制经济;加快工业制造企业体制改革步伐,根据生产经营需要灵活选择产业组织形态。另外,掌握核心技术也决定着产业能否在国内外领先,所以技术创新决定了制造业基地的技术档次和水平。技术创新的途径有多种,首先要加快科教发展速度,培养高科技人才,调动图们江地区现有的科教资源。其次,要进一步推进工业制造业的技术创新,不管是引进高新技术还是自主研发,都需投入很多人力物力财力。最后,还必须在高新技术产业风险投资上求得突破,借助快速发展的资本市场加速图们江制造业基地的发展和技术创新。

③ 专业技术人才队伍战略。要实现图们江区域制造业基地的建设,关键在人才,技术和管理创新都必须依靠人才队伍支持。所以,图们江区域各政府必须高度重视专业技术人才队伍的组建,加紧构筑产业人才高地。

一是突出重点,加快引进制造业高层次专家和急需人才。重点引进在制造业方面有较高造诣和国内外有较大影响的两院院士、"千人计划"入选者、创新人才推进计划入选者等优秀科技人才、拥有自主知识产权的海内外高层次人才和青年专业人才,引进高技术研究开发人才和企业高级经营管理人才到图们江区域工作或服务。二是扩大吸引人才的渠道。除了通过人才市场招聘引进人才,还可通过项目招标、引资招才等方式揽才。三是强化政策创新,增强人才的吸引力。要加大建设图们江区域制造业基地有关政策的宣传力度,实施人才技术优惠政策。四是设立人才培养发展基金和示范基地。建立以政府投入为引导、企业投入为主题、银行贷款为支撑的人才培养投入机制。

总之,把优化产业布局、加快创新步伐和组建专业技术人才队伍这三大战略结合起来,加速并率先建成图们江国际制造业基地。

第6章
图们江区域
能源开发合作

一、图们江区域能源开发合作的战略意义

1. 缓解能源供需矛盾

能源的增长速度与国民生产总值同步增长,随着中国经济的高速发展,能源需求也相应加快,而迅速增长的能源需求使得中国国内的主要资源如石油和天然气即将出现短缺现象。早在 2003 年,中国就已经超越日本,成为世界第二大石油消费国。如今,中国对能源的需求量将会呈直线上升,但中国国内能源资源虽然也在勘探开采,但增长速度不显著,跟不上需求的步伐,所以导致中国要通过大量进口能源来满足中国国内需求。近几年,中国对进口能源的依赖程度越来越高。

中国天然气资源整体能够实现自给自足,但是未来中国对天然气资源的需求量增长仍将十分迅速。2015 年与 2030 年,中国天然气资源进口依存度将达到 21.21% 与 53.1%。同时,天然气作为一种较为清洁的能源,在中国的普及使用程度会越来越高,未来实际需求量也许将大于预测数值[①]。

中国已面临着"能源安全"问题,若不正视能源开发和利用,"能源安全"就将成为制约中国经济发展的"软肋"。俄罗斯具有丰富的能源资源,深化与其能源合作,将在很大程度上缓解中国能源供应紧张形势,为新世纪中国工业的持续平稳发展提供长远动力。

2. 降低对中东石油的依赖度

目前,除俄罗斯以外的东北亚国家在能源问题上对中东地区的能源

---

① 靳云鹏. 中国与周边国家能源合作的战略研究[D]. 哈尔滨:黑龙江大学,2009.

依赖程度非常大,而国际公认的安全标准是对某一地区石油的依赖度不能超过进口的 30%①。所以,中东的能源不能成为东北亚各国的唯一进口途径。除了中东地区,各国也在寻找其他解决能源需求问题的方法。除了中东的能源,在世界排名第二第三的石油储积区是俄罗斯的西伯利亚和中亚地区。而目前,中日韩三国从中东以外的地区石油进口数量还很有限,为了拓展石油的来源渠道及降低对中东石油的依赖程度,中国有必要加强与俄罗斯的石油合作,以确保东北亚的能源安全和建立中国的能源战略储备。因此,从俄罗斯进口石油也成了中日韩朝四国共同的愿望和需求,通过合作不仅可以解决其石油供需矛盾,而且可以促进其共同发展。

3. 促进中国能源供给多元化

目前中国的能源进口结构也存在很大的风险,能源进口的渠道比较单一,对中东地区具有较强的依赖性。2007 年,世界各地区原油占中国进口总量比例如下:中东为 48.3%,非洲为 24.7%,亚太地区为 17.5%,其他地区为 9.5%。"能源进口集中度"反映的是能源进口来源的集中程度,决定于进口来源前 5 位国家进口量的比例。如果比例较高,则代表能源进口来源较集中,风险很大,如遇突发事件石油安全程度就会降低。一般来说,一国进口集中度超过 50% 即存在安全隐患。2004 年中国石油进口集中度达到了 50.4%,已经超出了 50% 的警戒线标准,石油进口处于不安全状态②。而且石油进口来源主要集中在中东地区,中东地区虽然是世界上油气储量最丰富的地区,但其政治局势动荡,显然不利于中国的能源进口安全。所以增加进口渠道是维护中国能源安全的一个重要措施。

---

① 郭文君.关于加快图们江地区能源项目合作的思考[J].延边大学学报,2009.
② 韩平,张永生.2004 年中国原油和石油产品进出口分析[J].当代石油石化,2005(3):40-44.

二、图们江区域能源开发合作现状及分析

1. 主要国家能源现状

(1) 中国能源状况。

从常规能源资源总储量看,中国的资源量较丰富,但是质量方面存在着一定的问题。比如,中国煤炭资源比率较高,石油、水能等资源偏轻,输送和炼制难,人均占有量少。虽然中国的原油储量和产量在世界各国中均位居前列,但由于石油消费增长强劲,所以人均石油需求量较高,所以很多石油还需要进口。

到2003年,中国成为美国之后的世界第二大石油消费国、第三大石油进口国,与美国、欧洲和日本,组成了世界油气消费的四大中心。从表6-1也可看出,中国石油对外依存度在2007年就突破了50%,2011年更是突破了60%,并持续增长;2012年,中国石油供需缺口已达2.69亿吨。根据国际能源署(IEA)对中国石油消费的估计,中国2020年的石油消费量将达到5.5亿吨,缺口更是达到3.6亿吨。

表6-1　2002—2012年中国历年石油生产、消费及进口量与对外依存度

年　份	石油消费总量 (单位万吨)	石油生产总量 (单位:万吨)	石油进口总量 (单位:万吨)	对外依存度 (%)
2002	24 779.8	16 700	10 269.3	32.8
2003	27 126.1	16 960	13 189.6	39.3
2004	31 699.9	17 587.3	17 291.3	47.5
2005	32 535.4	18 135.2	17 163.2	43.9
2006	34 875.9	18 476.6	19 453	48.2
2007	36 570.1	18 631.8	21 139.4	50.5
2008	37 302.9	19 044	23 015.7	53.8
2009	38 384.5	18 949	25 642.4	56.6
2010	43 245.2	20 301.4	29 437.2	58.6
2011	45 378.5	20 287.6	31 593.7	60.5
2012	47 650.5	20 747.8	33 088.8	61.3

数据来源:《中国统计年鉴》(2005—2014年)

相对美国,中国的能源运输安全尚未得到切实保证。美国的石油进口来源地有加拿大、拉美、中东、北非、西非及其他地区,并且与自己毗邻的加拿大和拉美地区的进口量占了总进口量的一半以上,运输安全也得到了保证。2014 年,向中国出口原油的主要国家依次是沙特阿拉伯、安哥拉、俄罗斯联邦、阿曼、伊拉克和伊朗等六个国家,占进口总量的 68%(见图 6-1)。历年来,这个顺序变化比较小,其中,中东国家对中国出口原油占 48%。依照目前的格局发展下去,到 2020 年中国从中东地区进口的石油数量将占进口石油总量的 80%。但中东和非洲局势十分不稳定,石油运输途经马六甲海峡,不仅路途长、运费高,还时常有海盗出没。面对中国国内有限的能源供应和国际路径风险,油气供应等能源安全问题已成为关系中国国家安全的重大战略问题。

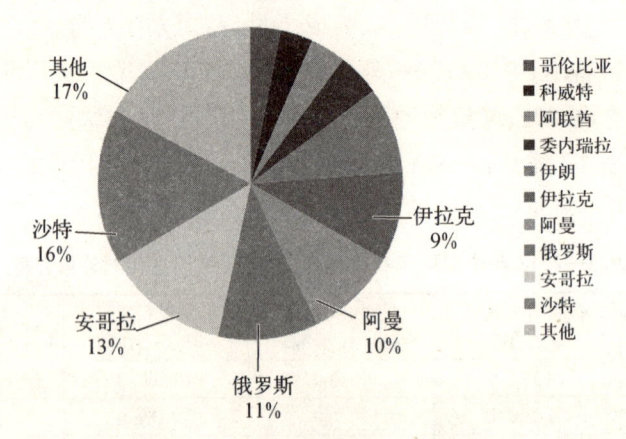

图 6-1 2014 年中国原油进口来源分布

数据来源:中国能源网

(2) 俄罗斯能源状况。

俄罗斯蕴藏丰富的煤炭、石油、天然气、核燃料以及水资源,且是能源生产能力最强的国家之一。石油是俄罗斯的首要能源,2008 年,俄罗斯是世界第一大石油生产国,超过了沙特阿拉伯。据俄罗斯的新能源战略评估,俄罗斯境内集中了世界石油储量的 1/10。从已探明储量来看,俄罗斯的石油资源保障能力在 25~30 年之间,预测储量可保障 70 年左右。

同时,俄罗斯是世界上天然气资源最丰富、产量最多的国家,境内集中了世界天然气储量的1/3,按照天然气探明储量,其保障能力在90年左右,预测储量将超过100年。俄罗斯也是世界上天然气管道最长、出口量最多的国家,有"天然气王国"之誉,管道长度已超过20万公里,主要干线均由西西伯利亚各气田通向其欧洲地区,进而将管道伸向东欧与西欧,并向那里出口天然气。另外,俄罗斯是世界上第四电力生产大国,以火电为主,约占3/4,水电与核电并重,核电发展较快,其比重将很快超过水电。

(3) 日本能源状况。

日本能源匮乏,主要能源均需大量进口。2007年,原油方面,日本仅在日本海沿岸拥有为数不多的几个油田,产量仅占中国石油供给量的0.4%;天然气方面,自给率只有4%,其他全部依赖进口;日本的煤炭及其制品自给率为0%。所以,日本能源的自给率极低,其石油、煤炭消耗量基本全靠进口。

日本的原油进口主要靠中东。1973年的"第一次石油危机",使日本经济经历了严重的通货膨胀。之后,日本在20世纪80年代调整了从中东进口原油在原油总进口量中所占的比例,对中东地区石油进口依存度从90%降至67%,但是之后,随着中国、印度尼西亚、墨西哥等日本石油进口来源国的国内需求增加,使日本对中东石油进口的依赖再次增强,所以这一比例在20世纪90年代再次回升,1999年再度高达85%。2005年,日本原油的99.6%依靠进口,对中东的依赖度为90.2%,其中,沙特阿拉伯为30%、阿拉伯联合酋长国24.5%、伊朗为13.8%、卡塔尔为9.6%[①]。除了中东,如今日本的能源外交已经向中亚、东北亚和非洲拓展。

2. 能源合作的有利因素

(1) 俄罗斯丰富的能源资源基础及能源外交。

冷战后,俄罗斯在政治、军事安全及国际事务方面受到遏制。为在能

---

① [日]朴光姬.日本的能源[M].北京:经济科学出版社,2008:19.

图们江入海口

源外交中占有主动地位,俄罗斯打出能源牌,积极改善和发展对外关系。对于亚太国家,俄罗斯决定开发东西伯利亚和远东地区的油气资源,开展与亚太国家的能源外交,扩大其在亚太地区地缘政治和经济格局中的份额。

2003年俄罗斯正式出台的《2020年前俄罗斯能源战略》明确指出,"在未来20年俄将最大限度地挖掘能源出口潜力",并强调"到2020年,亚太国家在俄罗斯石油出口中的比重将由目前的3%上升到30%,天然气将上升到15%"[①]。根据俄罗斯科学院西伯利亚分院地球物理和矿物研究所的预测,在满足俄罗斯国内消费者需求的条件下,从2021年开始,俄罗斯可以从西西伯利亚、东西伯利亚、萨哈共和国和萨哈林向亚太地区

---

① 徐向梅.东北亚能源安全形势与多边能源合作[J].国际石油经济,2004(10):25-29.

国家出口 1 亿～1.1 亿吨石油;天然气出口总量(包括可能从西西伯利亚经阿尔泰边疆区、戈尔诺—阿尔泰共和国到中国西北地区的供应)在 2020—2025 年将达到每年 1 000 亿～1 400 亿立方米,而到 2030 年将达到每年 1 300 亿～1 650 亿立方米[①]。

2009 年 12 月,俄罗斯政府批准通过了《2030 年前能源战略》,该文件提到未来俄罗斯能源战略的调整,也提到了未来俄罗斯在远东地区的能源政策。《2030 年前能源战略》对未来俄罗斯各种能源消耗的比重进行了重新规划。据估计,在俄罗斯广袤的土地上储存着占世界总储量 1/3 的天然气,而且许多天然气储量丰富的国家也与俄罗斯相邻,这确保了未来俄罗斯将有足够的天然气供应能力。相比石油,天然气具有高产和低价两大特点,这使得天然气在俄罗斯的能源消耗中居于主要地位,比重高达 52%,排在第二位的石油比重为 20%,之后依次是煤炭 17%,核能、水电等其他为 11%。根据能源新战略,到 2030 年,天然气所占的比重将下降到 44%～47%,其他的能源资源将得到进一步的开发利用,包括煤炭、核能、水能以及其他可再生能源。在电力结构中,天然气仍是主要的燃料,比例约为 42%～43%;水电排在第二位,比例约为 22%～23%;煤炭位于第三位,比例为 20%;核能居于第四位,比例为 12%;石油排在最后一位,仅占 2%。在未来几十年内,俄罗斯仍将拥有充足的能源[②]。

2010 年 1 月普京批准的《2025 年前俄罗斯远东和贝加尔地区经济社会发展战略》明确提出,"中国东北地区是最为关键的优先合作方向"。总而言之,俄罗斯把中、日、韩三国作为本地区的能源合作伙伴,而中、日、韩三国也希望俄罗斯成为本地区更稳定的油气供应源,这有助于在东北亚形成一个区域能源合作体系。

(2) 俄罗斯成为图们江能源的重要供应来源。

东北亚能源供应的 70%依靠穿越东南亚马六甲海峡的运输,但是,

[①] 徐向梅. 东北亚能源安全形势与多边能源合作[J]. 国际石油经济,2004(10): 25 - 29.
[②] C·日兹宁,温刚. 俄罗斯在东北亚地区的对外能源合作[J]. 2010(3): 71 - 79.

由于海盗猖獗,这条能源生命线在运量、航线里程、安全性上都存在不少问题,事实上,它已成为制约东北亚发展的能源瓶颈。俄罗斯在东北亚地区石油需求中有着特殊的地缘优势,而且东北亚地区经济互补性强,这也为俄罗斯参与东北亚地区经济合作提供了机遇。

俄罗斯除了西西伯利亚,东西伯利亚和远东地区都蕴藏着相当丰富的油气资源储藏,目前,俄罗斯已经开始逐步加大对东西伯利亚和远东地区油气资源开发的力度。对中、日、韩、朝等国来说,从俄远东地区进口能源距离短、成本低,而且相对稳定,是能源进口多元化的较优选择。

(3) 推动能源合作符合图们江区域各国的共同利益。

在东北亚国家经济相互依存关系日益紧密的今天,能源安全已经不仅仅是一个产业、一个国家的问题,而是综合性的区域问题。正如日本后藤康浩在《日本有必要重新思考亚洲的能源安全保障》一文中所指出的那样,"日本的企业正将中国作为市场、生产据点加以全面利用,甚至已到了没有中国,日本的经济就无法存在的程度。如果中国真的因能源不足而发生混乱,那么受到打击的将不仅是中国经济,日本经济也将遭到沉重的打击。"[1]

根据国际经验,能源领域的过度竞争只会造成两败俱伤,最终影响共同发展;而建立区域多边能源合作机制则可以有效维护地区能源安全,使各国受益。再者,东北亚国家多边能源合作的愿望日益强烈,并进行了初步尝试。日本政府于 2002 年 9 月在东盟"10+3"会议上发出能源合作倡议。2004 年 4 月博鳌亚洲论坛"能源:挑战与合作"圆桌会议强调了加强区域能源合作对亚洲经济持续快速发展的重要意义。所以,图们江区域各国也都意识到,只有加强彼此间的能源开发合作,才能将更好地利用有限的能源资源。

---

[1] 后藤康浩.日本有必要重新思考亚洲的能源安全保障[J].[日]国际问题,2003(11).

第 6 章　图们江区域能源开发合作

(4) 珲春为图们江下游地区能源合作提供优越的区位条件。

图们江地区是东北亚所有国家进行经济交往的理想几何中心,是"金三角"地带,是日本及朝鲜半岛东海岸与中国东北和西伯利亚联系的交汇点,也是蒙古通往日本海的门户,这里将是东北亚地区各国实现经济联系的理想接触点。

中国吉林省延边州是参与大图们江区域合作开发的唯一的一个具有人缘、地缘、近海及人文资源优势的开放型经济区域,珲春市位于吉林省东南部的图们江下游地区,地处中、朝、俄三国交界地带,是联合国开发计划署倡导的图们江地区国际合作开发的核心。经过近 20 年的开发建设,珲春的口岸、能源、交通、通讯等基础设施得到明显改善,极大地提高了对外开放程度。目前,珲春的公路、铁路口岸与俄罗斯口岸相通;圈河、沙坨子口岸与朝鲜口岸相通,可以同时开展对韩、日及其他环太平洋国家和地区的贸易。珲春"三区合一",经济快速发展,已经初步实现了"借港出海"。

3. 能源合作的制约因素

(1) 美国的因素影响。

美国是世界上最大的能源进口国。美国的能源战略就是要掌握世界重要能源产地的主导权以确保能源进口安全。中国一直被美国视为强大的竞争对手,所以美国也一直想方设法地遏制中国的崛起。所以,很多国家在打算和中国开展合作之前,会考虑到如果合作,自身与美国的政治经济关系是否会恶化,可见,美国因素干扰了中国与周边国家的合作尤其是能源合作。所以,美国的介入是中国深化与周边国家能源合作的障碍之一。

俄罗斯拥有丰富的油气资源,也一直是美国能源安全战略的重点目标。出于政治利益和经济利益两方面的考量,美国在俄罗斯远东石油管道的问题上也施加了一定的影响。2003 年 5 月,俄美首脑会面便是商谈美国从俄罗斯远东地区进口能源的问题。2003 年 7 月,美国驻俄罗斯大使出席萨哈林太平洋伙伴合作会议并与俄方探讨两国企业合作开发能源等问题,同时表示希望俄罗斯建设俄日石油管道"泰纳线"①。不管是防范中国与俄罗斯的关系进一步发展还是维护自己本国的能源安全,美国都积极发展对俄罗斯的能源合作,这对中俄合作必然会造成一定程度的干扰。再者,美国拥有雄厚的资金与先进的技术,也难免成为吸引俄罗斯的加强对其能源对话的工具。综上所述,美国将是图们江区域开展能源合作发展的主要因素之一。

(2) 地缘政治因素被过分夸大,恶性竞争导致地区关系紧张。

能源正成为东北安全结构中的一个重要问题,能源安全问题的逐步解决将有助于直接改善地区安全形势,但过分夸大地缘政治因素在能源安全中的作用,将对本地区能源安全问题的解决形成巨大的障碍。

能源竞争典型例子是日本与中国的"安大线"与"安纳线"之争。1994年,俄罗斯推出中俄石油管道"安大线"(从俄安加尔斯克油田到中国大庆,长达2400公里)方案,以便高效、安全、低廉地为中国输油。1996年,两国政府签署《中俄关于共同开展能源领域合作的协议》,石油管道项目赫然在列。2001年9月,中俄两国总理签署铺设中俄原油管道项目协议。但是,2002年12月,日本提出"安纳线"(从安加尔斯克至纳霍德卡,长达4000多公里)的输油管线原油管道路线方案,试图取代中俄"安大线"。尽管俄罗斯最终确定了"泰纳线"—从泰舍特起点,途经贝加尔湖北部,然后沿着贝加尔—阿穆尔大铁路和中俄边境地区,一直通往俄罗斯的远东港口纳霍德卡的石油管道。并且确定修建中俄原油管道支线,但是日本的介入延缓了中俄原油管道的建设,也为俄罗斯的能源外交增加了筹码。乌克兰危机发生后,欧洲、美国等对俄罗斯实施制裁,使俄罗斯能源战略发生了新变化,转向加强与中国的能源合作。

(3) 缺乏合理的东北亚区域能源合作机制。

回顾东北亚各国的合作发展经验,不难发现,多方合作深度不够的重

---

① 靳云鹏.中国与周边国家能源合作的战略研究[D].哈尔滨:黑龙江大学,2009.

要原因之一是东北亚合作一直存在的思想——"零和博弈",即一国的所得即为另一国的所失,并非全球经济一体化趋势下的相互依存共同发展的观念。所以,在这种思想的影响下,各国难免采取单干的办法,合作中采取消极态度,各自为战,如中、日、韩三国之间的能源竞争。其实中日韩三国都是能源外贸依存度较高的国家,彼此之间可以进行能源开发合作,而不是恶性竞争。再如中日之间的"安大线"与"安纳线"之争,抛开大国因素的影响,主要是由于该地区缺乏有效的能源合作机制。

其他国家地区成功的能源合作机制也有不少,如欧佩克、国际能源机构等,图们江区域要建立能源合作,也需要有一个合作机制,用一个声音对外,保护图们江各区域的共同利益。

(4) 俄罗斯能源战略重心开始转移。

俄外交战略重点的排序依次为独联体、欧洲、美国、亚太。与外交战略相一致,俄罗斯能源战略的重点亦在欧洲。欧洲是俄罗斯传统的能源合作伙伴,石油和天然气绝大部分出口到欧洲市场,俄对欧洲市场具有巨大的依赖性。近年来,随着能源消耗结构的提升,天然气在欧洲市场的消费中有日益增大的趋势,使俄罗斯的天然气占到欧洲国家天然气使用量的1/4。俄最大的投资来源地也是欧洲。优先保证对欧洲油气供应是俄能源战略的选择。随着美、欧对俄罗斯实施经济制裁。俄罗斯能源战略开始转移亚太地区,俄国对中国能源合作进入新阶段。

石油价格2015年出现大跌,原因很多,从而使世界能源价格和市场充满了不确定性,必将影响区域内能源战略和能源合作走向。

三、深化图们江区域多边能源开发合作战略

1. 能源合作的战略研究

(1) 能源合作方式。

能源合作方式有很多,根据现有的能源合作案例归纳如下:

① 合资成立能源开发公司。如南方石油公司的成立,由委内瑞拉、巴西和阿根廷3国的国有石油公司联合组建的,后来乌拉圭也加入了这一公司。此公司的建立旨在联合开展石油勘探、加工、运输和油轮建造项目。又如2007年5月,玻利维亚国家石油公司与委内瑞拉国家石油公司组建一个石油天然气勘探和开采合资股份公司,联手开发玻利维亚的油气资源。

② 合作进行能源运输基础设施建设。如在2006年1月29日,委内瑞拉、巴西和阿根廷三国总统签署能源合作协议,提出要修建南美输气管道。最初计划修建一条从委内瑞拉南部经巴西到阿根廷的输气管道,计划总投资为250亿美元,全长约8 000千米。建成后,通过该管道,委内瑞拉向巴西和阿根廷输送天然气。后来,输气管道的总长度又增加到12 500千米,延伸到所有南美洲国家①。又如巴西计划建设一条输电线,以便进一步提高巴西与委内瑞拉之间的电力交换量。

③ 合作推广生物燃料。在洪都拉斯,巴西表示帮助对方生产乙醇燃料;在牙买加,第二家使用巴西技术的乙醇燃料厂落成,年生产能力约达2.7亿升;在巴拿马,巴西和对方签署多项协议,其中包括成立一个特别委员会以加强两国在生物能源领域的合作,促进乙醇燃料和柴油的生产技术的转让、推广和消费。

④ 区域能源互换。2008年7月18日,巴西与乌拉圭两国政府在里约热内卢签署了交换电力协议。根据协议,巴西每年7—8月向乌拉圭日均提供72兆瓦水电,乌拉圭则在9—11月向巴西返还同等量的电力。而早在2008年5月,巴西和阿根廷也签署了类似的交换电力协议。

(2) 能源合作机制的建立。

经济全球化和区域全球化已成趋势,而能源在国家外交中又占据着重要的地位,图们江区域寻求以俄罗斯为主导,中日韩为核心的能源合作显得日益重要。虽然图们江区域能源合作长期受各种因素的制约,合作

---

① 徐世澄. 南美洲国家的能源外交与合作[J]. 国际石油经济,2007.

第6章 图们江区域能源开发合作

进展缓慢,但合作的大发展趋势确是不可逆的。因此,图们江区域各国要以什么样的姿态合作,要怎样合作,其合作的对策研究显得十分重要。

① 组织协调机制。在图们江区域开展能源合作开发工作首先要考虑的是消除区域能源合作的制度障碍,所以组织协调机制的设立是必须的。其实多年来,图们江区域各国一直在为建立图们江区域能源合作的组织协调体系而努力。例如,2001年6月,韩国政府在首届东北亚能源合作国际会议上提出建立"东北亚政府层次多边能源工作组委员会"的倡议,即东北亚能源合作高官会议,并于2010年10月召开首次政府间会议,俄中日韩蒙朝六国共同提出能源合作的目标和基本原则。2006年12月,由中国政府倡议,在北京首次举办了中美日韩印五国能源部长会议,深入讨论有关能源合作的多个议题。在民间层次,还有东北亚天然气和管道会议等,可见,东北亚各国在建立东北亚区域能源组织协调体系方面取得了一些成绩[①]。但图们江区域的能源合作还是缺乏一个适合的组织框架,代表着所有地区一致对外的声音,这也是图们江区域能源合作进展缓慢的重要原因之一。

成立一个由图们江各国政府参与组建的图们江区域能源组织十分必要。但由于图们江地区长期缺乏成立区域能源合作组织的基础,合作组织的成立应充分考虑图们江地区复杂的政治、经济等因素,循序渐进地进行,不可一蹴而就,全面照顾到各方的共同利益。组织协调机制的建立有很多种方式,例如成立图们江区域能源合作论坛,可供各方共同探讨影响能源合作的问题及解决方法。再如,召开图们江区域能源高官会议,该会议由政府能源部门高官参加,定期召开,对会议讨论的共同性问题形成具有约束力和权威性的文件。最终是要建立图们江区域能源合作组织,它是图们江区域能源合作组织协调体系的最高层次,负责制定章程和法律,规定权利和义务。

---

① 徐娇. 东北亚区域能源合作存在的问题及解决对策研究[D]. 大连:辽宁师范大学,2011.

② 咨询服务机制。构建图们江区域能源合作机制还涉及一些必须有的或相关的条件，如充足的信息条件等。虽然在地理位置上，图们江各国是相邻的，却无法避免信息与数据不能充分共享的困难，而了解每个国家的政策意图和能源发展计划对于构建图们江区域能源开发合作是至关重要的，所以这严重阻碍了该地区能源合作的步伐，因此，建立相应的咨询服务机构是很有必要的。

建立信息共享机制。能源安全并不仅仅是一个国家的问题，而是全球的共同问题，如果一个国家单单考虑到自身的能源安全而忽略其他国家，那只能说根本达不到能源安全。图们江区域能源安全相互联系，如若发生能源危机，没有一个国家可以独善其身。因此，图们江各国应加强信息和数据的共享，了解每个国家的能源发展规划，才能构建区域能源合作机制，提高整体竞争力。建立信息共享机制的方式有很多，例如可以建立能源开发合作信息网络平台，各国可以分享彼此最新的能源合作政策及各个国家在能源勘探、储藏及运输等方面的最新规划等，这样可为图们江区域的能源合作提供及时、准确、可信的决策依据。

成立咨询评估机构。该机构的成员必须是各领域内的专家，主要为东北亚区域能源合作提供技术方面的支持。如在东北亚各国共同投资一个大项目前，对能源勘探开采的可行性进行分析，对市场的前景进行预测，对项目的经济效益进行衡量等。同时，评估机构还可对各国能源合作的每个阶段进行评估预测并反馈，对合作也起到了一定的监督作用。

③ 资金筹划机制。能源领域的合作，具有投资大、风险高、见效慢等特点。俄罗斯远东和东西伯利亚地区的油气资源迟迟得不到充分开发有绝大部分是由于资金不足造成的。因此，在图们江区域能源合作中，如何筹划到巨额的资金是一个非常突出的问题。能源领域的合作，从先进的勘探开发、技术的获得，到完备的基础设施建设，再到畅通快捷的运输体系形成，加之石油储备体系建设，统一市场体系的开发，每一环节都需要

朝鲜罗京先锋港

相当规模的资金投入。

以俄罗斯的几个重要能源项目为例。俄罗斯与中国的安大线石油管道的铺设需投资 17 亿美元,后来由日本提出的安纳线需投资 52 亿美元,到最终由俄罗斯政府提议的泰纳线(泰舍特—纳霍德卡)石油管道的铺设预计造价 107.5 亿美元。再以天然气项目为例,萨哈林—1 号项目的开发需 12~15.2 亿美元;萨哈林—2 号项目需 10 亿美元;3 号需 28.5 亿美元;4 号需 33 亿美元;伊尔库兹克油气田需要 11.16 亿美元[①]。巨额的投资,不仅是俄罗斯,而且是图们江区域内任何一国都无法承担的。因此,图们江各国必须寻求国际资本的注入,建立完善的图们江区域投资、融资

---

① Jin woo kim. Energy Security of Northeast: Asia: Current State, Energy Demand/Supply Projection and Investment Needs[J]. Prepared for KEET‐IEA Joint Conference School, 2004(3): 16-17.

体系,这对图们江区域能源合作的最终实现非常重要。首先,应建立图们江能源开发银行。图们江能源开发银行可以成为图们江各成员国共同出资成立的区域性政府间融资组织,其主要职能是对图们江区域共同的能源开发项目进行投资、借款和担保。银行组建的方式、投资资本形式都可以灵活多样。如图们江能源开发银行可采用股份制方式组建,可以资源、技术和人才等入股,宗旨是谁投入,谁获利。其次,要建立图们江能源合作基金。图们江能源合作基金可以由图们江各成员国共同出资建立,主要用于为能源合作的辅助领域提供资金支持。如人才的交流与培训、技术的开发与转让等。

2. 中国参与图们江区域能源合作的战略选择

(1) 加强中俄能源合作机制。

推进图们江各地区的能源合作,需加强已建立的合作机制,建立其他方面的能源合作机制。目前,中俄双方应重点探讨一下四个方面的合作机制。

一是加强中俄能源对话机制。如今,中俄两国政府在不同层面逐步建立了多个能源对话机制。例如,2008年7月,双方启动了副总理能源谈判机制,为双方解决能源合作中存在的问题起到了促进性作用。而且,通过加强该机制可以加深双方的能源信息沟通,避免能源恶性竞争和能源竞争的政治化。

二是建立中俄能源合作论坛。定期举办各种会议,探讨能源合作问题,并提出对策建议供政府部门决策参考等,以增进了解,加强合作,提高能源合作成效。

三是建立能源合作信息平台。正如已经建立的中俄科技合作平台网一样,中俄可以建设能源合作信息平台,开通信息网络。这样,双方能够及时沟通能源进出口、能源投资、能源价格、能源政策等方面的信息,实现能源信息资源共享,从而更好地推进双方的能源合作。

四是共同推进图们江区域能源联盟的建立。中俄应联合韩国、蒙古及朝鲜共同推进东北亚能源机构的建立,组建东北亚能源联盟,以增强东北亚国家在国际能源市场上的谈判力和影响力,共同维护能源安全。

(2) 加大在节能、环保、新能源开发等领域的合作力度。

节能、环保、新能源开发是中俄确保能源安全的重要举措,也是走能源可持续发展之路的必然选择。在环保领域的合作是双方最不容易发生冲突的,而且若中俄在这些领域合作,俄罗斯也能获得很大利益。例如,俄罗斯可以参与中国的碳排放市场。中国碳排放市场巨大,俄罗斯若参与开发中国的"清洁发展机制"(CDM)项目并低成本获得碳减排量,则俄方可在欧洲市场以更高的价格出售这些碳排放配额,获取经济利益。

除此之外,中俄两国还能在这些领域的人才、资金、技术、科研等方面合作,且市场巨大,前景广阔。因此,双方应以开放的姿态,充分发挥各自的比较优势,积极推进节能、环保和新能源开发的合作,使其成为中俄能源合作的一个重要突破口。

(3) 联手减轻外部压力。

能源在很大程度上影响着一国的经济命脉,所以世界各国都想方设法拓展本国的能源渠道满足国内需求,美国现已控制了世界70%的石油储备,阿富汗战争和伊拉克战争为美国带来了石油份额的快速增加。如今,全球控制能源资源的主体主要是经济大国的跨国公司,世界80%的优质石油开采权已掌控在跨国公司手中。众所周知,中国经济快速崛起需要大量能源资源尤其是石油,但却不得不受到美国的影响,没有建立起稳定、合理的运作机制,于是不得不在美国影响较小的国家或与自己关系友好的国家寻找能源。

美国对中国的能源战略不甚满意,对俄罗斯的能源战略也反感。美国希望中俄能源战略按其步调行事,但中俄都是推行独立外交政策的国家。可以说,中国和俄罗斯一样,也同样面临美国的压力。如果中俄开展能源合作,不仅可以增加谈判力量,还可以联手抗击来自外部的压力,从而更好地维护自身的利益与能源安全。因此,中俄从缓解外部压力的角度出发,也应积极开展能源合作。

(4) 开创能源多元化战略道路。

首先,中国能源需求总量高,不能依靠单一能源品种来解决供应问题,所以必须采取全方位的多元化能源供应战略,使各种可以经济利用的能源资源都能够充分发挥作用,除了煤炭、石油、天然气等主力能源外,还要重视天然气、核电、水电和其他可再生能源的发展。

其次,从能源供给安全上考虑,开创能源多元化也需要开创能源来源渠道,不仅仅依靠某个特定国家或地区的能源进口,否则会使中国能源安全受制于人。在加强与俄罗斯能源开发合作时,中国还要继续加强与中亚地区、中东和非洲地区的友好合作。

再次,各国合作的前提还是以本国利益最大化,所以中国在与俄罗斯能源开发合作时,防人之心不可无。前车之鉴就是中日基于俄罗斯石油的"安大线"与"安纳线"之争,由于日本的插足,俄罗斯考虑到本国的利益最大化,取消了原本和中国协议好的"安大线",改成"泰纳线"。所以,考虑到俄罗斯为追求国家利益不惜违约,中国应多开拓能源进口渠道,对俄罗斯形成既成事实上的压力,警示俄方"中国并非没有俄罗斯就不行",以防俄罗斯以能源要挟中国。

因此,能源进口多元化战略的推行要长期坚持,使中国及相关的能源供给国相互牵制,在多方博弈中实现最大限度的保障中国能源安全和实现国家利益。

第7章
建设图们江区域中心城市

一、图们江区域中心城市概述

1. 中心城市的概念与类型

中心城市是指在某一个区域中,处于人口、经济、科技、社会、文化和意识形态等流动枢纽地位的城市,其影响力可以覆盖到区域内的其他城市。

"区域"可以从三个角度来理解。一是地理学角度,指的是围绕一个城市的相邻地区;二是经济学角度,主要指城市及其周边地区的产业协调和合作的一种区域性关系;三是社会学角度,是指城市的经济、科技、社会、文化、教育等与周边的区域相互联系,生活方式相近,社会交往密切。

中国的中心城市划分日渐多样化。经过长时间研究,中国中心城市的划分方法越来越多,且逐渐突破行政区域界限,从经济角度出发同时也综合考虑社会、文化、交通、科技等诸多因素的影响[1]。相关学者多采用多指标的、综合性的方法来分析、评价城市的中心性,划分中心城市的等级。

结合中国城市发展的特点,暂将中心城市分为三大类型:一是综合性中心城市,也就是特大型城市,经济、科技、教育、文化和卫生等综合实力特别突出,如北京、上海、广州市等。二是特定区域内的中心城市,一般是城市功能非常突出的大中城市,如深圳市。三是具有某些特色的城市,如中国小商品批发聚集地义乌市以及蔬菜交易中心寿光市等。

---

[1] 崔鹏.榆林市构建陕甘宁蒙晋五省毗邻区域中心城市的研究[D].西安:西北大学,2010.

中心城市作为区域内城镇网络的发展中心,具有聚集、扩散、创新、服务以及交通等多种功能。其中,最强的功能就是聚集和扩散功能。此外,从整个社会经济的效应来看,中心城市的功能还有社会文化功能、行政管理功能等。这些功能往往相互促进,相互融合,促进整个区域的发展。

2. 建设图们江区域中心城市的战略意义

中国吉林省延边州目前是区域内符合图们江区域中心城市各要素的代表之一,应加快将中国延吉市从区域中心城市建设成为区域中心城市。

(1) 辐射和带动延边州乃至吉林省东部的发展。

随着"大图们江行动计划"的实施,如果延吉市能够发展成为一个更大规模的中心城市,它对俄罗斯、朝鲜、韩国、蒙古和日本产品出口和区域内对外贸易的辐射带动作用将更加突出,必将对图们江区域未来发展产生积极而深远的影响。

① 加快构建延边区域中心城市是延边城市化发展的必然选择。改革开放后,延边城市化进程加快,城市化建设在中国处于前列,是民族地区城市化建设较早、较快的地区之一。目前延边州城市化率为67.2%,高出中国平均水平52.6%,14.6个百分点,也高出中国少数民族自治州的平均水平。

根据《规划纲要》的要求和中国延边州委、州政府所提出的2020年延边城镇化率达80%的目标,就必须加快构建延边区域中心城市,促进延龙图一体化的形成,推进延龙图向大城市发展,同时加快区域内主要节点城市的建设步伐,将珲春建设为口岸大城市,敦化、汪清、和龙、安图等县市,不断扩大城市规模,提升城市品位,使延边各县市成为各具特色的经济强市。

② 加快构建区域中心城市是中国延边民族地区全面建成小康社会的根本需要。《规划纲要》提出:"到2020年,中国图们江区域对外开放水平实现重大突破,长吉图地区实现经济总量翻两番以上的目标"。中国延边州是一个老、少、边、穷的民族地区,经济社会发展比较缓慢。加快构建延边

区域中心城市,可以推进在长吉图先导区的东部形成新的经济增长极。在这个过程中进一步突显出延边开放前沿的定位,科学地谋划各产业布局,扩大城市经济总量和规模,增强延边与长吉腹地纽带传导的功能,促进城市化水平进一步提高,增加就业,使城镇和乡村居民收入得到切实的增长。

③ 加快构建中国延边区域中心城市是兴边富民、建设和谐边疆的需要。延边州是中国最大的朝鲜族人口聚居的地方,沿边近海,区位优势非常明显。加快构建延边区域中心城市,建设富有民族、区域和边疆特色的朝鲜族中心城市,有利于作为前沿的延边州充分发挥自己的区位和特殊产业优势,不断创新体制机制,探寻民族地区行政管理体制改革的新模式。这也有利于解决困扰民族地区发展的瓶颈问题,提高发展水平,实现兴边富民,促进边疆民族地区经济繁荣发展与社会和谐稳定。

(2) 加快构建创新驱动型现代化城市。

实施创新驱动发展战略,加快经济发展方式转型,促进产业结构升级,加快推进延边区域中心城市发展,有利于进一步提高延边的开放水平,深化中国与周边国家的经济贸易关系,进一步扩大合作范围,并保证延边在图们江区域开发建设中的核心地位。

加快延边区域中心城市建设,要充分发挥各方面的力量,形成合力,充分分析和明确前沿城市的特色特点,充分利用延边口岸聚集的优势,打通国际交通线,积极推动外向型的园区建设,加强和周边邻国的经贸合作交流,提高中心城市参与国际化交流合作的水平,使中国在东北沿边区域拥有更强的城市支撑点,以更好地与周边国家的重点城市相匹配,并逐步增强东北亚地区国际合作的竞争力。

二、图们江区域中心城市建设现状及发展态势

1. 中心城市的建设现状

(1) 延龙图一体化建设进程加快。

延龙图三市努力改革创新,制定一系列重点基础设施建设,加快

延龙图一体化数字城市建设,建设延吉西部的新城区,制定延龙图户籍制度,不断扩大区域中心城市人口规模。坚持以延边特色城市化建设为重点,依托延边8县市的区位及资源优势,打造各具特色的城市。

(2) 城市基础设施建设力度加大,城市功能增强。

2003年至2009年,中国延边州城市基础设施建设投资约70亿元,集中供热、垃圾处理、污水处理、城市道路建设等一大批城市基础设施项目建成并投入使用。延龙图三市按照"同城规划、同城建设、同城管理、同城待遇"的一体化发展战略,加快对外通道、能源、水利和产业园区等基础设施建设。2010年,中国吉林省延吉市开工建设了延吉大桥、延吉中环路四期工程、朝阳川污水处理厂等多个项目。

(3) 城市管理水平进一步提高。

在供热、供水、燃气、公交等公用行业实施了特许经营制度,提升了公用事业行业服务水平和质量。通过整治城市环境,基本解决了城市脏乱的问题。中国敦化市成为国家级"卫生城市",中国延吉市、敦化市成为国家级"园林城市",中国珲春市、图们市等是省级"园林城市"。

(4) 城市扩容,区域中心城市建设加快。

延龙图一体化的格局已经形成,城市人口达到20多万人。城区改造步伐不断加快,人居环境得到明显改善。特别是2006年开始的棚户区改造,使得城市面貌大为改观。人口规模和环境基础为区域中心城市发展准备了良好的前提条件。

2. 中心城市的发展态势

(1) 优势条件。

① 特殊的区位优势。延边州地处中朝俄三国交界地带,具有天然的区位优势,这种优势使得延边州与中国国内、朝鲜、俄罗斯能更方便快捷地沟通交流合作、进行进出口贸易等。"十一五"期间,中国对朝路港区一

体化、对俄路港区一体化的推进构建了中国延边州的开放格局,中国延边州因而具有开发开放的特殊优势,更加具有发展潜力。

② 自然资源丰富且齐全。中国延边州地处长白山区,森林覆盖率达到78%,是中国重点木材产地。在中国延边州已经发现了金属矿产50多种,非金属矿产40多种,其中,黄金的储量以及产量均在中国吉林省处于非常重要的地位,石油储量超过1亿吨,煤炭储量超过10亿吨。野生动物、野生经济植物分别有500多种、1 500多种。区内盛产的人参、鹿茸和貂皮是"东北三宝",使延边成为中国久负盛名的药材宝库之一。

③ 口岸优势突出。目前,中国延边州有对朝口岸9个,对俄口岸1个。中国延边是中朝边贸的北部核心区,也是重要通道,同时还拥有中国吉林省唯一的对俄口岸。具有口岸众多的区位优势,可以大力发展附加值高的出口加工业。延边州是中国吉林省内外商投资意愿较高的区域,居于长春之后,成为中国吉林省的开放前沿。

④ 人文优势。延边朝鲜族自治州是中国唯一的朝鲜族自治州,也是中国重要的侨乡之一。延边人民与东北亚各国人民有着特殊的联系,与朝鲜、韩国有相同的血缘、语言习俗等。中国延边州全州总共有侨胞及家属5 000多人,有利于引进外国投资、高新技术、人才等。

⑤ 已经形成一系列极具特色的旅游产品。中国延边州已经形成了四个系列特色旅游产品:长白山自然生态游、朝鲜族民俗风情游、中朝俄边境游、冰雪旅游等。中国延边州的旅游产业收入占GDP的比重逐年上升,这对延边地区收入增长有较大贡献。

⑥ 劳务经济发达。到2006年末,中国延边州累计外派劳务人员约16万人次。1998年至2006年,外派人员劳务收入达46亿美元。外派劳务市场已逐渐拓展到俄罗斯、朝鲜、韩国、日本等20多个国家和地区,涉及农业、林业、建筑、机械、运输、服装等多种行业。

2006年中国延边州人均生产总值为11 267元,仅相当于中国吉林省平均水平的72%、中国平均水平的70%。但其城乡居民人均储蓄存款余额为 15 935 元,相当于中国吉林省平均水平的 137％、中国平均水平的 130％。人均国民收入明显高于人均生产总值。对外劳务输出获得的财富转移,推动了居民财富水平的快速提升。

(2) 劣势条件。

① 经济开放程度较低。区内有一些特产极富特色,如朝鲜族传统饮食、长白山特产等,但由于商品意识比较缺乏,广告宣传等方面也跟不上,致使延边这些特色产品的销售只局限在延边州内,因而这些特色产品没能为延边的发展发挥出应有的社会和经济效益。尽管地处边境地区,但延边州经济外向性较弱。2006 年的外贸依存度为 35.5％,虽较吉林省的平均水平 14.5％高,但与中国平均水平 66.6％相比,仍然存在较大的差距。

② 资本市场尚不完善,融资机制不健全。目前,延边州企业生产发展资金主要来源是自我积累和银行贷款。直接通过债市和股市融资非常少且中介担保机构比较少,企业流动资金普遍处于短缺状态。随着各国有银行的上市,为了确保信贷资产的安全,银行的放贷条件越来越苛刻,手续也更加繁琐,贷款门槛逐年提高。由于众多企业都无法满足贷款条件,各家银行不愿将储蓄存款贷给企业,更趋向于存到人民银行或者上级银行。

③ 交通通达性差,经济发展环境较封闭。中国延边州地处长白山区,对外联系成本较高。同时,中国延边州经济发展较独立,受中国吉林省省内长春、吉林两市的经济发展辐射较弱。从中国东北地区来看,延边州也远离哈大城市带这一经济增长轴,无法被上一级区域中心城市的发展带动。

④ 产业基础不稳,结构呈现"高级化"。2006 年,中国延边州三次产业的比例为 13.6∶41.8∶44.6,第三产业居于主导地位。在第一产业几乎停止发展,工业化尚未完成的情况下,追求第三产业的过快发展,会缺乏基础产业的有力支撑,经济将无法可持续发展,现在的发展成果和趋势恐将难以为继。

⑤ 核心工业部门本地资源型特征明显,对区域生态环境造成巨大压力。目前木材加工及木制品业、烟草制品业、医药制造业、造纸及纸制品业是延边的四大核心工业部门。这四大产业的资源型特征非常明显。对本地资源过度开发,会给延边地区的生态平衡和原生环境造成巨大的压力,同时也会危及主导工业部门及旅游业的可持续发展。

(3) 发展机遇。

① 振兴中国东北老工业基地战略的实施。对于中国延边州来说,借助振兴中国东北老工业基地的战略,一要逐渐对资源型城镇进行转型,确保经济可持续发展,切实搞好国有企业改革使其对经济发展做出重要贡献;二要积极建设东部边境铁路,促进延边州对外交通便利化。这将拉近延边州东北经济主轴城市带的距离,尤其是缩短融入沈大经济圈的距离。

② 延龙图一体化已经开始推进。2007年,中国延边州正式开始推进延龙图一体化,以加快发展中心城市,提高延边区域竞争力。目前已经成立专门的协调机构,完成了部分区域调整,正在初步落实金融、城市公交以及有线电视的同城问题。图们江地区的国际开发合作已经进入新的历史阶段,由于国家战略的需要,中国需要构筑新的城市增长极与之相适应,延龙图的发展恰逢时机。

③ 享受多重优惠政策。作为中国边疆少数民族地区,中国延边州享受中国对于少数民族地区优惠政策、"富民兴边"的优惠政策。与此同时,中国延边州还享受振兴中国东北老工业基地和西部大开发的优惠政策,因而延边州具有其他地区无法比拟的优越政策环境。2003—2005年,中国延边州通过振兴中国东北老工业基地和西部大开发等政策,为各类企业减税退税达12亿元人民币。

(4) 面临挑战。

① 图们江地区开发的不确定性。图们江地区涉及跨国合作,开发受周边各国地缘政治影响较大,因而存在着较大的不确定性,这需要较长时间的磨合。当东北亚经济合作进程趋于缓慢时,由于没有出海口,区位优势就会变为区位劣势。

② 尚未形成区域性中心城市，经济增长功能逐步减缓。中国延边州下辖8个县市。首府城市延吉市是县级市，由于延边州没有形成"市管县"的行政管理体制，因而产生区域性中心城市的辐射带动作用，这样延边州也不能享受中国对中心城市的一些优惠政策。另外，从GDP在吉林省所占的地位来看，中国延边州由1990年第三位下降到2012年的第六位，经济增长进程在逐步减缓。省域外，丹东、牡丹江等周边城市的发展也给延边经济发展造成区域竞争压力。

③ 劳动力资源紧缺压力大。由于朝鲜族跨国婚姻逐年增加以及生育观念发生变化，该地区朝鲜族人口有较明显的负增长趋势。从1995年到2006年，中国延边州的总人口仅仅增加了2 078人，年均增长仅为189人，而这段时间里朝鲜族的人口净减少4.8万，呈现负增长趋势。由于中国延边州与韩日间的经济发展水平差距较大，短期内州内朝鲜族劳动力仍然呈外流趋势，且无法扭转，这将造成区内劳动力缺乏的问题，影响着地区的可持续发展。

三、加快建设图们江区域中心城市建议

1. 中心城市的规划定位

(1) 中国延边中心城市经济功能定位。

中国大延吉市延龙图城市圈绵延5 083平方公里，人口80万以上，经济总量约占延边全州的一半以上。整个城市以延吉、龙井、朝阳川、图们、石岘、曲水进行产业布局。延边区域的中心城市的建设以延龙图城市圈的建设为主。

中国延吉市作为延边州首府及延龙图地区的政治、文化和商贸中心，主要发展商贸服务业、高新技术产业、旅游服务业、现代制造业等；延吉开发区和新工业区重点发展高新技术产业；龙井是延龙图地区的民族文化风俗旅游与加工业制造基地，主要发展旅游服务业、加工制造业等；中国

图们市是延龙图地区的东部门户及铁路枢纽,主要发展边贸服务业、出口加工业等。

大延吉其余城市的功能定位为:朝阳川为西部门户和物流基地,可以重点发展物流业;石岘和曲水可以重点布局工业项目;以帽儿山、程子山为中心发展旅游产业。

按照以上功能布局,经过一段时间的发展,大延吉会形成一个地方特色突出、民族气息浓郁、生态环境优美、产业布局合理和域内资源优化配置、综合竞争力较强的区域中心城市。

(2) 中国延边中心城市发展模式定位。

延边中心城市的发展模式属于一种改良型的经济联合模式,必须走经济一体化与政治一体化同步发展的模式。政府通过借助区域调控事权,结合市场机制与杠杆手段,积极促进区域经济一体化,通过空间资源的整合来降低区域内部的交易成本,并通过三市合力来提升区域竞争力,以达到对接东北亚区域经济一体化以及全球经济一体化。

工业经济的发展应采取工业园区和产业集群发展的模式。

工业园区是发展工业产业群的载体,已被各国实践证明是发展工业的好模式。要建设和发展好新兴工业集中区,合理布局并对延吉开发区、龙井工业集中区和图们经济开发区做好产业和功能定位。

按产业集群理论布局一体化的产业链条,即把关联度高的工业集中布局在各类工业园区,使上中下游产业在同一地域发展。产业集群模式有利于缩短产业链,提高产业集中度与关联度;有利于充分发挥产业群的集聚效应,压缩生产成本,并提高生产效率及产品质量;有利于企业形成产业规模;有利于提升企业核心竞争力,并培育大企业集团;有利优势资源相互转换,培育具有特色的支柱产业和形成区域经济竞争优势。

2. 中心城市的发展战略

(1) "开放带动"的国际化战略。

开放带动战略是一个城市为实现区域中心城市目标首先要采取的战

略。所谓"开放带动"战略,就是大力拓展对外开放的广度和深度,同时通过培养具有国际竞争优势的拳头产品、产业、企业,来推进城市的国际化进程的长远规划和谋略。开放是延边各城市融入区域经济发展的最现实的途径。

一是扩大开放型经济规模。产业转移和产业结构的升级通常是通过资本流动来实现的。应在互惠共赢的原则下,加强同区域周边城市间的合作交往,积极探寻招商引资的方式,开拓招商引资渠道,尽可能从外部市场吸收投资。如针对延边州的极富特色的朝鲜族传统饮食及一些长白山特产相关商品,招商引资,形成产业化和竞争优势,探索出口外销的模式,并且丰富延边中心城市开放型经济的商品类别。

二是提升开放型经济水平。要在国际竞争中明确并扩大自己的竞争优势,就必须积极开拓国内外市场,全方位多层次地融入国内外经济大循环,进一步提高经济外向度。

三是要加强基础设施建设。交通便利是经济发展的重要条件,改变与周边各国的交通不便的状况,形成公路、高速公路、铁路、高速铁路及民用航空及航空货运发达的立体交通网络,为发展开放型经济提供便利和支持。

(2)"积极合作"的区域化战略。

在延龙图一体化进程不断向前推进的同时,促进延边各市县在产业结构、环境保护、生态建设、城镇空间布局与基础设施布局等方面的协调发展。

一是抓住机遇,主动出击,积极承接经济发达地区产业、资金、技术、人才等生产要素的转移。在更大范围内选择和打造新型产业,促进相关产业及其相配套的装备制造维修业、金融信息服务业、现代物流业和新型生态产业等第三产业的崛起。进一步强化该区域与中国国内乃至国际经济轴心的产业和经济关联度,采取措施促进生产要素流动,推动区域经济向更高层次发展。

二是转变观念,把城市的功能定位和结构调整放到整个都市圈以至更大的范围来进行,根据区域要素禀赋,集中力量发展有比较优势的主导产业和特色经济。同时确立以市场为中心,区域互补的观念,积极参与分工合作,在多赢格局中求得较快发展。积极与区域内外中心城市和其他城市进行交流与合作,通过吸纳外部生产要素增强城市的竞争力。

(3) "城园共融"的城市化战略。

一是形成一体化的产业园区。延龙图三市按照"同城规划、同城建设、同城管理、同城待遇"的一体化发展战略,全力加快对外通道、能源和产业园区等的发展,同时促进三市融合的基础设施建设。

二是建设"中国知名,延边一流"的现代特色产业基地。以市场为导向,优化产业结构、提高产品质量和技术附加值,促进产业集聚,以提高经济效益,增加收入。实施体制创新、产业化发展战略,建设特色农业、能源工业、特色旅游业等产业基地。

三是打造特色的商业商务中心。重点发展商贸、金融、物流、信息和文化等区域服务职能,建设金融商务中心、能源研发中心、休闲购物中心和文化体育中心等各种功能一体化的现代服务新城。把该地区打造为发展特色突出、全方位服务综合性商务区,适应不同层次消费群体的综合性商业,建成以特色商业为核心产业的城市副中心,扩大城市的吸引和辐射范围,形成辐射影响整个区域商业中心和商务平台。

(4) "环境优先"的生态化战略。

伴随着人居城市、可持续发展等理念的提出,人们对城市的居住要求发生了重大变化,并对城市的功能培育提出了新的要求和更高的标准。

一是构筑绿色城市系统的空间结构。延边要按照可持续发展的要求,充分利用自身优越的自然地理条件,加强城市的生态建设,使自然、技术与人文充分融合,物质、能量与信息高效利用,形成舒适的生活环境,创造自然与人类和谐发展的社会经济环境。

二是加强对生态环境的治理力度。对工业"三废"、采空塌陷区以及植被破坏和水土流失等加快治理,加强环境的修复和保护,推广低碳技术,发展循环经济,建设人与自然和谐相处的宜居城市。

三是要牢固树立生态立市的战略，在重大决策、区域开发、项目建设中把环境保护摆在重要位置，要树立环境就是资源，环境就是资本，环境就是资产的观念。对环境有重大影响的决策，要进行环境影响论证，没有通过环评的项目一律不得开工建设。坚持以最小的环境代价实现最大的经济社会效益。坚持在保护中开发，在开发中保护。坚持经济建设与生态建设同步推进，实现从重经济增长轻环境保护，向环境保护与经济增长并重的转变，从环境保护滞后于经济发展，向环境保护与经济发展同步的转变大力发展绿色经济。

四是坚持运用多种手段保护环境。充分发挥政府在环境保护中的主导地位，强化各级政府对于环境保护的责任，把环保目标纳入经济社会发展评价范围和干部政绩考核；加快建立多元化的环保投入机制，鼓励社会力量参与垃圾、污水处理等环保项目，全面实施城乡污水处理和垃圾处理的收费改革，积极推动排污权交易试点，突出应用法律、经济和技术的手段来解决环境问题。要重点保护湖泊、江河水系和饮用水源地；重点推进天然林保护、退耕还林还草、小流域综合整治等生态建设工程。要全面监控重点污染源，实现燃煤电厂废气和冶金企业尾气全部脱硫排放，加强建筑扬尘管理与控制；以创建生态园林城市为重点，大力推进城市中心公园建设，实行城区园林化、城郊森林化、道路绿荫化、建设绿色城市，积极推进集镇和村庄绿化；要加强政府对资源的调控，建立和完善资源有偿使用制度，加大各种废弃物的回收和循环利用；要加强自然保护区保护力度，启动生态环境监测及生态环境状况评价。

第8章
创新图们江区域合作机制

一、图们江区域经济合作概述

区域经济合作的方式按关税壁垒、商品、服务贸易自由化程度,以及在经济、政治等各方面的联系程度,可分为以下形式:部门一体化、特惠关税区、自由贸易区、关税同盟、共同市场、经济同盟、完全经济一体化。

1. 部门一体化

部门一体化(Sectoral Integration)是指区域内各成员国的一种或几种产业实行一体化,内容包括逐步取消成员国之间该产品进出口关税、限额等,成立产业共同市场,通过控制投资、原材料分配、产品价格等调节区域内成员国的产品生产,建立超国家的"协调机构"等。这种形式的组织有欧洲煤钢联营、欧洲原子能共同体(EAEC)等。

2. 特惠关税区

特惠关税区(Special Preferences/Preferential Duties/preferential tariff/preferential duty zone)又称优惠贸易安排,是指在成员国之间相互给予关税减让的优惠待遇。特惠关税区的税率较最惠国税率还低,但成员国之间仍有一定程度的关税存在。它是发展程度低、最松散也最易行的区域一体化组织形式。特惠关税区的成员国通过协定或其他形式,对部分商品或全部商品规定给予特殊的关税优惠,如"美加汽车产品协定"等就属这类经济一体化。

3. 自由贸易区

自由贸易区(Free trade zone)指两个以上(包括两个)国家达成某种

条约或协定,取消协议国之间的关税及与关税同等效力的其他措施,在主权国家或地区的关境以外划出特定区域,准许协议国商品零关税自由进出。包括自由市、自由工业区、出口自由区、自由贸易港、工商业自由贸易区、自由关税区、免税贸易区、免税区、投资促进区及对外贸易区等。实质上是采取自由港政策的关税隔离区。狭义仅指提供区内加工出口所需原料等货物的进口豁免关税的地区。广义还包括转口贸易区和自由港。

4. 关税同盟

关税同盟(Customsunion)是指两个以上(包括两个)国家缔结协定,建立统一的关境,在统一关境内缔约国相互减让或取消关税,对从关境以外的国家或地区的商品进口则实行共同的关税税率和外贸政策。关税同盟早期是从欧洲国家开始。对内产行减免关税和取消贸易限制,使得国家间商品自由流动;对外实行统一的关税和统一的对外贸易政策。

5. 共同市场

共同市场(Commonmarket 或称 Singlemarket),是指两个以上(包括两个)国家之间通过达成某种协议,不仅要实现共同市场的目标,还要在共同市场的基础上,实现成员国经济政策的协调。共同市场有:加勒比共同体,旧名"加勒比共同体与共同市场",欧洲共同市场;中美洲共同市场;两岸共同市场;白种人共同市场等。

6. 经济同盟

经济同盟(Economic Union),实现商品、生产要素的自由流动,建立共同对外关税,并且制定和执行统一对外的某些共同的经济政策和社会政策,逐步废除政策方面的差异,使一体化的程度从商品交换扩展到生产、分配乃至整个国民经济,形成一个有机的经济实体。如当年的欧洲经济共同体。

7. 完全经济一体化

完全经济一体化(Complete Economic Integration),是经济一体化的最高形式。在这一阶段,区域内各国在经济、金融、财政等政策方面均完全统一,在成员国之间完全取消商品、资本、劳动力、服务等自由流动的人为障碍。欧洲共同体提出的在1992年实现的"统一大市场"的目标,就是为了实现这一计划。

二、图们江区域开发合作现状

1. 珲春中俄互市贸易区建设

2001年2月1日中国政府批准设立珲春中俄互市贸易区。贸易区占地面积9.6公顷,距中俄珲春口岸8.7公里。目前,区内基础设施较完备。

珲春中俄互市贸易区自2001年12月7日启动试运行,2005年6月1日正式运行。中俄互贸区借助独特的地缘、政策等优势,积极推进中俄小额贸易,大批中俄边民在互贸区交易,互市贸易得到稳步发展。

在监管模式上,互市贸易区采取"口岸查验,区内交易"的模式,规定双方边民凭《中俄边民互市贸易证》每人每日携带进口的互市商品(仅限生活用品)价值在人民币8 000元以下的,免征进口关税和进口环节增值税。同时,俄罗斯边民可持签证护照或旅游手续,经珲春口岸进入互贸区交易,回俄时可携带50公斤以内的商品,俄方海关免收关税。

珲春中俄互市贸易区现有3处商品交易市场,有宾馆洗浴等基础设施,可基本满足俄罗斯边民交易和住宿等需要。区内万吨冷库启动后,可以满足俄海产品交易的冷藏需要,还可为珲春发展海产品加工业提供仓储保障,将会吸引一批内地海产品加工企业到珲春投资办厂。珲春中俄互市贸易商城已经完成了项目可行性研究,广泛对外招商。

中国图们江区域合作专家组与吉林省延边州委、州政府座谈图们江合作开发

自 2006 年 4 月中国恢复对俄旅游倒包贸易以来,俄边民参市人数和货物量都不断增加。每天大批俄罗斯游客乘车到珲春购物,购物种类从服装、鞋帽、日用百货到水果、蔬菜等,交易形式从零售逐步趋向批发,有力地促进了中国珲春市与俄罗斯哈桑区、中国吉林省与俄罗斯滨海边疆区的经贸往来,双边旅游、贸易得到较大发展。另外,互贸区管理局建立了边境海产品交易市场,规范了边民互市贸易的管理,带动了俄罗斯海产品进口以及延边州水产品出口加工业的发展。互贸区现已成为俄罗斯海产品进口集散地。

珲春中俄互市贸易区启动以来,有效地促进了中国珲春市与俄罗斯哈桑区、中国吉林省与俄罗斯滨海边疆区双边的经贸往来,促进了边境口岸经济发展,双方边民收入增加。商品的互通有无也极大地丰富了俄罗斯哈桑区与中国珲春市的商品市场,提高了边民们的生活水平。中俄边境互市贸易是一项互惠互利、兴边富民的重要措施,深受双方广大边民的欢迎。

2. 中国图们区域(珲春)国际合作示范区建设

2012年4月13日,经中国政府同意,正式批准在中国吉林省珲春市设立"中国图们江区域(珲春)国际合作示范区",并印发了《关于支持中国图们江区域(珲春)国际合作示范区建设的若干意见》。该示范区的设立标志着图们江区域的国际合作、珲春的开发开放进入了一个新阶段。2012年5月29日上午,中国图们江区域(珲春)国际合作示范区启动暨重点项目开工仪式在中国珲春市举行。

图们江区域(珲春)国际合作示范区面积约90平方公里,包括国际产业合作区、边境贸易合作区、中朝经济合作区、中俄珲春经济合作区等功能区。其功能定位为:立足珲春市、依托长吉图、面向东北亚、服务大东北,建设中国面向东北亚合作与开发开放的重要平台,东北亚地区重要的综合交通运输枢纽和商贸物流中心,经济繁荣、环境优美的宜居生态型新城区,发展成为中国东北地区重要的经济增长极和图们江区域合作开发桥头堡。

这是中国积极参与图们江区域合作的新平台、新机制,也是促进图们江区域开发建设的新举措、新进展。将加快中国东北老工业基地振兴步伐,提升中国沿边开发开放水平及经济发展水平,促进中国与图们江区域国家的经贸合作,实现优势互补和互利共赢。

3. 开发合作遇到的主要问题

现阶段图们江区域国际合作遇到的问题主要表现在以下几个方面:

(1) 图们江区域各国政治经济形势复杂。

东北亚地区局势不断变化,存在许多不确定因素,如朝核问题,朝鲜的未开放状态致使图们江开发缺乏现实的可操作性;该地区还存在一些领海、岛屿等主权争端(中日间钓鱼岛问题、日韩间竹岛(独岛)、中日间中国东海油田争议、中韩间黄海大陆架争端)等。这些问题不解决,图们江区域合作就无法实质进行。

(2) 交通运输合作滞后。

一是图们江区域的交通运输资源没有整合好,港口、道路等基础设施建设亟待加强,否则难以支持国际合作开发所要求的运输条件。

二是图们江地区通关、口岸等法律制度不统一,与国际惯例不符合,开放度很小,严重地制约着运输、贸易、投资、旅游等商业活动的自由化。

(3) 开发资金严重匮乏。

图们江区域开发需要巨额资金,而各国重视程度不够导致开发资金不能到位,而仅靠图们江区域的地方政府财政也无法解决资金短缺问题。世界银行、亚洲开发银行等国际金融组织也未对图们江区域开发注资。各国政府在吸引国际商业银行、私人资本在该区域投资还需采取切实措施。

(4) 缺少高层的介入。

图们江区域合作需要参与国的政府及其高层主导,而现实的情况是多年来沟通仅停留在一年一次的副部长级层面。区域经济合作的大量经常性工作,也仅限于参与国的省级地方政府的接触和谈判,无法做出有成效的决策。

(5) 开发模式松散,没有统一的法律制度规范。

执行国际协调"五国"委员会仅是形式上存在,在该区域难以进行国际协调,在一些重大问题上无法形成一致意见,在关键问题的决策上还是要看各国政府的决策,因而无法发挥作用。

中、俄市场经济体制有待完善。朝鲜仍是以计划为主的经济体制。

各国法律规章不一致,市场行为没有一致的规范,统一的市场规则没有形成,投资者合法权益难以得到保障。

(6) 从中国方面来看,尚未形成联合开发及互动的势头。

中国黑龙江省、吉林省、辽宁省、内蒙古自治区四个省区在图们江地区开发项目上,各自为主,互不干涉,没有形成合力。而中国珲春作为图们江区域的地理核心,努力推进该区域开发开放,但对于许多关系多边和双边的重大问题力不从心。

三、创新图们江区域开发合作机制构想

1. 建立东北亚自由贸易区的可行性分析

早在20世纪80年代中期,日本学者已经提出建立东北亚地区跨国经济合作组织的构想。他们提出了"亚洲发展走廊"、"环日本海经济协作计划"、"日本海经济区"、"环日本海经济圈"等概念,对东北亚经济合作进行探讨[①]。

中国、韩国的学者也对东北亚经济合作做了许多研究与探讨。韩国学者提出建设黄海经济圈,以日韩与中国东三省和中国山东省作为东北亚经济合作的主要区域。

众多学者对东北亚经济合作的国家和区域范围有许多不同的看法。20世纪90年代初,对合作国家和区域范围才开始逐渐统一起来,即东北亚地区包括中、日、韩、俄、朝、蒙等六个国家。现在筹划中的东北亚自贸区的成员为除了朝鲜以外的五国。此外,对俄罗斯包括西伯利亚地区和远东地区在内的整个东部地区是否处于范围内以及中国港澳台的地位尚未涉及。

从现在世界上规模较大的两大区域性经济合作组织(欧盟、北美自贸区)和东亚自贸区的发展过程和经验来看,要建立东北亚区域性经济合作组织有以下几个因素需要考量:

(1) 地缘的便利性。

欧盟、北美自贸区和东亚自贸区,都是首先与领土接壤的邻国组建成

---

① 饶美蛟,杨伟文.从全球区域经济整合看东亚与东北亚自由贸易区的建构[J].开放导报,2005(1):43-50.

区域经济合作板块,等待各方合作和区域组织发展较成熟和稳定后再进行扩展。

在东北亚,已经有一些地缘合作发展的计划,如连接朝鲜与韩国的京义铁路已经动工,该铁路将会越过鸭绿江与中国东北的铁路接轨,之后可以连接到横跨欧亚大陆的俄罗斯西伯利亚铁路,这对黄海区域的发展有巨大的推动作用。中、俄、朝很早已经有对于图们江区域的开发计划。中、俄、韩、朝、蒙5国政府也同意组织一个政府协调机构,以促进图们江区域的发展。

中国的东北地区,俄罗斯的远东地区和蒙古进行边境区域的合作,以及朝鲜半岛的非军事区的经济合作,都维护了东北亚地区稳定,促进了区域经济发展。

中俄已经商讨把黑瞎子岛发展为迄今最大的中俄自贸区。中俄绥芬河口岸合作项目已经发展成为绥芬河跨境互市贸易区。

东北亚由于地缘结构有非常多的合作项目,这将进一步加快东北亚地区资源的整合。

(2) 核心成员强劲有力。

2002年,德国、法国两个主要加盟国的国民生产总值占整个欧盟的四成,全球份额的10.2%,而整个欧盟的国民生产总值则占全球25.6%,仅次于北美自由贸易区。

北美自由贸易区的形成主要由美国推动。2002年美国的国民生产总值占整个北美自由贸易区的88%,全球份额的32.2%。

东亚自由贸易区的国民生产总值占全球份额的20.8%,排第三。在东北亚,除日本外,中国和韩国迅速发展。2002年这三国的国民生产总值占全球份额的19%,出口总额占全球出口总额的14%,与德国、法国合并的15%的份额十分相近,也超过美国的11%。2004年,中日韩已签署了《开放源代码软件合作备忘录》,致力于在电子信息系统及其相关技术方面展开合作。

如果三个国家能精诚合作,就能带动东北亚地区整体经济发展。

(3) 足够的市场与消费力。

东北亚地区人口是全球人口的 26%，超过了欧盟和北美自贸区的人口之和，消费潜力巨大。据估计，2015 年亚洲将会形成三个国际城市群：东京大城市群、长三角大城市群、珠三角大城市群。亚洲的大城市群是全球大城市群的一半，加上中、日两国也是东北亚地区的主要国家，这对东北亚自贸区的建设非常有利。

最近，在"中美航空协定"签订的背景下，美国联合包裹运送服务公司(UPS)将在中国上海建立转运中心，以拓展东北亚的相关业务。而英国电讯 BT 也与中国网通签订合作协议，通过网通的网络拓展东北亚区域的业务，可见东北亚的市场确实具有非常大的吸引力。

从表面上来看，东北亚地区在地缘关系、市场容纳能力和拥有雄厚经济实力的中心成员这几个因素上，初步具备了建立东北亚自贸区的基础。但是，区域经济合作并不单纯是有无经济诱因和实力的问题，还有更为复杂的因素。

在欧盟和北美自由贸易区的发展过程中，真正起到决定作用的往往是政治上的因素。1854 年美加签署了第一份自由贸易协定书——《1854 年相互自由贸易协定》，而直至 1994 年北美自由贸易区才正式成立，这个过程经历了 140 年。这个过程中充满民族主义的情绪、贸易保护主义的压力、关于自由贸易的争论和各政党间的权力斗争。在欧盟发展的过程当中，英国为首的欧洲自由贸易协会和德法为首的欧洲共同体对经济合作有着不同的政治取向和信念。从 1961 年到 1973 年，英国花了整整 13 年的时间，三次申请才最终加入欧洲共同体，这其中的曲折发展过程并不是简单的经济问题。

朝鲜和韩国关系是阻碍东北亚自由贸易区发展的最重要问题之一。缓和朝韩关系，有利于整个东北亚地区政治稳定和经济发展，同时也合乎中国、日本与俄罗斯的利益。事实上，朝鲜问题不仅仅只是南北朝鲜关系的问题，也是美国的国际战略问题，因而十分复杂。所以解决这个问题的关键似乎在于美国如何处理朝鲜问题。这或将增加东北亚地区局势的不稳定性,而日韩仍希望与美国保持较亲近的关系。朝鲜问题如何处理将成为建立东北亚自贸区的难题,甚至也会影响正在图们江区域的开发进程。

另一个问题是中日韩的竞争问题。日本的问题有:经济完全复苏还需要多长时间? 经济复苏能否使其重整对亚洲地区的影响力? 除经济问题外,日本一直没有就二战期间的侵犯行为对受伤害的国家做出恰当的处理,这使日本在外交上频频和多个亚洲国家发生纠纷,不利于日本与东北亚地区国家的合作。另外,俄罗斯奉行亲近欧洲的政策,大国间的合作有许多不稳定因素。

除了复杂敏感的政治问题外,东北亚地区各国的经济发展水平差距也是一个不容忽视的问题。自贸区的建立和发展,也有可能成为成员国国内社会趋于不稳定的一个推手。

研究显示,自贸区的建立带来的经济增长,并不是全面和平均的,快速增长的地区往往是经济富裕的城市,特别是首都城市,而不是贫穷的地区。贫穷地区的失业率也会明显高于平均水平。高的失业率表明资源分配失衡,从而引发资源浪费现象,同时它非常容易转化为社会问题。

国内的不稳定肯定会影响自贸区各国间的合作,也会引发区域间的矛盾。在东北亚地区中,韩国的大型工潮经常发生,中国农民收入非常低,待岗工人大量出现,俄罗斯贫富悬殊十分严重,日本人的工作压力大,这些问题都不容忽视。

2. 东北亚自由贸易区框架

东北亚是指包括中国东北三省一区俄罗斯远东日本韩国朝鲜和蒙古东部在内的亚洲东北部国家和地区,该地区人口约7亿,占世界总人口的10%左右,总面积约3 400万平方公里,占世界总面积的26%。①

---

① 金维克,姜雁龙,刘凤宇. 关于建立东北亚自由贸易区的构想[J]. 西伯利亚研究, 2012(04).

(1) 成立东北亚自由贸易区发展论坛。

东北亚自由贸易区牵涉面广,涉及领域众多,创建东北亚各国友好交流与沟通平台是当前的首要工作。

(2) 积极运作中俄自由贸易区。

由于中俄战略协作伙伴关系已进入务实阶段,两国的政治关系良好,因此,建立中俄自由贸易区可先行一步。中俄高层尤其是两国元首可专门就建立中俄自由贸易区举行会晤,以达成基本共识和框架。

(3) 认真筹划中俄韩自由贸易区。

由于中俄中韩俄韩历史上摩擦小,且韩国同中俄的合作愿望日趋强烈,在建立中俄自由贸易区的基础上,中韩两国应扩大部长级会议领域,拟定全方位多层次的合作方向和内容框架,认真执行首脑会议意图,推进双边合作。

(4) 以多边合作促进日蒙朝等国加入自由贸易区。

随着中俄韩自由贸易区的建立以及朝鲜半岛局势的改善和良性发展,日本若要利用东北亚的市场和资源,只能无选择地加入自由贸易区。

总之,从双边合作三边合作四边合作多边合作到建立东北亚自由贸易区,是一个系统工程,需要动态的运行机制做保证,东北亚各国应针对自身的发展特点,充分考虑到各国家各地区经济体不同的发展阶段,有目标有步骤地推进自由贸易区的建设,继而向更高层次的关税同盟共同市场以及经济联盟迈进。

3. 建立东北亚自由贸易区的对策建议

(1) 认真研究世界贸易组织(WTO)贸易规则,总结世界各地实行区域一体化的经验与教训,以指导东北亚自由贸易区的建立。

在建设过程中各方可以正式和非正式的形式进行合作,通过政府高层会议、经济论坛、民间企业合作等方式不断探讨和寻找建立东北亚自贸区的路径。政府在推进自贸区建设的过程中起着非常重要的作用,各国政府要通力合作,通过多方的沟通,确定一个最切实可行的方案,并通过从上而下的方式强力推行。

(2) 各国要积极进行磋商协调,尽量为区域内建立自由贸易区提供一个稳定的政治环境,在制定区域合作政策时多方沟通,尽量使各方利益最大化。

(3) 不断加深中国黑龙江、吉林省与俄远东地区的经贸、科技合作,拓展合作范围,为中国黑龙江、吉林省与俄远东地区自由贸易区的建立创造条件。

为西伯利亚和远东的天然气资源开采,在东北亚建立石油天然气供应网络、发展国际运输走廊等制定好计划,吸引国外劳动力开发俄远东地区,快速及时地寻找双方合作的突破点,充分利用经济政策有利时机。

认真总结中俄现有互市贸易区建设和运行的经验和教训,对互市贸易进行具体的规划和指导,整顿市场秩序、打击民贸商品中的假冒伪劣商品,使之向自由贸易区过渡。

充分利用国家的有关政策,发挥中国黑龙江、吉林省的优势,快速提升中国东北地区在中俄贸易合作中的份额。大力扶持有实力的企业"走出去",开拓俄罗斯市场。选择好投资方向和项目,尽快在俄方建立起能够带动双方投资及商品和技术出口的试点工程项目。

(4) 加强与韩、朝、蒙、日国家的边境贸易和互动,积极探索双边和多边合作的途径。

在政策上各国相互协调,本着合作共赢的态度来进行合作。以图们江区域合作开放作为切入点,逐步推进东北亚自贸区的建设。

首先要加强各方沟通,针对图们江区域周边各国的发展情况,共同制定图们江区域合作开发分阶段分步骤的计划。

其次由于图们江区域各城市与周边各国发展速度,优势资源和重点产业都不一致。东盟各国发展速度也不一致,可以学习东盟各国决策机制和执行决策机制,避免决策机制没有最高权威的缺陷,求同存异,发挥各自的优势,形成区域竞争力。

最后充分发挥区域内各国要素优势,构建区域周边各国不同产业优势,形成产业发展梯度,在更广的范围内整合资源。

四、经验借鉴:以东盟自由贸易区合作开发为例

1. 东盟自由贸易区发展历程

(1) 东盟自由贸易区合作开发背景。

1961年马来亚(马来西亚)、菲律宾、泰国在曼谷成立东南亚联盟,1967年8月印度尼西亚、泰国、新加坡、菲律宾和马来西亚在曼谷举行会议,宣告成立东南亚国家联盟(简称东盟)。东盟成立之后在很长时间内政治意图大于经济意图,直到1992年东盟第四次首脑会议上提出在15年内建成自由贸易区的目标后,东盟经济一体化才有所进展。

(2) 东盟自由贸易区的发展历程。

冷战格局下区域内和国际形势对各国间的经济合作造成影响,东盟自由贸易区计划的发展历程一波三折。

① 1967—1991年:酝酿建立阶段。1968年菲律宾初步提出了建立东盟自由贸易区的构想,但各国反应冷淡;1975年的东盟经济部长会议又讨论了建立东盟自由贸易区的议题,也没能引起太多的重视。1976年第一次东盟政府首脑会议提出了经济合作的范围和经济合作的基本方式。1977年第二次东盟政府首脑会议批准了关于东盟建设的一些文件,如东盟的五个工业项目的建设和东盟特惠贸易安排的协定,以及东盟五国央行行长签订的建立备用贷款基金的协定,东盟区域经济合作才有了实际内容。1987年,在第三次东盟首脑会议签署了关于扩大东盟国家优惠贸易安排、各国间取消非关税壁垒、促进保护投资等的协议和备忘录,大大推进了经济合作,为东盟自贸区计划的提出打下了基础。

1991年10月,东盟第23届经济部长会议对区域内原有特惠贸易制度进行了改革。这一改革使东盟特惠关税相关的优惠商品增加到将近2

万项,同时统一了内部特惠关税并且这一关税较世界特惠税率低。这次会议充分分析讨论了各成员国提出的各种区域合作模式构想,通过了泰国提出的东盟内部在15年内取消一切关税、非关税壁垒并建立自贸区的提议,并提交了政府首脑会议。至此,东盟自贸区计划终于出台。

② 1992—1996年:快速发展阶段。1992年,东盟第四次政府首脑会议通过了关于从1993年起15年内建立东盟自贸区的计划,并签署了"经济合作框架协定",东盟自贸区建设正式启动。

1992年底,东盟自由贸易委员会第三次会议召开,又将减免关税计划根据减税的速度分为两种:快速减税计划(快车道),一般减税计划(正常车道)。各成员国按规定公布了具体的减关税时间表。1993年世界经济下滑,贸易保护主义重新出现,导致东盟各国削减关税的进展不大,东盟自贸区建设又陷入困境。

在1995年的东盟第五次政府首脑会议上,各国正式做出了到2003年实现东盟自贸区计划的决定。各国承诺会尽力在2000年将关税税率降到0～5%,在2003年前将所有关税税率降到0%。刚刚加入东盟的越南也提交了详细时间表,并承诺在2006年达到东盟自贸区的减税要求。

1996年7月召开的东盟常务委员会认为东盟将继续促进市场自由化和维护开放。接下来的东盟外长会议对加速建立东盟自由贸易区达成共识,呼吁东盟各国为减少区域内的贸易投资障碍而继续努力,会议认为,1996年1月起开始顺利实施新的降低关税计划,因此,自贸区计划可以再提前,到2000年建成东盟自贸区。11月起,东盟开始执行产业合作计划,使区域内特定企业间的贸易适用税率低于5%。11月底,东盟最高级会议在雅加达召开。与会各国领导人一致同意加强合作,促进"大东盟十国集团"快速建立,并建立东盟基金,保证东盟自贸区快速、健康发展。

③ 1997—2002年:调整与深化改革阶段。1997年在东盟准备完成十国大东盟一体化计划、组织庆典活动的时候,金融危机爆发,从泰国开始,很快席卷马来西亚、印尼和菲律宾,迅速波及整个东南亚。东南亚经

济增速迅速下降,整个区域内生产总值从1996年的7.4%降到1997年的5%左右。1998年泰国、马来西亚、印度尼西亚、菲律宾等国家均负增长。1999年,菲律宾、马来西亚等才逐渐开始恢复。

金融危机给东南亚带来了十分严重的通货膨胀和金融秩序的极大混乱。印尼甚至爆发了严重的政治危机。尽管东盟在1997年和1998年分别接纳了老挝和缅甸、柬埔寨为其成员国,完成了大东盟的计划,但其前进的步伐事实上已经放缓,步入了调整期。1999年东盟外长会议除了呼吁坚持加快东盟自贸区建设步伐之外,更多的是调整结构等方面的考虑。可能东盟将在一段较长的时间内进行调整并深化改革。

1999年9月召开了第13次东盟自由贸易区理事会,会议确定了2015年印尼、菲律宾、新加坡、泰国、马来西亚、文莱等6个老成员国需实现东盟对内部成员零关税,而越南、缅甸、老挝和柬埔寨等4个新成员国也要在2018年实现零关税。在2003年之前各成员国要取消60%的产品关税。而11月召开的第三次东盟非正式首脑会议再次提前了最后期限,老成员国2010年要实现零关税,而新成员国则在2015年要实现该目标。

④2002年至今:自贸区建成后发展新阶段。2002年初,东盟老成员国启动了东盟自贸区。东盟自贸区不断探索在亚洲和世界合作的新路径,并探索多边合作模式。

以中国—东盟自贸区建设为例:

2002年11月4日,中国与东盟签署《中国与东盟全面经济合作框架协议》,中国—东盟自贸区正式启动。

中国—东盟自贸区的建设过程分为以下三个阶段:

2002年到2010年为第一个阶段,自贸区启动,双方大幅度下调关税。2010年1月1日中国对东盟国家93%的产品为零关税。

2011年到2015年为第二个阶段,即自贸区全面建成阶段,即东盟越南、柬埔寨、老挝、缅甸四国与中国贸易的绝大多数的产品将会实现零关税,与此同时,双方实现更深更广地开放投资和服务贸易市场。

2016年之后是第三阶段,此阶段自贸区巩固完善。

2. 东盟自由贸易区合作机制及成效

(1) 东盟自由贸易区的合作机制。

东盟的合作机制,是指东盟的决策机制和执行机制。其中,决策机制是指政策制订的机制,执行机制是指负责执行政策的机制。

① 决策机制。从1967年至1976年,东盟每年召开一次的外长会议,是东盟最高且唯一的决策机构。

1976年后,政府首脑会议是东盟的最高决策机构。同时,外长会议和经济部长会议等部长级别的会议也在专门领域内进行决策。

1992年在新加坡举行的首脑会议形成了决策机制的制度化,以后东盟首脑会议正式成为最高决策机构。东盟首脑会议非正式会议每年开一次,正式会议每三年开一次,由各成员国轮流主办。首脑会议的职能是:决定东盟经济、政治、安全等领域合作的大政方针,对东盟的发展的规划与决策起全局性作用。

东盟经过40年的发展渐渐形成了一套"东盟方式"的特殊的决策方式,主要包括以下四个原则:"绝对平等原则"、"寻求一致原则"、"N减X原则"和"不干涉内政原则"。

"绝对平等原则",主要表现为首脑会议和部长会议均按照各成员国国名第一个英文字母的顺序轮流主办,每个成员国都有机会成为会议的东道国。

"寻求一致原则",就是在决策过程中充分尊重各成员国利益,通过频繁的双边和多边的磋商使得决策能够使所有成员国满意。

"N减X原则",就是说,如果少数几个成员国表示不参与某项决策下的具体行动,但并不反对该决策,那么该决策可以即为东盟的集体决定,并予以通过,付诸实施,而且在实施的整个过程中,成员国也可以根据各自的情况申请退出或者加入该进程。

"不干涉内政原则",就是说东盟国家不分大小一律平等的原则,充分尊重成员国的主权领土完整,不干涉成员国内政。

东盟决策方式的最主要特点国家不分大小强弱在决策过程中绝对平等,这使得东盟得以成为一个平等协商的利益共同体。如果一致的目标无法短期内达成,东盟可以在多数同意的情况下通过决议,允许持不同意见的国家保留意见,并且仍可以在将来参与决议。"寻求一致原则"和"N减X原则"联系在一起,充分反映出东盟决策方式的多样性与灵活性。这些原则也使得东盟事务不会简单的由任何一个成员国主导。

② 执行机制。常务委员会是东盟最高执行机构。在首脑会议、部长级会议休会期间,常务委员会负责处理东盟的日常事务。常务委员会为部长级会议特别是外长会议准备好议题。常务委员每年轮换,由外长会议主办国的外长以及其他成员国派驻主办国大使组成。该委员会下面设立了一些常设的职能委员会以及专家委员会,对相关领域的事务负责。各成员国都设立了专门的"秘书处",主要处理该国在合作中的具体事务以及与常务委员会的联系。

1976年东盟正式设立秘书处,设一名秘书长,具有部长级别的地位。秘书长领导东盟秘书处,主要职责为提出议题、建议、协调和执行东盟的相关活动。而东盟秘书处的职能主要有处理信函,受理国家加入东盟的申请并将申请呈送至外长会议,同时管理秘书处财务。

东盟执行政策机制,机构大而杂、职责相互交叉、系统性较弱。如东盟常务委员会与东盟秘书处这两个机构相对独立,没有明确的隶属关系,但是职责上有相互重合的部分。当然这也和东盟较灵活的决策方式一致。

执行机构设置体现了东盟决策方式绝对平等的原则。例如,常务委员会轮换制;秘书长由各国代表轮流担任;各国在秘书处的代表数绝对相等①。

③ 东盟合作机制与原则的主要缺陷。在相当长的时期内,东盟的原则与合作机制对于保持各成员国之间持续合作的积极性,团结东盟国家,

---

① 王士录.东盟合作机制与原则改革的争论及前景[J].当代亚太,2007(8):46-51.

培育"东盟意识",促进东盟内部资源的整合起到了非常重要的作用,但也有它的缺陷。

西方评论家指出,东盟合作机制和原则最大的缺陷就是:绝对平等和"协商一致"。这不利于"超国家机构"的建立,使得东盟无法形成一个最高的权威,进而直接影响到各项政策和决策的执行。另外决策形成的过程冗长拖沓,决策成本较高。

在"不干涉内政"原则下,东盟可能会选择漠视成员国发生的灾难性事件及可能影响东盟整体利益的事件。这种做法不但会损害成员国的利益,也会对区域的整体利益造成影响,由此东盟已不止一次受到舆论指责。例如,在应对亚洲金融危机、印度洋海啸、非典型性肺炎疫情、禽流感、印尼森林大火的烟雾之害、东帝汶维和等问题时,东盟都反应缓慢甚至无所作为。

目前,越来越多的国际评论家、东盟高官开始批判、质疑和反思东盟实行了多年的合作机制和原则。

(2) 东盟自由贸易区合作开发的成效。

① 东盟自贸区形成和发展的静态经济效应分析。东盟自由贸易区形成以来,其所产生的静态经济效应主要体现在:

一是东盟区内各成员国对外及相互间的贸易总流量的增长速度明显加快。2002年东盟区内成员国对外贸易总额7 580亿美元较1992年的3 870亿美元增加了96%;而与对区外的贸易相比,东盟区内各成员国之间的贸易增长速度提高得更快。尽管如此,东盟自由贸易区的影响从单个成员国的情况来看又各不相同:马来西亚与文莱的区内贸易比重有所下降,印度尼西亚、菲律宾、泰国的区内贸易比重升幅较大。这说明由于东盟自由贸易区的形成和发展,区内原来贸易保护程度较高的国家加强了与区内外各国的贸易往来。

二是优化了区内贸易的部分商品结构,有利于实现"贸易重整"。随着进口制成品关税的下降,制成品,尤其是资本密集型机械设备在东盟区内贸易中所占比重明显上升。柬埔寨、老挝、越南等国家的这类机械设备主要从东盟区内进口。

三是区域内成员国对外贸易的地理方向并没有发生实质性的改变。据统计,在 1986—1996 年的 10 年中,东盟成员国对外贸易的主要方向主要是区外的东亚、西欧、美国三个地区,其中增长最迅速的地区为东亚地区;同一时期,东盟各成员国间的进出口额仅增长了 2.7% 与 6.07%。因此,自由贸易区形成对东盟成员国对外贸易地理方向没有太大的影响。

四是区域内各国贸易分布不均衡,成员国对一体化的福利分享不均等。东盟的区内贸易长期以来多以新加坡为核心。菲律宾、印度尼西亚、泰国、马来西亚等东盟成员国和新加坡间的进出口一般已经占东盟国家内部贸易的 80% 以上;而新、马之间以及新、泰之间的进出口又分别约占东盟国家内部贸易的 50% 与 20.8%。

由于成员国在区域内贸易地位不同,加上各国进出口的商品结构也不相同,因此它们对贸易利益的分享也不均等。一些成员国较另一些成员国有更多的获利,但某些成员国的某部门可能会遭受一定程度的损失。

新加坡虽然区内的进口量很大,但其进口关税税率本来就很低,因此自由贸易区对新加坡福利的影响并不明显。马来西亚 60% 的出口产品都属于东盟优惠关税削减的范围,但其东盟优惠关税的进口产品削减关税的份额却只有 12.5%,因而自贸区形成和建立后,它获得了比较大的贸易创造效应。老挝和柬埔寨主要是从东盟区内进口制成品,因而从贸易自由化中它们得到的贸易创造效应会大于贸易转移效应。而越南具有多元化进口态势,因而贸易自由化给其带来的贸易转移效应则明显大于贸易创造效应。除此之外,东盟贸易自由化对不同成员国家不同行业的影响也各不相同,在短期内产生了一些赢家与输家。

五是东盟作为一股区域性力量在国际上的地位日益上升。早在冷战时期,东盟国家就由于其特殊的地理位置以及拥有丰富的自然资源,成为美苏的重要争夺目标之一。

进入 21 世纪后,东盟更成为中国在内的各个大国相互争夺的贸易伙伴和投资场所。美国连续出台了《东盟合作计划》与《东盟企业倡议》，同时还开始和东盟个别成员国进行双边自由贸易谈判。欧盟出台了"与东盟关系的新战略"和相关的贸易行动计划(TREATI)，其主要目的在于最终达成"欧盟—东盟优惠贸易协定"。日本也增强了和东盟的全面的经济伙伴关系，并意图在2012年之前建立"日本—东盟自由贸易及投资区"，以对东盟施加更加重要的影响。俄罗斯则以签订能源合作协议、向东盟国家进行高科技输出协议以及加强军售等手段来拓展其与东盟的全方位合作关系。印度也非常重视与东盟的经济合作，目前双方签署了《全面经济合作框架协议》，而且还确定了双方将在2016年前建立货物贸易、服务贸易和投资自由化机制的设想。澳大利亚提供经济援助于部分东盟成员国，积极推动东盟—澳新自由贸易区，加强与东盟区域国家的合作关系。

显然，各大国都对东盟非常重视，这大大提高了东盟在国际上的地位。

② 东盟自贸区形成和发展的动态经济效应分析。这些动态经济效应主要体现在：

第一，投资效应。东盟原产地规则有自己的特色，这吸引了区外国际直接投资的进入，也有利于区内各国专业化分工格局的形成，然而，东盟的投资创造效应受到东盟本身的投资规模偏小、金融危机等影响因素的制约。

原产地规则由于对产品的生产成分设限，一直以来被认为是国际区域经济一体化过程中的一个黑箱。然而，由于东盟在此方面的限定为41%，而较欧盟与北美自由贸易区更加宽松，加上原产地规则可能会导致贸易偏转，因而东盟特殊的原产地规则反而吸引了东盟区域外的采用垂直一体化生产的跨国公司的投资。

这些跨国公司根据东道国的比较优势，在生产价值链的各个不同阶段进行更有效的资源配置，因而促进了东盟区域内部开始逐步形成专业化的分工格局。这其中，新加坡拥有熟练的劳动力，并且掌握丰富技术资源,因而扮演了管理中心的角色,东盟其他国家则发展零部件的生产装配业务。此外一些跨国公司还在马来西亚、菲律宾、泰国等国家中建立一系列合作项目,推动东盟次区域劳动分工的形成。

从东盟各国吸引国外资金的来源上看,东盟国家对区域外发达国家的直接投资的依赖程度不仅没有因为1997年的金融危机而下降,反而变得更高。而来源于区域内其他成员国的投资却由于金融危机遭受重创。亚洲金融危机严重打击了区域外国家投资的积极性,加上中国等发展中经济体的竞争,近年来东盟吸引到的外国直接投资呈现出了下降态势。这一点对东盟经济的持续稳定发展具有负面影响。

第二,贸易水平。各成员国间产业内贸易的水平有了一定程度的提高。随着东盟自贸区的建设,一方面各成员国相互间的进口关税水平逐渐下降,各个国家的贸易保护程度也逐渐降低。这不仅促使区域内重新配置资源,也使得成员国贸易产品更加丰富,因而东盟各国的产业分工水平提高了。另一方面,东盟区域内的跨国公司生产中间产品的配件引发了内部贸易,这也大大促进了区内各国间的产业内贸易。

第三,兼并收购。在亚洲金融危机的契机下,欧美跨国公司加快了在东盟自贸区内的兼并活动。从1997年下半年起,由于东盟国家货币贬值,以美元计价企业的收购成本出现大幅度下降,同时东盟各成员国也进一步放宽了外商投资的限制性政策等,一些欧美跨国公司开始频频对那些深陷债务危机、资金非常短缺、处于困境甚至破产边缘的东盟企业进行了收购和兼并。这一点对东盟一体化建设也产生了一定影响。

3. 借鉴东盟自由贸易区合作开发经验

东盟自由贸易区的发展,逐步形成了适合各成员国需要的机制和运行模式,有其特色,值得图们江区域各国认真分析、借鉴。

(1) 要加强各方沟通。针对图们江区域周边各国的发展情况,共同制定图们江区域合作开发分阶段分步骤的计划。

(2) 由于图们江区域各城市与周边各国发展速度,优势资源和重点产业都不一致,东盟各国发展速度也不一致,可以学习东盟各国决策机制和执行决策机制,避免决策机制没有最高权威的缺陷,求同存异,发挥各自的优势,形成区域竞争力。

(3) 充分发挥区域内各国要素优势,形成区域周边各国产业优势互补,形成差异化的产品市场,在更广的范围内整合资源,促进资源与市场的共享,形成合作共赢的态势。

第9章
展望图们江区域
未来发展

一、协调多方制定合作开发规划

图们江区域的真正出路在于合作开发,通过合作实现增长,通过发展促进深入合作。合作就要寻求共同利益,做出适当让步,追求合作效益的最大化。合作开发将是一个长期的过程,各方将进行着各种利益的角逐、博弈,在博弈中实现着增长、发展。

1. 研究制定图们江区域合作开发规划

中国政府已经制定了中国图们江区域合作开发规划。俄罗斯、朝鲜也相继制定了类似规划。三方应共同确定统一的发展目标,明确合作开展重点及任务,提供相应的法律、政策保障和资金支持。尽快建立联合工作组,或双方工作组,寻求共同的建设目标和利益共同点,分步实施,先易后难,逐项落实,协同推进、优势互补、互惠互利,形成合作共赢的利益格局,寻求合作开发利益的最大化。

适时建立中俄朝三国政府协商机制和中俄朝蒙韩五国政府首脑会晤机制,研究解决三国、五国合作开展中遇到的重大问题,为合作开发提出法律保障和政策支撑,共同促进合作各方实现繁荣、稳定、持续发展目标的实现。

2. 修改各国相关的法律、法规

完善相关海关、税收政策,降低税率,促进投资便利化,吸引国际资金和跨国公司进入。统一检验、检疫、进出口标准,放宽银行设立条件和服务范围,相互给予最惠国待遇。加强公路、铁路、航线、港口、机场、口岸等交通基础设施建设,加强通讯、特别是移动通信建设和制式的统一,畅通物流、降低物流成本,提高效能。目前中俄朝三国的经济发展水平和办事效率差别不一,在交通、通讯、铁路、高速公路、航空等基础实施差异较大,无形中提高了物流成本,大量货物积压在口岸,最终导致商品价格上升,合作收益降低。对等启动外国人入境免签停留政策,时间可放宽到1至2个月。放宽外国人居留与就业,对高端人才予以"绿卡"待遇,方便其自由往来。

3. 加强跨境合作区建设

中、俄、朝三国要从各自战略利益出发,加快三国临近区域的开发与开发,设立类似"特区"的区域,赋予特殊政策,建立境内关外模式的跨境经济合作区。放松管制、开放口岸、便利人员与货物往来,提高服务水平,改善服务质量,共同打造世界投资与开发的新亮点,具有广阔发展空间的新区域。WTO下的国际贸易日益便利化,资金、技术、人员、商品、服务在全球范围流动,寻求适宜的区域和升值空间,实现利益最大化。欧盟国家间取消边境和海关,避免了相互检查、检疫,为欧盟内的货物、技术、人员、资金、服务流动带来了极大的便利,节省了大量资金与人力,提高了竞争力和交易收益。值得认真借鉴。

4. 大力提升产业技术水平

中国政府已在延吉设立了国家级高新技术产业开发区,致力于打造图们江区域新的经济增长极。俄罗斯、朝鲜也应设立相应的高新技术园区,促进本国经济发展转型和产业升级。建设产学研技术创新战略联盟是促进区域产业加快发展的有效途径,借助外力有助于技术转移。中国政府已在延边州设立了两个国际科技合作示范基地,将从全球范围引进先进技术和人才助力中国延边州的开发开放。俄罗斯拥有先进的技术和大量优秀科技人才,完全可以在滨海边疆区设立高新区或国际科技合作基地,为企业发展提供技术服务和人才支撑。朝鲜同样拥有一些优势技术和科技人才,在罗津先锋地区同样可以获得良好的发展前景。

着力培育创新型企业。通过科技计划、政策服务等方式,力争每年新增一批高新技术企业、科技型中小企业。鼓励高校、科研院所科技人员创办科技型中小企业,引导高校毕业生创业创新,积极吸引海外高层次人才来图们江区域落户创业。降低创业门槛,简化科技型企业申请注册程序。鼓励科技人员以商标、专利和非专利技术等自主科技成果出资入股创办企业。高校、科研机构职务发明获得的知识产权,符合条件的,发明人可自行运用实施。高校、科研机构转化职务科技成果以股权形式给予科技人员奖励,暂不征收个人所得税。创业投资企业采取股权投资方式投资未上市中小高新技术企业的,给予一定的所得税优惠。高新园区和县(市、区)要设立创业投资基金,支持科技型中小企业发展。

大力推动新兴产业加快发展。整合各类产业发展专项资金,组织实施产业科技重大专项,实施科技项目、研发机构、创新人才"三位一体"改革举措,积极发展新一代信息技术、新能源、新材料等战略性新兴产业。延边高新区等应按一定比例划出土地专门用于发展战略性新兴产业、高新技术产业。对战略性新兴产业、高新技术产业项目用地给予地价优惠,并优先供地。加强一体化电子商务技术攻关、系统外包服务模式创新,培育发展研发设计、知识产权、检验检测、科技成果转化、信息技术、生物技术服务等高技术服务业,促进新兴文化产业与传统产业的融合发展。

加快推进传统优势产业改造升级。加快高新技术和先进适用技术在特色优势产业的推广应用,提高中小企业新产品开发能力。大力实施品牌创新、质量创新和标准创新工程,鼓励和推进先进装备制造业大发展,加大对采购和应用本地先进装备的支持力度。加快推动制造业向智能化、网络化、服务化、国际化转变,推进工业化与信息化深度融合,培育一批在国内外有竞争力的知名企业。

5. 加快完善区域创新体系

引导鼓励企业成为技术创新主体。按照"企业自主、市场运作、政策扶持"的原则,大力发展企业研究院、院士专家工作站和博士后工作站,对获得国家、省、市级认定的企业研发中心和技术中心,分别给予奖励。力争建立一批国家级、省级、市级企业研发中心和技术中心。国家研发费用加计扣除、高新技术企业所得税、固定资产加速折旧等税收优惠政策要全面落实到位。鼓励企业申报承担国家、省级科技计划项目,积极争取中央、省级财政支持,市、县(市、区)级财政科技资金按规定予以配套资助。

强化产业政策导向。把促进产业投资和"腾笼换鸟"、淘汰落后产能结合起来,把土地利用再开发和培育科技型中小企业结合起来,建设一批小微企业创业园。加快推进现代企业制度建设,以企业制度创新促进科技人才集聚、带动科技企业的培育和发展。

鼓励和推动形成创新利益共同体。积极推进企业与高校、科研院所合作,以产权为纽带、以项目为依托,形成各方优势互补、共同发展、利益共享、风险共担的协同创新机制。支持高校、科研院所将非经营性国有资产转为经营性国有资产,用于科技成果研发和产业化。科技资金对高校、科研院所的支持额度要与其相应的 R&D 经费支出挂钩。政府通过购买服务的方式,鼓励高等院校和科研院所采用市场化方式,向企业开放各类科技资源,为企业提供检测、测试、标准等服务。支持科技型中小企业与科研院所、高等院校、大企业联合组建技术研发机构和产业技术创新战略联盟,合力开展产业核心关键技术研究开发、推广应用,共享科技创新成果。

加强人才引进、培养和培训。制定引进海内外优秀人才到图们江区域创新、创业的政策;建立院士活动站、大学分校、大院大所分支机构等模式,集聚一批优秀人才。中外合作建设大学、研发机构,设立国际学校、合作建立图们江国际大学,为该区域的长远发展培养后备人才。

强化高校对创新发展的支撑。引导高校科学定位、特色发展,建设一批不同层次、不同类型的大学,大力培养创新型人才,为创新发展提供强大支撑。支持延边大学建设高水平大学,扩大规模,提高档次。支持国内外著名高等院校在图们江区域建立专业院校。

第9章　展望图们江区域未来发展

强化对创新产品推广应用和市场拓展的扶持。综合运用政府采购、市场培育、需求创造、风险补助等多种措施,以市场引领创新,以应用促进发展。搭建信息平台,在政府采购和公共资源交易中,不断提高自主创新产品应用比重。每年择优支持一批具有自主知识产权、市场潜力大的科技成果在企业实现产业化,对购买高校、科研院所技术成果并在本地实施转化的企业,按其年技术成果交易额的一定比例给予补助。对符合条件的技术转让所得给予企业所得税优惠。鼓励企业大力发展电子商务,支持企业赴境内外参展、开拓市场,提高国内外市场竞争能力。

6. 强化创新发展平台支撑

重点建设延边高新技术产业开发区。推进延边高新技术产业开发区体制机制创新和产业创新,争创全国一流。加大政策和要素保障力度,扩大延边高新区的发展空间。积极引进重大创新项目,培育战略性新兴产业、特色优势产业、现代服务业等产业集群,大力培育新材料、高新技术服务业两大辅助产业,积极推进以高新技术改造提升传统优势产业。实施平台建设工程、科技金融工程、知识产权工程,真正把高新区打造成为高端产业集聚区,在2020年主要指标接近或达到国内先进高新技术产业开发区同期发展水平。

建设高水平创新平台。联动推进科技创新基地与新兴产业基地、研发基地与总部基地建设。充分发挥各方力量,加快推进大学科技园建设,通过10年左右的努力,在延边市打造环大学科技园经济产业带,建成一座现代科技城。加快建设一批省级高新园区和创新基地、省级农业高科技园区。积极引进市外大院名校或科研机构共建创新载体,在项目、资金、人才和场所方面予以保障。充分利用国内外创新资源。鼓励企业"引进来、走出去",积极开展科技合作与交流。支持企业与国内外大院名校或科技创新企业开展产学研合作,引进或共建创新载体,促进科技成果产业化。加强技术引进、消化、吸收、再创新。积极引进科研院所和知名企业研发中心来图们江区域设立分支机构和科技成果转化基地。重点要加强激光与光电、新能源汽车、新材料等产业引进创新载体,转移转化科技成果。

7. 努力建设创新人才高地

大力培养引进高层次人才和创新团队。实施高层次人才培养和重点创新团队建设等重点人才工程,利用延边高新技术产业开发区等平台,加大高端人才集聚力度。培养造就和引进一批能冲击国际国内科技前沿、突破核心关键技术的创新领军人才、学科带头人,一批熟悉市场经济规则、推动产业转型升级的企业家,一批科技创新能力强、学术水平高、吸引和集聚人才的创新团队。

大力培养高技能人才。充分发挥普通高校、职业院校和技工院校人才培养优势,以提升职业素质和职业技能为核心,以技师和高级技师为重点,建设一支技艺精湛的高技能人才队伍。充分发挥企业在高技能人才队伍建设中的主体作用,切实加强校企合作,加强综合性高技能人才公共实训基地建设。

优化创新人才政策和机制。研究制定更有力度的人才政策,大力发展人才资源服务业。在有条件的园区、高校院所开展人才管理改革试验,引领建设一批人才高地。支持高校、科研院所将科技成果产业化业绩作为职务晋升的主要依据,建立以创新质量和贡献为导向的评价机制,推动科技成果转化和产业化。市、县(市、区)财政科技专项资金要安排一定比例支持科技人员自由探索与创新。优化人才住房政策,扩大保障面,允许企业在厂区内自建一定比例的专家楼和公寓用于安置企业高层次人才。完善吸引人才的激励保障政策,加强人才落户、医疗、住房、子女就学、配偶安置等方面的保障,优先解决企业人才困难,创造事业留人、感情留人、待遇留人、环境留人的良好环境。

8. 建立多元化科技投融资体系

创新财政科技投入方式。财政科技投入的增长幅度应高于本级财政经常性收入的增长幅度一个百分点以上。市、县(市、区)财政科技资金重点向科技创新服务平台建设、企业技术创新和成果产业化项目倾斜。发挥财政科技资金的杠杆作用,创新运用以奖代补、贷款贴息、创业投资引导等财政科技多元投入方式,提高全社会科技投入总量和财政资金的使用绩效。整合财政科技资金发起设立风险投资基金、股权投资基金,作为种子基金吸引民间资本投资高新技术企业和科技型企业。

加强对科技企业融资的支持和引导。鼓励金融机构加大对科技型中小微企业的信贷投放力度。完善覆盖科技企业初创期、成长期、成熟期不同阶段的多元化投融资体系。发挥市级创业投资引导基金和风险投资基金作用,采取政策引导、资金参股和风险补偿等措施,吸引国内外创业投资基金、股权投资基金和运营机构。建立完善上市后备企业资源库,对拟在国内股票交易所上市的科技企业、实现首发上市或非首发上市符合相关条件的科技企业、在境内外证券市场首发或实现融资非首发上市的科技企业,给予一定的奖励。

二、推进图们江区域开放型经济发展

经济改革和对外开放为中国经济社会发展注入了新的动力和活力,推动了社会主义市场经济体制的建立和完善,提升了中国的综合实力、国家影响力和国际竞争力,促进了中国和世界各国的共同发展。当前,国内外环境正在发生深刻复杂变化,各类自由贸易协定大量涌现,区域经济合作蓬勃发展,成为经济全球化的重要动力。据统计,目前向世界贸易组织通报并仍然有效的区域贸易安排共 249 个,70% 左右是近 10 年出现的。目前,世界贸易组织 159 个成员方中只有 1 个没有参与区域贸易安排。超大自由贸易区——跨太平洋伙伴关系协定(TPP)已于 2015 年 10 月签署。超大自由贸易区——跨大西洋贸易与投资伙伴关系协定(TTIP)签署,将对经济全球化的走向产生深远影响。中国建设自由贸易区形势紧迫。一批新兴经济体快速崛起,发展中国家成为拉动世界经济增长的重要力量,金砖国家在全球经济总量中比重已超过 20%。国际产业分工与合作仍在深化,新技术革命的突破性进展,使得抢占产业制高点的竞争更加激烈。各类要素成本的不断上升导致中国制造的低成本优势不断削弱,中国的经济发展面临着前所未有的新挑战。2015年9月,中国国务院发布了《关于构建开放型经济新体制的若干意见》。当前,图们江区域发展正站在新的起点上,面对新形势、新挑战、新任务,图们江区域各方要加快建设开放型经济,参与新形势下的国际经济竞争。

1. 建立宽松的外商投资准入市场

全球区域经济一体化格局正在发生变化,创新引领发展的趋势更加明显,而中国经济已进入转型期和换挡期。如何创新外商投资管理体制,提高引进外资质量,稳定外商投资规模和速度成为国家和区域普遍关心的问题,不同国家和区域进行了积极实践。中国正致力推动服务领域贸易投资自由化、便利化,以高水平的对外开放促进服务业的大发展,必将为图们江区域创造许多新机会。

(1) 减少市场准入限制。

中国将实施市场准入负面清单制度进行顶层设计,意味着此项准入制度将从外资领域扩大到包括内资在内的所有投资,是中国经济管理体制的重大变革。区域内各国应扩大开放,加快完善外商投资监管体系,加快为外商投资创造开放、透明、稳定、可预期的商业环境,引入新资本、人才、技术,为当地经济发展注入新的活力,增添动力,实现持续增长。只有最大限度减少市场准入限制,降低投资、创业门槛,才能把各类市场主体的潜力活力充分激发出来。在制造业方面,农副产品加工、酒类、烟草、印刷、文教用品等一般制造业领域完全放开,只在航空、汽车制造、轨道交通设备等重点领域对外资仍有所限制。在服务业中,增加管理措施的领域主要集中在金融、文化、体育和娱乐领域。项目设置强更宽松,准入门槛也将更低。

(2) 争取进入负面清单试点。

市场准入负面清单由国务院统一制定发布。采取先行先试、逐步推开的原则,逐步完善后探索形成全国统一的市场准入负面清单及相应的体制机制。政府从审批型转向服务型,相关体制是关键。一方面是机构改革、监管方式、标准设置等政府监管体制的转型;另一方面委托专业的第三方机构进行市场化改革的整体推进。

2. 加快实施走出去经济战略

图们江区域要确立并实施新时期走出去战略,根据国民经济和社会发展总体规划,坚持对外开放,对走出去的投资者和企业提供政策支持和投资利益保障。中国政府明确允许企业和个人发挥自身优势到境外开展投资合作,允许自担风险到各国各地区承揽工程和劳务合作项目,允许走出去开展绿地投资、并购投资、证券投资、联合投资等。鼓励有实力的企业采取多种方式开展境外基础设施投资和能源资源合作。

(1) 提升出口产品质量和技术含量。

提升劳动密集型产品质量、档次和技术含量。利用资本市场支持传统产业收购兼并。鼓励企业以进口、境外并购、国际招标、招才引智等方式引进先进技术,促进消化吸收再创新。支持国内企业通过自建、合资、合作等方式设立海外研发中心。鼓励企业按照国际标准组织生产和质量检验。推动出口产品质量安全示范区建设。加快推进与重点出口市场检验体系和证书互认。加强重要产品追溯体系建设,完善产品质量安全风险预警与快速反应机制,建立完善出口产品质量检测公共平台,支持出口企业开展质量管理体系认证。严厉打击出口侵犯知识产权和假冒伪劣商品违法行为。

(2) 培育外贸知名品牌。

引导企业加强品牌建设。推动有条件的行业和企业建立品牌推广中心,推介拥有核心技术的品牌产品。鼓励企业创立品牌,鼓励有实力的企业收购品牌。支持企业开展商标和专利的国外注册保护,开展海外维权。采取多种方式,加大中国品牌海外推介力度。鼓励企业将售后服务作为开拓国际市场的重要途径,提升服务质量,完善服务体系。鼓励企业有计划地针对不同市场、不同产品,采取与国外渠道商合作、自建等方式,建设服务保障支撑体系,完善售后服务标准,提高用户满意度。积极运用信息技术发展远程监测诊断、运营维护、技术支持等售后服务新业态。

(3) 大力拓展产业投资。

推动中国优势产业产能走出国门,促进中外产能合作。鼓励较高技术水平的轨道交通、工程机械、汽车制造等行业企业到沿线国家投资。支持轻工纺织、食品加工等行业企业到沿线国家投资办厂。支持境外产业园区、科技园区等建设,促进产业集聚发展。

(4) 优化周边经贸发展格局。

以重点产业园区为基础,着力推进重点开发开放试验区、境外经贸合作区、跨境经济合作区、边境经济合作区等建设,共同打造若干国际经济合作平台。中俄朝蒙韩五国经济上存在着很多互补性,只有开放市场,促进生产各要素在区域内自由流动,才能降低成本,释放生产潜力,提高生产效率和市场竞争力,分享国际市场收益。

3. 全力提升贸易便利化水平

在提升贸易便利化水平方面强化大通关协作机制,加快国际贸易"单一窗口"建设,加快一体化通关改革,整合和规范进出口环节经营性服务和收费。

(1) 在贸易便利化方面加快国际接轨。

外贸体制改革为国内进出口企业减负,促进进出口稳定增长,有力拉动了全球贸易增长。扩大服务贸易规模成为中国的新亮点,依托大数据、物联网、移动互联网等新技术,推动服务业转型,制定与国际接轨的服务业标准化体系,促进服务外包升级等。中国区域服务贸易持续增长。具有很大的市场空间。图们江区域各国经济差异较大,存在着很大的贸易空间。开放市场,相互给予国民待遇,降低或取消关税,促进各类贸易活动,实现区域内消费类产品自由流动,放开一般性服务行业,将带来可观的收益,也将使企业和人民获得实惠。

(2) 贸易便利化关键是快捷。

国际货物运输、货物的到达速度越快成本越低,效果越好。进一步下放政府权利,减少收费环节,降低贸易成本,对扩大贸易是具有不可估量的作用。贸易便利化可望带来带来无限的商机,加快物流减少额外费用,贸易便利化让货物能够加速的通关、便利、减少费用。

4. 保护创新成果与知识产权

知识产权的保护状况是衡量一个地区创业环境的核心指标之一,反映着一个区域创新环境的发展程度。完善专利创造、运用激励政策,重点支持 PCT 国际专利申请,强化专利转化运营。推进版权免费登记,实行计算机软件版权登记补贴制度,引进培育高端服务机构和专业人才,建设图们江区域知识产权服务中心。

(1) 为创新驱动发展营造良好的法治环境。

实施重点区域专利促进工程,开展招商引资专利服务行动,加大对科技创新活动和科技创新成果的法律保护力度,保护技术、专利持有者的权益,维护其合法利益,依法惩治侵犯专利、商标、版权等知识产权的违法犯罪行为,维护良好的市场秩序。

(2) 强化对科技人员的股权、期权、分红权激励。

提高科研人员成果转化收益比例,将研发人员的收益比例从 20% 提到 50%。让创新人才通过成果转化实现合理回报。充分释放创新潜力和活力,营造符合创新规律的科研环境,调动广大科技人员的积极性和创新意愿,支持和鼓励新业态、新模式,充分发挥企业作为创新主体的作用,尊重技术创新的市场价值规律。

三、打造图们江区域发展新的经济增长极

1. 坚定不移实施创新驱动发展战略

图们江区域发展的真正出路在于创新,要把创新驱动发展战略作为

区域各方发展的核心战略,推动以科技创新为核心的全面创新。

(1) 进一步解放思想更新理念。

以创新的城市观念引领创新行动,着力破除科研人员、企业家、创客、创业者创新创业的障碍,打通科技成果向现实生产力转化的通道,全速发动创新驱动引擎,充分激发全社会创新能量。破除一切制约创新的思想障碍和制度藩篱,激发全社会创新活力和创造潜能,营造大众创业、万众创新的政策环境和制度环境,加快汇聚起经济社会发展的强大新动能。

(2) 强化政策和制度创新。

将创新驱动贯穿于经济社会发展的各个领域、各个方面,发挥科技支撑引领作用,健全工作体系,分解落实任务,明确工作责任,制定配套措施,尽快制定完善相关配套政策和操作办法,加快形成上下联动、多方协同的工作格局,促进科技创新、产业发展和社会管理深度融合,强化绩效考核的导向作用,有计划、有步骤地全面推进,力争早日实现建设创新型城市的战略目标。

2. 加快建设东北亚自由贸易区

发展国家贸易,坚持均衡、普惠、共赢原则发展多边贸易,反对贸易投资保护主义已成为射界各国的普遍共识。

(1) 建设自由贸易区成为区域发展新亮点。

当今世界各类自由贸易区不断涌现,中国已签署自贸协定达到14个,涉及22个国家和地区。分别是中国与东盟、新西兰、新加坡、巴基斯坦、智利、秘鲁、哥斯达黎加、冰岛、瑞士、韩国和澳大利亚的自贸协定,内地与香港、澳门的更紧密经贸关系安排(CEPA),以及大陆与台湾的海峡两岸经济合作框架协议(ECFA)。自贸区的延伸推动了双边、多边经贸关系的飞跃,全球贸易体系正发生重大变革。中国第一阶段的对外开放是利用经济全球化机遇参与国际分工,重在参与别国创造的机会,在新一个阶段的对外开放中,中国要积极参与、引领国际规则的制定,主动为自己和别国创造经济发展的机会。广泛、多层次的经济合作,为区域内各国企业、人民带来的新的投资、创业机会,新企业和新服务模式的涌现,人民生活水平的不断提高是合作开发的最好回报。中俄、中蒙要加快自由贸易区建设,中朝应加快跨境国际经济合作区建设,促进区域内投资、商品和服务自由流动,消除贸易壁垒,从而实现"双赢"或"多赢"。

(2) 争取特殊投资贸易信贷政策。

着力建设东北亚自由贸易区。自由贸易区可有效提升该区域的经济发展引力,消除贸易壁垒,进一步开放市场,吸引资本和人才、技术流入。加快建立各国政府间的贸易政策协调沟通机制。图们江区域应在政策上积极争取差别化待遇。争取实施特殊的投资贸易信贷政策,对图们江区域境外投资企业进口原油、成品油、化肥、钢材、矿产品等资源性商品免征进口关税和进口环节增值税;对国家紧缺资源实行进口补贴;对图们江区域境外投资企业生产的农产品,实行免关税配额政策。赋予图们江区域对中亚国家差别化贸易政策,对图们江区域自产自用有余、属国家重点管理的出口商品,由图们江区域进行管理和许可证发放;图们江区域开展边境贸易进口环节双倍抵扣政策和边贸出口商品的退税政策;赋予图们江区域自主审批和相关政策制定权限。允许商业银行资金进入境外投资领域,对到境外进行资源开发、加工贸易和产品替代发展的企业所需的流动资金贷款,经信用评级授予或扩大授信额度;对效益好的境外资源开发类投资项目,给予专项商业贷款优惠利率支持;支持符合条件的企业到国际资本市场融资。

(3) 启动东北亚自由贸易区建设工作。

将中国延边、俄罗斯滨海边疆区、蒙古乔巴山地区作为作为推进东北亚区域经济一体化发展的试验田,先行先试,争取尽早在图们江区域设立东北亚自由贸易区,加强中俄、中蒙、中朝国际经济技术合作,设立几个口岸综合保税区。设立图们江区域—国家沿边改革开放试验区。积极推动能源综合配套改革、金融改革开放综合配套创新试验。对金融服务体系、对外开放体制、财税体制、基础设施共享共建、产业发展体制创新先行先试。实施包括对外商投资的负面清单管理、贸易便利化、金融及服务业开放和完善政府施政机制等,由扩大及优化开放来实现开放红利,并促进改革与产业发展,以改革开放来建设新兴高端产业,推进图们江区域参与经济全球化及现代服务业发展。

3. 创建长吉图国家自主创新示范区

为转变图们江区域经济发展方式,实现创新驱动发展,中国政府继在长春、吉林市建立国家高新技术产业开发区之后,有在延吉设立了国家高新技术产业开发区,必将对延边州的产业发展带来深化的影响和变化,发挥示范引领作用。

(1) 启动建立长吉图国家自主创新示范区。

在长春市、吉林市、延边朝鲜族自治州推进自主创新、科技成果转化、人才引进、科技金融结合、知识产权运用和保护等方面进行积极探索,在高技术产业发展方面先行先试、探索经验、成为做出示范的区域,着力于打造图们江区域新的经济增长点。中国吉林省应在重大项目安排、体制机制创新等方面给予支持,充分发挥长吉图区域的产业优势和创新资源集聚优势,开展创新政策先行先试,激发各类创新主体活力,着力研发和转化国际领先的科技成果,打造一批具有全球影响力的创新型企业,全面提高自主创新和辐射带动能力,努力把长春、吉林、延吉高新区建设成为创新驱动发展引领区、高端产业集聚区、开放创新示范区和地区发展新的增长极。

(2) 扶持发展高新技术产业。

扶持高新技术企业发展,高新技术企业是高新技术产业的承担主体,企业数量的多少,层次的高低是衡量一个地区高新技术产业化水平的重要标志。要通过政策、项目和资金等集成支持与倾斜,选择一批科技成长型企业,引导其向电子信息、现代装备制造、新材料、新能源等高新技术领域方向发展。通过引进先进技术和自主研发相结合,实现工艺创新和产品更新,使之迅速成为高新技术产业的后备力量。做好企业申报高新技术产业推介服务工作,使之较快享受高新技术企业的优惠待遇。培养高新技术企业成为拥有自主知识产权核心技术和自主品牌、核心竞争力强的大企业，充分发挥其在自主创新和高新技术产业发展中的引领带动作用。

(3) 加快用高新技术改造传统产业。

改革产业准入和监管制度。落实国家支持新技术新产品新商业模式发展的改革举措。改革产业监管制度，将注重前置审批转为加强事中事后监管。建立市场综合执法平台，强化监管部门行政执法联动。发展高新技术不能没有传统产业做依托，传统产业的生命力蕴含在高新技术中。要通过高新技术的采用与辐射，使传统产业高新化，催生传统产业向高新技术产业的转换，逐步实现企业质变，从而扩张高新技术企业的比重。针对传统产业升级所面临的重大共性和关键技术难题进行联合攻关，加速产品的更新换代，提高产品的技术含量和附加值。发挥大企业的辐射作用和溢出效应，促进配套企业扎堆发展，降低运输成本，培育和带动产业链上下游企业集聚发展，形成新的产业链，实现产业集聚。把促进产业投资和"腾笼换鸟"、淘汰落后产能结合起来，把土地利用再开发和培育科技型中小企业结合起来，建设一批高新技术产业园和小微企业创业园。发展与跨国公司、大型国企和民营企业的合作，引进先进技术、设备和战略投资。

(4) 大力发展企业孵化器。

加快发展以企业为主体、投资多元化、实行市场运作、政府扶持的科技创新孵化体系。各级政府应把科技企业孵化器建设纳入国民经济和社会发展计划；在有条件的地区政府应加大财政投入，支持当地科技管理部门利用财政资金建设孵化器；积极引导各类非政府组织、企业和自然人利用社会资金和闲置房屋参与孵化器建设。支持符合条件的科技企业孵化器申报国家和省级科技企业孵化器；对申报并获得国家级科技企业孵化器公共服务平台、专业创新平台、科技型中小企业创新基金小额资助项目等，各级财政科技经费要给予配套扶持。

(5) 俄罗斯、蒙古、朝鲜也应设立高新技术产业开发区。

促进本国经济发展转型和产业升级，共同提升区域产业结构，开发新产品,拓展新服务。建设产学研技术创新战略联盟是提升区域产业加快发展的有效途径,这方面尚有很大的发展空间。中国政府已在延边州设立了两个国际科技合作示范基地,将从全球范围引进先进技术和一流人才助力中国延边州的开发开放。俄罗斯拥有先进的技术和大量优秀科技人才,完全可以在滨海边疆区设立类似的高新区或国际科技合作基地,为当地企业发展提供技术服务和人才支撑。蒙古要适应世界经济发展趋势,通过在毗邻中国或俄罗斯边境地区建立高新技术产业区提升本国产业技术水平。朝鲜同样在某些领域也拥有一些优势技术和科技人才,在其罗津先锋地区同样可以建立相应的区域和基地。各方共同提升企业技术水平,优化产品结构,转向内涵式增长。进一步扩大对外开放,加强合作,发挥开放对技术创新和产业升级的引导作用,推动经济发展扩大规模向提升效益转变,减少对低成本的依赖,注重建立以人才、资本、技术、服务、品牌为核心的综合竞争优势,促进经济迈向中高端水平。

4. 强化对创新产品的扶持支持

(1) 落实国家鼓励创新的优惠政策。

利用国家研发费用加计扣除、高新技术企业所得税、固定资产加速折旧等税收优惠政策,用足用好现有政策,兑现政策承诺,避免出现"政策洼地"。鼓励科研机构、高校、企业申报承担国家、省级科技计划项目,积极争取中央、省级财政支持,州、(市、县)级财政科技资金按规定予以配套资助。鼓励和推动形成创新利益共同体。

(2) 制定支持采购创新产品和服务的政策措施。

加大创新产品和服务的政府采购力度。采用首购、订购等非招标采购以及政府购买服务等方式,促进创新产品研发和规模化应用。加快落实使用首台(套)重大技术装备鼓励政策。综合运用政府采购、市场培育、需求创造、风险补助等多种措施。以市场引领创新,以应用促进发展。搭建信息共享平台,在政府采购和公共资源交易中,不断提高自主创新产品应用比重。每年择优支持一批具有自主知识产权、市场潜力大的科技成果在企业实现产业化，对购买科研院所、高校技术成果并在本地实施转化的企业，按其年技术成果交易额的一定比例给予补助。对符合条件的技术转让所得给予企业所得税优惠。重点发展先进装备制造业，落实国家首台首套政府采购政策，加大对采购和应用本地先进装备的支持力度。

(3) 完善企业为主体的创新机制。

充分发挥企业在创新决策中的重要作用，在规划、计划、政策、标准等研究制定中吸收更多企业家参与，扩大企业在创新决策中的话语权。对市场导向明确的科技项目，由企业牵头，政府引导，联合高等院校和科研院所组织实施。鼓励企业自主决策、先行投入，开展重大产业技术研发攻关，政府更多运用财政后补助和间接投入等方式予以支持。鼓励企业牵头组建产业技术创新战略联盟。

(4) 创办科技型中小企业。

通过科技计划、创新政策与服务方式，力争区域内每年新增一批高新技术企业、科技型中小企业。鼓励高校、科研院所科技人员创办科技型中小企业，引导高校毕业生创业创新，积极吸引海外高层次人才创新创业。扶持一批大型企业作为创新型试点企业。不断增强企业自主创新能力，使其成为主业突出、创新能力强、带动性好的龙头企业，发挥其产业辐射、技术示范和销售网络的带动引领作用。

(5) 进一步降低创业门槛。

为促进创新创业，简化科技型企业申请注册程序。从 2015 年 10 月 1 日起，中国新企业注册实行"营业执照、组织机构代码证、税务登记证"三证合一了，任何新设立的企业、农民专业合作社，只要向工商部门提出申请，获得一个加载统一社会信用代码的营业执照即完成注册，而且免费。减轻创业者创办企业的负担，推进商贸流通体制改革，清理和废除影响市场公平竞争的过时规定。纠正不当补贴和利用行政权力限制、排除竞争的行为。加快建立全社会征信体系。

5. 大力扶持创新型企业发展

创新已成为驱动企业发展的最主要动力，创新型企业已成为带动区域发展的主要驱动力量。2014年中国技术合同成交额8570亿元。与市场渴望科技成果的状况形成强烈反差的是，科研机构和高校集聚了大量高层次人才，获得了国家大量科技经费支持，积累了大量科研成果，但是却很少进行技术交易和科技成果转化。

(1) 支持企业建立研发机构。

建立企业研发中心、技术中心、院士专家工作站、博士后工作站。建立一批国家级、省级、州级企业研发中心和技术中心。积极推进企业与科研院所、高校开展多种形式的合作，以产权为纽带、以项目为依托，形成各方优势互补、利益共享、风险共担、共同发展的协同创新机制。支持科技型中小企业与科研院所、高等院校、大企业联合组建技术研发机构、工程技术研究中心和产业技术创新战略联盟，合作研究产业核心关键技术，共享科技创新成果，加快成果的开发及推广应用。

(2) 科研机构和高等院校向社会开放各类科技资源。

政府通过购买服务的方式鼓励科研机构和大学开放科技资源，为企业提供检测、测试、标准等专业化服务。积极实施重大科技专项。加大资金支持力度，组织实施一批重大和重点科技项目。重点支持那些市场规模大、产业化前景好的项目，优先安排战略性新兴产业领域和传统优势产业提升改造的项目。

(3) 鼓励企业与科研机构、高等学校联合研发产业技术。

支持产业共性技术和关键支撑技术项目的研发，选择若干项对发展高新技术产业有重大影响的关键技术、共性技术，作为主动设计项目，面向社会招标，开展联合攻关，并予以重点支持。积极争取国家经费支持，争取在国家科技计划、国家科技型中小企业技术创新基金等计划项目取得新突破。重视新产品开发项目。

(4) 开发新产品是企业成功的关键。

市场经济是产品经济,随着国内外市场需求的不断变化,支持企业以市场为目标,通过新技术、新工艺、新设备促进产品的升级换代,形成和创造新的市场需求;重点支持那些技术上专、精、特、新,市场上紧缺或空白的新产品项目。

(5) 加快科技成果转化应用。

新修订的《中华人民共和国科技成果转化法》就是要加大加快大学和科研机构的成果向企业、社会转化的速度、效率,建立合理的利益分配机制。科技人员对现金和股权奖励的比例从20%提高到50%。鼓励科技人员以商标、专利和非专利技术等自主科技成果出资入股创办企业。高校、科研机构职务发明获得的知识产权,符合条件的,发明人可自行运用实施。高校、科研机构转化职务科技成果以股权形式给予科技人员奖励,暂不征收个人所得税。创业投资企业采取股权投资方式投资未上市中小高新技术企业的,给予法定上限的所得税优惠。

6. 为创业创新打造新的"众创空间"

要充分发挥市场配置资源的决定性作用,加快转变政府职能,进一步激发市场活力,促进众创、众包、众筹,为创新、创业、创意、创客发展提供支持和服务。

(1) 构建"众创空间"新平台。

集成落实政策,完善服务模式,以新型创业平台为载体,吸引和集聚各类优秀创新创业人才。要坚持政府引导和市场主导,充分发挥社会力量的重要作用,释放创新创业政策效力,充分发挥国家高新区、国家大学科技园和高校、科研院所的资源优势,盘活利用政策工具、仪器设备、闲置厂房等资源,大力发展专业化、集成化、市场化、网络化的创业服务体系,为小微创新企业成长和各类人才创业提供全要素、低成本、便利化的开放式综合服务平台,使创新成为企业的共同追求,创业成为高校毕业生择业的重要选择,打造区域经济发展新引擎。

(2) 创新财政投入方式。

参照北京、上海、广州、深圳等城市做法,加大财政科技创新投入,使之超过财政支出的 2.5%,财政科技投入的增长幅度应高于本级财政经常性收入的增长幅度一个百分点以上。州(市、区)财政科技资金重点向科技创新服务平台建设、企业技术创新和成果产业化项目倾斜。发挥财政科技资金的杠杆作用,创新运用以奖代补、贷款贴息、创业投资引导等财政科技多元投入方式,提高全社会科技投入总量和财政资金的使用绩效。整合财政科技资金设立风险投资基金、股权投资基金,作为种子基金吸引民间资本投资高新技术企业和科技型企业。

(3) 加强创新创业辅导。

推进创新创业,要注重发挥创业导师的作用,对新的创业者,新创办的企业及时进行辅导,提高创业成功率和企业存活率。除了政府设立创业辅导机构外,大力支持民间创业服务机构的发展。专业化服务机构将大大提高新创建企业的存活率和生命周期,创业咖啡、车库咖啡等新型创业孵化机构催生了小微企业的诞生和成长。

7. 实施"互联网+"工程,催生经济新业态

"互联网+"是知识社会创新 2.0 推动下的互联网形态演进及其催生的经济社会发展新形态,是互联网思维的进一步实践成果,它代表一种先进的生产力,推动经济形态不断的发生演变。

(1) 促进互联网与传统行业进行深度融合。

利用信息通信技术以及互联网平台,创造新的发展生态。从而带动社会经济实体的生命力,为改革、创新、发展提供广阔的网络平台。充分发挥互联网在社会资源配置中的优化和集成作用,将互联网的创新成果深度融合于经济、社会各领域之中,提升全社会的创新力和生产力,形成更广泛的以互联网为基础设施和实现工具的经济发展新形态。加快高新技术和先进适用技术在特色优势产业的推广应用,提高中小企业新产品开发能力。

(2) 推进互联网广泛应用。

加快推动制造业向智能化、网络化、服务化转变,推进工业化信息化

深度融合,开发新产品,拓展新服务,培育一批在国内外有竞争力的企业。鼓励企业大力发展电子商务,支持企业赴境内外参展、开拓市场,提高国内外市场竞争能力。适应消费者消费模式变化,创新企业新的营销模式,开发网络销售和服务系统,提供门到门的营销和服务。

8. 营造创业创新良好氛围和营商环境

营商环境是国家、区域参与国际经济合作与竞争的重要依托,是经济软实力的重要内容。

(1) 建立公开透明的市场规则、竞争有序的创新创业环境。

在世界经济全球化背景下,人才、资源、资金、技术、市场竞争日益激烈,各种生产要素在市场上自由流动,图们江区域城市要按照建设创新型城市和国际示范城市的目标,深化行政体制改革,统一内外资法律法规、市场准入、市场监管、知识产权保护,继续强力推进教育、科技、文化、卫生、体育、旅游等基础设施建设,不断完善城市功能。继续推进教育、医疗、养老等社会事业改革,打造经济繁荣、环境优美的宜居生态型新城区。

(2) 积极营造敢冒风险、尊重创造、宽容失败的创新文化。

大力弘扬勇于创新、团结协作的创业精神,促进不同民族文化融合,引导企业建立以创新为核心价值观的企业文化,向创新要市场、要效益。广泛开展群众性科技创新活动,提高公民创新意识和科学素养,使鼓励创新、宽容失败的创业理念深入人心,创客群体激情迸发,成为城市发展的重要动力,创客精神广泛传播,成为城市文化的重要内涵。创客空间无处不在,创业服务体系完善,创业文化氛围浓郁。加强舆论引导,营造有利于推动图们江区域创新创业的良好氛围和优良的营商环境。

9. 发展高端服务业,建设国际化城市

图们江区域要着力建设一批特色城市,增强城市引力,扩大城市在世界的影响力和知名度。

图们江区域生态良好,风景优美、是世界自然文化遗产和自然保护

区。文化迥异、多民族聚集、历史遗迹与人文景观众多，可以开发特色旅游项目，吸引世界各国游客来旅游与休闲。

开发长白山游、三国游等旅游项目。为此，图们江区域内应启动旅游免签制度，吸引世界各国游客来图们江区域旅游。

在图们江企业举办国际展览会、博览会、国际会议、学术会议等，发展会展产业。中国延边州连续多年举办图们江投资贸易洽谈会，吸引了许多国家的企业与投资者参与，影响力与效益逐渐提升。

发展文化创意机构，经常举办文化演出，不同民族与异域文化风情，将成为吸引世界各国游客的重要特色。

举办国际和区域体育赛事，开发利用体育资源，特别是寒冷的气候和冬季长白山积雪，为冬季赛事项目提供了极大便利，合作举办体育竞赛及健身活动。

图们江区域合作开发是一项重大的区域发展战略，合作开发图们江区域符合区域经济发展需要，符合合作各方的共同利益。图们江区域合作开发的实践昭示我们，实现图们江区域合作开发的目标不可能一蹴而就，可能还需要几十年的努力，是一个复杂和长期的过程。只有树立合作共赢的理念，实现创新驱动发展战略，务实推进项目合作，才会使图们江区域合作开发不断取得新进展，实现新突破。中国参与图们江区域合作开发，必须深入实施《中国图们江区域合作开发规划纲要——以长吉图为开发开放先导区》，按照发展目标和主要任务，扎实推进，务求实效，真正打造东北亚经济新的经济增长极。

20多年的图们江区域合作开发取得了显著成效，对该区域的发展产生了重大影响。开发过程是复杂曲折的，开发难度是异常艰辛的，利益交错和文化冲突使得图们江区域开发成为一场博弈，博弈中的增长惠及合作开发各方，特别是为该区域经济增长、社会发展、人民生活水平的提高做出的重要贡献，为区域内各国、东北亚、世界的发展和繁荣做出实质贡献，使得各方坚定了持续合作开发的决心和信心。图们江区域合作开发将长期处于开发中博弈、博弈中增长的状态之中。

后　记

撰写一部关于图们江区域合作开发的著作,是多年来的夙愿。20世纪90年代末,由于工作的原因,我参与中图们江区域合作开发战略的研究、规划与实践,深切感受到国际合作开发对区域发展的重要作用,中央政府部门与地方协同推进沿边地区发展的关键作用,区域经济战略规划对城市经济的重要导向作用,科技创新对区域经济增长的重要引领支撑作用,创新文化环境对区域发展的长远影响。经过一年多的努力,《图们江区域经济发展研究》一书终于完稿了,这不仅是对图们江区域20年合作开发的回顾、分析,也是对持续推进图们江区域合作开发、经济转型,走创新驱动发展之路的战略思考,希望能对关心、参与、研究图们江区域的机构、人员、区域经济研究人员和管理人员起到参考作用。

本书的撰写得到了魏景赋教授的大力支持,江惠婷、郭健全等的大力协助,做了许多基础性工作。

需要指出的是,书中的内容和观点仅是作者个人观点和一孔之见,不妥之处在所难免,希望各位读者批评指正。

2015年10月

参考文献

[1] 沈悦. 利用长吉图先导区的发展契机深化图们江区域国际合作[J]. 经济纵横, 2010(12): 38.

[2] 崔志鹰. 朝鲜半岛[M]. 上海: 同济大学出版社: 2009: 99.

[3] 韩彩珍. 东北亚地区合作的制度分析[M]. 北京: 中国经济出版社: 2008: 101.

[4] 葛新蓉. 俄罗斯地区经济发展差异现象评析[J]. 西伯利亚研究, 2009: 31.

[5] 胡国洪. 朝鲜5次货币改革过程分析[J]. 中国管理信息化, 2012: 25.

[6] 喻平, 孙小津, 童藤. 日本阶段发展经验与中国对外直接投资战略[J]. 武汉理工大学学报(社会科学版), 2011: 468.

[7] 金明玉, 王大超. 韩国对外直接投资与产业结构优化研究[J]. 东北亚论坛, 2009: 74.

[8] 那图木尔. 蒙古国参与区域经济合作和发展与大国关系[J]. 现代国际关系, 2007(11): 46.

[9] 贸促会. 中国企业对外投资现状及意向调查报告[R]. (2008—2010).

[10] 李键. 论中国产业政策的现状及展望[J]. 中国市场, 2011(48): 115-118.

[11] 张妍. 转轨国家产业政策比较研究——基于中国和俄罗斯视角[J]. 西伯利亚研究, 2008, 35(2): 34-38.

[12] 李智娜. 韩国产业政策的演变及其启示[J]. 商业时代, 2007(6): 100-101, 112.

[13] 张宏武, 时临云. 日本的产业政策及其借鉴[J]. 软科学, 2008, 22(4): 93-97.

[14] 魏际刚. 中国重点产业发展和竞争力状况[J]. 新经济导刊, 2010(11): 79-86.

[15] 郭晓琼. 俄罗斯产业结构与经济增长的互动关系研究俄罗斯研究[J]. 2011(3): 119-134.

[16] 保建云. 朝鲜经济转型中的资源开发与产业发展特点分析[J]. 亚太经济, 2008(1): 46-49.

[17] 李晗斌,赵儒煜.蒙古国产业结构演进研究[J].东北亚论坛,2009,18(5):31-39.

[18] 王绍熙.中国对外贸易概论[M].北京:对外经济贸易大学出版社,2001.

[19] 埃德加·M.胡佛.区域经济学导论[M].上海:上海远东出版社,1992:220.

[20] 尤泳.改革开放以来中国区域发展战略研究[D].重庆:西南大学.2009.

[21] 马克思恩格斯全集(第3卷)[C].北京:人民出版社,1976:3.

[22] 李嘉图.政治经济学及赋税原理[M].北京:商务印书馆,1983:58-60.

[23] 尹翔硕.国际贸易教程[M].上海:复旦大学出版社,2001:21-25.

[24] 华民.国际经济学[M].上海:复旦大学出版社,2001:35-38.

[25] Ohlin. Bertil Goahard. Interregional and International Trade[M]. Cambridge:Harvard University Press, 1933:201-202.

[26] 胡俊文,郑玉琳,苏怡等.国际贸易[M].北京:清华大学出版社,2006:66-68.

[27] 薛荣久.国际贸易(第5版)[M].北京:对外经济贸易大学出版社,2008:41-45.

[28] 刘艳婷.浅析新国际贸易理论[J].当代经济,2007,5(3):62-63.

[29] 马颖,陈金锟.新贸易理论与发展中国家经济发展[J].国外社会科学,2009(4):36-45.

[30] 尚涛.比较优势理论、竞争优势理论的世界观与方法论分析[J].国际经贸探索,2009(3):4-10.

[31] 义旭东.论区域要素流动[D].成都:四川大学,2005.

[32] 配第.政治算术[M].北京:商务印书馆,1978:78-80.

[33] H钱纳里.工业化和经济增长的比较研究[M].上海:上海三联书店,1995:126-129.

[34] 王辉堂,王琦.产业转移理论述评及其发展趋向[J].经济问题探索,2008(1):45-48.

[35] 邹积亮.产业转移理论及其发展趋向分析[J].中南财经政法大学学报,2007(6):51-56.

[36] 俞晓婷,欧文彪.边际产业扩张理论述评及其对中国产业发展的启示[J].时代经贸,2008,6(20):65.

[37] 栾贵勤.发展战略概论[M].上海:上海财经大学出版社,2006:33.

[38] 吴晓青.图们江增长三角空间结构演变趋势及其调控研究[D].长春:东北师范大学,2004.

[39] 魏燕慎.亚洲增长三角经济合作区研究[M].北京:中国物价出版社,1998:25.

[40] 李秀敏.东亚地区增长三角发展研究[R].长春:吉林大学博士后研究报告,2004.

[41] 金向东.东北亚区域合作与图们江地区开发展望[J].南洋问题研究,2009(2/138):32-41.

[42] 吴晓青.图们江增长三角空间结构演变趋势及其调控研究[D].长春:东北师范大学,2004.

[43] 李小建.经济地理学[M].北京:高等教育出版社,1999:183.

[44] 梁莉娜.东北亚地区经济合作研究——现状、问题、突破方向的选择[D].成都:西南财经大学.2009.

[45] 孙永福,王粤.图们江地区开放开发纪实[M].北京:中国对外经济贸易出版社,2001:189.

[46] 奇海兰.大图们江区域合作与延边地区对外开放研究[D].延吉:延边大学.2007.

[47] Northeast Asia. Volume I-3: A Master Plan for Regional Cooperation for the Prevention and Control of Dust and Sandstorms. ADB, 2005.

[48] 黄佳音.推进能源安全力促能源合作——"2011东北亚石油经济论坛"综述[J].国际石油经济,2011(11):13-16.

[49] 吴洁等.低碳经济下中日贸易促进和气候合作战略研究[J].贵州财经学院学报,2010(3):84.

[50] 巴殿君.东北区域经济合作的政治环境[J].东北亚论坛,2009(4).

[51] 张玉山,谭红梅.新形势下中国图们江区域开发的机遇与挑战[J].东北亚论坛,2010,19(3):11-16.

[52] 金向东,金奇宪.图们江地区开发再度升温[J].东北亚论坛,2008(4).

[53] 郝利锋.图们江倡议项目政府间协商委员会第十次会议在蒙举行[EB/OL].新华网,2010.

[54] 王衍达.图们江开发困境中的地区环境原因探析[J].现代交际,2011(302):84.

[55] 赵放.不容乐观的东北亚区域合作走势分析——对吉林省对外经贸战略的若干思考[J].东北亚论坛,2009(3):107.

[56] 金向东.中朝经济关系的进展与动向[J].立命馆经济学,2007,56(1):6.

[57] 朴承宪.延边经济形势分析与预测[M].延边:延边大学出版社,2001:270-271.

[58] 亚洲经济动向[M].2003.日本:亚洲经济研究所,2003:643.

[59] 王衍达.图们江开发困境中的地区环境原因探析[J].现代交际,2011(302):84.

[60] 邓凯.加快推动图们江地区新一轮开发开放[J].理论前沿,2008(20):38-39.

[61] 王胜今.图们江地区国际合作开发通道物流规划研究[R].长春:吉林大学,2004.

[62] 于潇.长吉图开发开放先导区与国际大通道建设研究[J].东北亚论坛,2010,19(2):11-17.

[63] 李壮.图们江区域合作中的问题及对策研究[D].长春:吉林大学行政学院,2010.

[64] 龚健.长吉图开发开放先导区在东北振兴中的作用及意义[J].南北桥,2010(1):36-39.

[65] 邹会春.长吉图开发开放先导区建设方案及其影响[J].科技资讯,2010(5):238.

[66] 黄鹤.长吉图地区区域合作发展中的行政协调机制研究[D].大连:东北财经大学,2010.

[67] 李昌南,陈国喜.长吉图开发开放先导区建设面临的问题及其对策[J].延边大学学报(社会科学版),2010,43(3):19-30.

[68] 周瑞娜,南颖等.长吉图区域经济一体化的SWOT分析[J].延边大学农学学报,2010,32(3):220-224.

[69] 于潇,王胜今.图们江地区跨国经济合作研究[M].长春:吉林人民出版社,2006:249.

[70] 中共延边州委党校课题组.图们江区域经济合作中存在的问题及应采取的对

策[J].行政与法,2007(5):29-31.

[71] 赵艳荣.长吉图开发开放先导区的SWOT分析[J].吉林省教育学院学报,2011,27(1):92-94.

[72] 邴正.图们江地区开发与吉林省发展战略的内在关系[R].长春:吉林省社会科学院,2009.

[73] 单良,龚洁.长吉图开发开放先导区人力资源现状分析及发展对策[J].经济研究导刊,2011(13):127-130.

[74] 张贝尔.发挥人才资源优势推动长吉图开发开放先导区的发展[J].行政与法,2011(7):69-71.

[75] 李丽莉.优化人才整合推进开发开放[J].新长征,2010(8):50-51.

[76] 孙旭.加强人才对接推进长吉图科技合作[J].农业与技术,2009,29(5):90-92.

[77] 王胜今.从国家战略高度认识长吉图开发开放先导区的建设和发展[J].吉林大学社会科学学报,2010,50(2):5-7.

[78] 张熙奕.关于贯彻落实《中国图们江区域合作开发规划纲要——以长吉图为开发开放先导区》的几点思考[R].吉林:延边州政府,2009.

[79] 李秋生,张洁,吴迪.突破长吉图先导区的发展瓶颈[J].中国外汇,2010(21):70.

[80] 郎宇.长吉图开发开放先导区的定位、问题与发展解读[J].2010(10):27-28.

[81] 张玉山,谭红梅.新形势下中国图们江区域开发的机遇与挑战[J].东北亚论坛,2010,19(3):11-16.

[82] 苏和平.创新是实现"长吉图"战略的灵魂[J].延边党校学报,2010,25(6):7-9.

[83] 付俊龙,李金宝.发挥吉林省文化资源优势推动长吉图建设[J].劳动保障世界,2011(4):84-85.

[84] 方琦.论长吉图先导区规划下的延边城市文化建设[J].延边大学学报(社会科学版),2010,43(2):69-74.

[85] 李金宝.浅议长吉图经济先导区内高等教育大众化[J].参花·文艺视界.2011(1):156-158.

[86] 朱辽野.加强与朝鲜经贸合作,推进长吉图开发开放先导区建设[J].长春工业大学学报(社会科学版),2011,23(2):1-4.

[87] 林令淑,郝方龙.长吉图先导区与朝鲜罗先市的经贸合作[J].延边大学学报(社会科学版),2011,44(2):14-18.

[88] 唐国治.长吉图开发规划纲要实施中的难解之题[J].中国港口,2010(10):17-18.

[89] 杨云母.长吉图跨境经济合作区功能建设与对外开放[J].国际经济合作,2010(7):38-41.

[90] 杜娟,许春燕.长吉图开发开放先导区多维合作信息平台规划[J].长春工业大学学报(社会科学版),2011,23(2):5-10.

[91] 王建国.长吉图先导区信息资源整合及互联网服务模式研究[J].中国科技资源导刊,2011,43(3):39-44.

[92] 王建国,刘乐.整合长吉图先导区信息资源及服务专线的实践研究[J].科技情报开发与经济,2010,20(26):94-96.

[93] 田来明.畜牧产业在长吉图地区发展中的作用与方向研究[J].农业与技术,2009,29(5):97-99.

[94] 李金宝,陈智.匡正大学理念引领高校就业——基于长吉图经济开发开放先导区中省属新建本科院校发展定位及办学理念的思考[J].吉林画报·新视界,2010(7):139-140.

[95] 林宓,彭纯军.中国国际物流复合型人才需求分析及培养对策[J].广东轻工职业技术学院学报,2007,6(3):69-72.

[96] 于飞.基于区域经济发展的现代职业教育体系构建——以长吉图开发开放先导区为例[J].中国高校科技,2011(7):38-39.

[97] 高英彤,宫倩.长吉图先导区国际合作制度建设的构想——以东盟区域合作经验为借鉴[J].东北师大学报(哲学社会科学版),2011(2):55-60.

[98] 朱利荣.优化长吉图开发开放先导区创业环境的途径研究[J].科技创新导报,2011(30):238.

[99] 王衍达.图们江开发困境中的地区环境原因探析[J].现代交际,2011(1):84.

[100] 徐红梅等.论构建吉林省物流信息平台必要性[J].吉林交通科技,2007(4):63-65.

[101] 李晓娜等.吉林省现代物流业发展对策研究[J].科技情报开发与经济,2005,15(18):116-118.

[102] 邵扬.吉林省现代区域物流存在的问题和对策研究[J].长春理工大学学报(社会科学版),2010,23(3):54-56.

[103] 李全喜.吉林省物流企业发展战略研究[D].长春:长春理工大学,2007.

[104] 刘书源.吉林省物流发展对经济增长的贡献研究[D].长春:东北师范大学,2009.

[105] 吴安平等.吉林省物流产业发展战略SWOT分析及对策[J].中国矿业,2011,20(12):124-127.

[106] 王彦新.吉林省共用物流信息平台系统分析与设计[D].长春:吉林大学,2007.

[107] 西门成.论以区域金融政策倾斜促进长吉图先导区金融聚集[J].中国经贸,2010(10):63-64.

[108] 郑洪莲,郑玉成.图们江区域国际合作开发的历史进程及发展前景[J].延边党校学报,2008(4).

[109] 余钊飞.破除体制性障碍,推进虹桥商务区集聚现代服务业[J].中国浦东干部学院学报,2011(4).

[110] 左连村,徐久香.加快现代服务业建设促进广东国际服务贸易发展[J].探求,2008(1).

[111] 刘田军.人民币对朝跨境流动现状、问题和建议[J].辽宁行政学院学报,2007(8).

[112] 周赛晶.招商引资中的地方政府角色定位[D].上海:复旦大学,2008.

[113] 杨威.珲春边境经济合作区发展对策研究[D].延吉:延边大学,2007.

[114] 俄罗斯滨海边疆区立法委员会副主席捷基耶夫·贾姆布拉特.图们江区域国际合作规划是发展边境地区合作基础[N].图们江报,2010-04-29.

[115] 刘亮明,李增辉.《中国图们江区域合作开发规划纲要——以长吉图为开发开放先导区》解读[N].人民日报,2009-11-25.

[116] 朴日勋.中国图们江地区开发开放的战略思考[J].经济纵横,2007(13).

[117] 王衍达.图们江开发困境中的地区环境原因探析[J].现代交际,2011(1).

[118] 金向东.东北亚区域合作与图们江地区开发展望[J].南洋问题研究,2009(2).

[119] 金光日.图们江地区国际合作开发的国际环境分析[J].延边党校学报,

2007(2).

[120] 中共延边州委党校课题组,张熙奕.图们江区域经济合作中存在的问题及应采取的对策[J].行政与法,2007(05).

[121] 王萍.延边对朝贸易现状及对策研究[D].延吉：延边大学,2010.

[122] 全炳峰.延边民营经济的现状及对策研究[D].延吉：延边大学,2009.

[123] 金星浩.韩国企业在延边投资现状分析[D].延吉：延边大学,2010.

[124] 赵洪亮.哈牡绥东对俄贸易加工区发展模式研究[D].哈尔滨：黑龙江大学,2011.

[125] 林今淑,金美花.吉林省对朝鲜贸易的现况及对策[J].延边大学学报(社会科学版),2009(3).

[126] 申姗姗.中国参与东北亚区域经济合作研究[D].长春：东北师范大学,2010.

[127] 李槟.中蒙边境贸易问题研究[D].大连：东北财经大学,2010.

[128] 王爽.吉林省对外贸易发展现状及前景探析[D].长春：吉林大学,2011.

[129] 马雪娇.吉林省外商直接投资区域分布研究[D].长春：吉林大学,2009.

[130] 刘春梅,范静,张璟霖.中国边贸本币结算与人民币区域化[J].合作经济与科技,2009(21).

[131] 王雪.边境贸易本币结算与人民币区域化发展进程[J].黑龙江金融,2006(10).

[132] 李德运,龚新蜀.中国新疆与中亚五国边境贸易中人民币区域化初探[J].经济视角(下),2010(04).

[133] 赵勇.人民币跨境流动风险问题研究[J].西部金融,2011(7).

[134] 张宏,胥永明.人民币在边境地区区域化合作中存在的问题及建议——以普洱市为例[J].时代金融,2011(23).

[135] 田晓燕.中国服务型政府建设：价值与理念[D].上海：上海交通大学,2009.

[136] 崔军.推进图们江区域项目实施的目标和任务[J].东北亚论坛,2003(3).

[137] 李凤霞.图们江增长三角产业布局演进趋势及其调控研究[J].现代情报,2005(2).

[138] 刘景春.珲春实施开放型经济发展战略的理性思考[D].长春：吉林农业大学,2007.

[139] 徐驰.跨境合作理论与中国参与图们江跨境经济合作研究[D].北京：外交学

院,2008.

[140] 吕珂,胡列曲.跨境经济合作区的功能学习与探索[J].2011(2):148-150.

[141] 苏曼利.图们江区域多边合作模式研究[D].长春:长春工业大学,2010.

[142] 吕珂.中国沿边开放中的跨境经济合作区研究——基于空间经济学的分析[D].昆明:云南财经大学,2011.

[143] 沈中旭.图们江区域多边合作开发推进战略研究[D].长春:长春工业大学,2010.

[144] 朴承宪.图们江开发所面临的新形势与新课题[J].延边大学学报,2006(1):58-63.

[145] 禹洪梅.图们江地区国际合作开发中合作平台建设[D].延吉:延边大学,2006.

[146] 佘伯明.中越跨境经济合作区建设的实践与展望[J].东南亚纵横,2011(5):50-54.

[147] 王征.构建中朝珲春—罗先边境经济合作区的可行性研究[D].长春:吉林大学,2006.

[148] 乔启科.在新一轮图们江区域合作开发中加快推动延边经济发展战略的思考[J].中国商界,2010(9):138.

[149] 赵艳红.中朝边境地区经贸合作手探析[D].武汉:中南民族大学,2008.

[150] 张晓,盛建新,林洪.中国产业技术创新战略联盟的组建机制,科技进步与对策[J],2009,26(20):52-54.

[151] 李娟.产业技术创新能力及影响因素研究——以江苏省高技术产业为例[D].扬州:扬州大学,2010.

[152] 于珍.产业集聚与技术创新的关系分析[D].济南:山东大学,2007.

[153] 傅加骥.技术创新学[M].北京:清华大学出版社,1998.

[154] 范维,王新红.科技创新理论综述[J].生产力研究,2009(4):164-166.

[155] 窦艳.中国轿车产业技术创新能力研究[D].西安:西北大学,2007.

[156] 黄涛珍,任淑林.中国产业技术创新能力剖析及对策研究[J].生产力研究,2006(3):158-159.

[157] 汪方胜,蒋馥.中国产业技术创新能力的若干思考[J].商业研究,2005(1):86-88.

[158] 胡争光,南剑飞.产业技术创新战略联盟:研发战略联盟的产业拓展[J].改革与战略,2010,26(10):38-41.

[159] 邸晓燕,张赤东.产业技术创新战略联盟的性质、分类与政府支持[J].科技进步与对策,2011,28(9):59-64.

[160] 于红莉,张兴春.长吉图开发开放先导区产业结构拓展及产业链延伸研究[J].长春大学学报(社会科学版),2010,20(3):34-36.

[161] 祝滨滨.东北亚区域经济演变的过程、格局与机理研究[D].长春:东北师范大学,2009.

[162] 陈凯诺.国外知名高科技园区发展及其经验分析[J].中国城市经济,2010(10):99-102.

[163] 赖馨正.产学研技术创新战略联盟模式及运行研究[D].长沙:中南大学,2008.

[164] 盛洪昌.长吉图开发开放先导区高科技产业培育发展的战略思考[J].价值工程,2010(29):24-25.

[165] 王钢,孙嘉.基于知识经济视角长吉图开发开放先导区建设及主导产业选择[J].2011(2):83-87.

[166] 张丽华.中国高新技术产业园区、企业、人才一体化模式研究——以山东省国家高新区为例[D].青岛:中国海洋大学,2010.

[167] 邱先裕.国际产业转移环境下湖南先进制造业基地的形成与发展战略研究[D].长沙:长沙理工大学,2005.

[168] 王继红.产业集聚与吉林省经济增长研究[D].长春:吉林大学,2009.

[169] 于传利.吉林省制造业发展模式及对策研究[D].长春:吉林大学,2004.

[170] 敖晓航.吉林省制造业结构演进及效益分析[D].长春:吉林大学,2009.

[171] 吴丽丽.吉林省制造业结构优化升级模式研究[D].长春:吉林大学,2007.

[172] 孙卫民.日本制造业产业升级对中国制造业转型的启示[D].北京:对外经济贸易大学,2010.

[173] 杨智镜.台韩制造业产业竞争力比较研究[D].厦门大学,2008.

[174] 高飞.吉林省主导产业选择研究[D].长春:长春理工大学,2006.

[175] 闵镇国.延边医药产业的集群化发展研究[D].延吉:延边大学,2006.

[176] 尹来武.长吉图区域合作特色产业发展设想[J].农业与技术,2009(5):

72-75.

[177] 郭文君,毛洪梅.关于加快图们江地区能源项目合作的思考[J].延边大学学报,2009(1):48-52.

[178] 安尼瓦尔·阿木提,孙文娟.国际能源地缘格局视角下的中国与中亚能源合作[J].开发研究,2009(5):30-33.

[179] 李兴.论俄罗斯的能源外交与中俄能源合作[J].甘肃社会科学,2006(2):200-203.

[180] 陈利君.加快中印能源合作的战略思路[J].云南社会科学,2005(6):55-63.

[181] 吴景峰.中俄能源合作的战略性分析[J].学术交流,2008(11):93-96.

[182] 陶丽.俄罗斯能源国际开发合作的现状、问题与前景[J].俄罗斯中亚东欧市场,2007(11):20-23.

[183] 金祥波.浅析东北亚能源合作及中国的能源对策[J].长白学刊,2008(3):78-81.

[184] 衣保中.区域合作系统演化与东北亚能源合作[J].东北亚论坛,2009(6):51-55.

[185] 张小雪,王曦.中俄能源合作的战略接轨[J].经济导刊,2010(7):74-75.

[186] 靳云鹏.中国与周边国家能源合作的战略研究[D].哈尔滨:黑龙江大学,2009.

[187] 李维花,冯春萍.俄罗斯能源战略与东北亚能源合作[J].石油化工技术经济,2008(6):8-12.

[188] 王海远.中俄能源合作的有利因素与制约因素[J].俄罗斯学刊,2011(3):5-9.

[189] C·日兹宁,温刚.俄罗斯在东北亚地区的对外能源合作[J].俄罗斯研究,2010(3):71-79.

[190] 汪洋涛.构建中日俄东北亚石油能源合作机制研究[D].开封:河南大学,2011.

[191] 陈莉君.加快中印能源合作的战略思路[J].云南社会科学,2005(6):55-60.

[192] 张莉华.日本的能源供需现状及其对中国的启示[J].中国集体经济,2010(13):199-200.

[193] 李俊江,孙黎.中俄能源与技术合作现状及前景分析[J].学习与探索,

2009(181):143-147.

[194] 赵自坤.中俄能源合作——基于双方能源状况及战略的分析和展望[D].郑州:郑州大学,2010.

[195] 吕福俊.中国参与国际能源安全合作机制及其能源战略[D].呼和浩特:内古蒙大学,2010.

[196] 邓慧艳.中国能源外交战略及中日俄能源合作研究[D].大连:东北财经大学,2007.

[197] 苑洋洋.后危机时代中俄能源合作的战略与对策研究[D].长春:吉林财经大学,2011.

[198] 崔巍.日本能源外交战略与东北亚能源外交[D].济南:山东大学,2011.

[199] 周振东.旅游经济学[M].北京:旅游教育出版社,2004:40-42.

[200] 李凤霞.图们江增长三角旅游产业集群发展研究[D].长春:东北师范大学,2005.

[201] 王立辰.图们江地区开放开发文献集[C].长春:吉林人民出版社,1994:53.

[202] 王跃进.延边州与牡丹江市联合开发名山名湖旅游路线.

[203] 曹爽.图们江区域跨国旅游合作研究[D].延吉:延边大学,2010.

[204] 崔哲浩.图们江区域边境旅游现状及展望.2009年11月26日—27日东北亚和平与边境合作问题研讨会.

[205] 崔鹏.榆林市构建陕甘宁蒙晋五省毗邻区域中心城市的研究[D].西安:西北大学,2010.

[206] 魏玉梅.关于延边做大做强中心城市带动延龙图区域一体化的思考[J].延边党校学报,2011,26(2):92-94.

[207] 方琦.论长吉图规划下的延边区域中心城市建设[J].北华大学学报(社会科学版),2011,12(3):47-51.

[208] 朴银哲.延龙图经济一体化发展战略研究[D].长春:东北师范大学,2009.

[209] 徐丹.延龙图经济一体化进程中城市经营战略研究[D].延吉:延边大学,2007.

[210] 戈剑光.延龙图区域经济一体化对延边经济发展的影响[D].延吉:延边大学,2007.

[211] 州政协课题组.加强区域经济合作构造州域首府中心城市[J].延边党校学

报,2005,20(1):48-49.

[212] 蒋满元,唐玉斌.东盟自由贸易区形成与发展的经济效应分析[J].广西经济管理干部学院学报,2007,19(3):6-11.

[213] 王士录.东盟合作机制与原则改革的争论及前景[J].当代亚太,2007(8):46-51.

[214] 栾贵勤,徐子晗.关于建立中俄自由贸易区的研究[J].学术交流,2009(10):74-78.

[215] 金维克,姜雁龙,刘凤宇.关于建立东北亚自由贸易区的构想[J].西伯利亚研究,2012(04).

[216] 饶美蛟,杨伟文.从全球区域经济整合看东亚与东北亚自由贸易区的建构[J].开放导报,2005(1):43-50.

[217] 邱成利.加速城市经济增长方式转变的战略思考[J].中国软科学,1999(3):20-26.

[218] 邱成利,冯杰.苏南模式与路径依赖[J].中国工业经济,2000(7):51-55.

[219] 邱成利.优化产业结构,提高城市竞争力[J].中国软科学,1999(12):38-46.

[220] 邱成利.技术创新与经济长波周期变化预测[J].科学学与科技管理,2000(12):39-42.

[221] 邱成利,理真.高科技产业区的国际比较[J].数量经济技术经济研究,2001(8):5-8.

[222] 邱成利,何兴刚.提高西部地区区域竞争力的若干对策[J].科学管理研究,2001(5):58-63.

[223] 邱成利.区域创新环境对新产业成长的作用机制研究[J].数量经济技术经济研究,2002(4):5-7.

[224] 杜平.西土取金[M].中国实言出版社,1998.

[225] 邱成利,王增业,王圳.西部增值[M].中国经济出版社,2000.

[226] 王立庆,邱成利.跨世纪的选择[M].北京人民出版社,1996.

[227] 文纪可,邱成利.寻求增长[M].科学技术文献出版社,1998.

[228] 徐斌,邱成利.寻求突破[M].中国科学技术出版社,1999.

[229] 武春友,邱成利.城市新经济生长点的选择与培训[M].大连理工大学出版社,1999.

[230] 陈广文,邱成利,魏际刚合译.美国的高技术经济[M].科学技术文献出版社,2004.

[231] 魏景赋,邱成利等.大湄公河区域经济研究[M].文汇出版社,2010.

[232] 毛健,刘晓辉.图们江区域多边合作开发推进战略研究[M].北京：经济科学出版社,2012.

[233] 李铁.图们江区域合作发展报告(2015)[M].北京：社会科学文献出版社,2015.